f 211 26

LE BAHUT

ALBUM DE SAINT-CYR

Tous les exemplaires sont revêtus de la signature de l'auteur.

a Sabet

Tous droits réservés.

PARIS. — IMPRIMÉ CHEZ BONAVENTURE ET DUCESSOIS, 55, QUAI DES AUGUSTINS.

LE BAHUT

ALBUM DE SAINT-CYR

TEXTE ET DESSINS PAR A. LUBET

GRAVURE DE H. DELAVILLE

PARIS

MAGNIN, BLANCHARD ET C⁰, ÉDITEURS

(LIBRAIRIE LOUIS JANET)

3, RUE HONORÉ-CHEVALIER.

1859

Le dimanche, tout le monde remarque et se plaît à regarder passer, dans les rues de Paris, ces jeunes gens aux allures franches et hardies, à la physionomie intelligente et ouverte, portant avec l'aplomb et l'aisance d'anciens soldats ce simple et gracieux costume du Saint-Cyrien que rehausse leur bonne mine.

Chacun sait à quoi sont destinés ces jeunes gens, mais beaucoup ignorent ou ne connaissent que très-imparfaitement l'origine et la marche de cette grande institution qui a son siége dans l'un des plus modestes villages du département de Seine-et-Oise; et pourtant l'École spéciale militaire a son histoire, laquelle est loin d'être dénuée d'intérêt.

C'est sur des tables de marbre et en lettres d'or que M. le général de division comte de Monet, un des anciens élèves de cette École et son commandant supérieur depuis 1853, a écrit les noms qui doivent figurer au premier rang dans cette histoire.

Ces tables ornent les parois de la salle des visites où M. le général voulut bien nous introduire, un jour que nous eûmes l'honneur de lui être présenté.

Au-dessus de la porte d'entrée, dans un grand cadre en marbre noir, est le profil

en marbre blanc et de grandeur naturelle du premier Consul, fondateur de l'École ;
à la partie inférieure du cadre, cette inscription :

ÉCOLE SPÉCIALE MILITAIRE,

FONDÉE PAR DÉCRET DU 1er AVRIL 1802

ORGANISÉE A FONTAINEBLEAU LE 28 JANVIER 1803

TRANSFÉRÉE A SAINT-CYR LE 24 MARS 1808.

Au fond de la salle, contre le mur qui fait face à cette porte, un socle portant le buste de Sa Majesté Napoléon III ;

A la gauche du buste, une grande plaque de marbre noir avec les noms des trois gouverneurs qui furent placés à la tête de l'École avant 1818, et les noms des généraux qui l'ont commandée jusqu'à nos jours ;

A la droite, une plaque semblable à la précédente, contenant les noms des élèves sortis avec le n° 1 de leur promotion ;

Sur la paroi de la salle située à droite en entrant, deux tables : l'une avec les noms des élèves devenus intendants militaires et intendants généraux ; l'autre avec les noms de tous les élèves devenus généraux de brigade et généraux de division.

Des socles adaptés au mur supportent les bustes des élèves devenus maréchaux de France.

Sur une plaque de petite dimension sont dessinés les emblèmes des divers gouvernements qui se sont succédé depuis la fondation de l'École, et qui, tous, se sont intéressés à son avenir ; le dernier de ces emblèmes, placé au-dessous et au milieu des autres, est un faisceau des drapeaux de ces différents gouvernements réunis par une bande, et sur cette bande le mot : FRANCE.

Il nous sembla que ces tableaux ne devaient pas être lus seulement par les élèves actuels et par leurs visiteurs ; que, puisqu'ils appartenaient à l'histoire de l'École, ils devaient être portés à la connaissance de tous les Saint-Cyriens. Nous priâmes M. le général de vouloir bien pour ce motif nous autoriser à les publier ; il eut la bonté d'y consentir.

Il nous parut indispensable de joindre à ces noms quelques détails sur l'École, propres à renseigner ceux qui ne la connaissent qu'imparfaitement, destinés à rappeler aux anciens élèves et à perpétuer chez les nouveaux le souvenir de leur enfance militaire.

Dans les dernières années du XVIIIe siècle et les premières années du XIXe, la bravoure et l'intelligence de nos soldats, dirigés par le puissant génie de Napoléon Ier, accomplirent des prodiges qui rendirent un instant la France maîtresse des destinées de l'Europe. Aujourd'hui, les descendants du même chef et des mêmes soldats ont renouvelé ces prodiges et replacé cette noble France à la tête des nations. — A l'existence de l'armée qui a joué un si grand rôle se lie étroitement l'existence de l'École ; on pourrait donc écrire des volumes sur cette remarquable institution.

Mais l'histoire presque toute guerrière de notre pays étant à la parfaite connaissance des lecteurs auxquels s'adresse ce livre, il suffira de placer sous leurs yeux la reproduction des tables de la Salle des visites pour que les noms qu'elles contiennent leur rappellent les grands événements militaires et même politiques auxquels ils se rattachent. Il ne nous est pas permis de citer certains noms préférablement à d'autres, d'entreprendre l'éloge de telles où telles célébrités militaires, qui sont déjà, du reste, même les plus récentes, du domaine de l'histoire populaire. Il faut considérer également que nous avons dû nous renfermer dans le cadre restreint de cette publication, et aussi compter avec nos forces.

Nous nous sommes donc borné à esquisser à grands traits, mais avec une rigoureuse exactitude, cette belle et intéressante figure du Saint-Cyrien. Conséquemment, nous n'avons pas eu à faire *in extenso* l'histoire de la maison de Saint-Cyr, mais simplement l'historique de l'École spéciale militaire.

Comme l'histoire des communautés et des grandes institutions, de même que l'histoire des peuples, ne réside pas seulement dans les décrets et ordonnances qui ont déterminé, modifié ou changé leur organisation, dans l'exposé des faits, des événements qui leur sont propres ; qu'elle existe encore dans leurs usages, tendances et coutumes, nous avons jugé utile de donner un aperçu des mœurs de l'École.

C'est d'après des documents authentiques et pour la plupart inédits que nous avons rédigé ce livre. Nous avons été conduit, naturellement, à le diviser en trois parties :

Iʳᵉ PARTIE : Historique de l'École spéciale militaire organisée à Fontainebleau et transférée à Saint-Cyr, précédé d'une Notice sur la maison de Saint-Louis-Saint-Cyr fondée par Louis XIV ;

IIᵉ PARTIE : Mœurs de l'École.

IIIᵉ PARTIE : Tables de la Salle des visites et noms de tous les élèves.

Nous conformant à la mode du jour, nous avons accompagné le texte de nombreux croquis. Cette publication est moins un livre qu'un recueil de renseignements ; c'est un album, mais c'est l'album de Saint-Cyr. Nous lui avons donné pour titre *le Bahut*, parce que cette expression consacrée par l'usage est chère à tout Saint-Cyrien, qu'elle le reporte à

> Ce bel instant où nous prîmes l'essor;
> Ce temps heureux; fleur de notre jeunesse,
> Où nous rêvions une épaulette d'or.

Nous avons recherché un titre qui pût indiquer notre but ; la forme que nous avons adoptée est-elle heureuse ? plaira-t-elle au public ? Nous le désirons bien vivement ; mais si nous sommes resté trop au-dessous de la tâche que nous avons entreprise, nous prions nos lecteurs de vouloir bien considérer que, pour nous déterminer à exposer notre œuvre à tous les dangers de la publicité, il n'a fallu rien moins que la pensée que nous pourrions faire chose qui leur fût agréable. Ils nous pardonneront alors les imperfections de notre ouvrage et l'accueilleront avec cette généreuse camaraderie qui ne fait jamais défaut dans l'armée.

Première partie

HISTORIQUE DE L'ÉCOLE

CHAPITRE I

La Maison de Saint-Louis-Saint-Cyr.

LA MAISON DE SAINT-LOUIS-SAINT-CYR

Au temps où nous vivons, époque de changements, peu de monuments ont continué à recevoir leur destination primitive.

C'est donc surtout de l'intention que la postérité doit tenir compte aux fondateurs; d'après cette considération, on peut dire que, quelle que soit la destination que l'avenir réserve à la maison Saint-Louis-Saint-Cyr, le nom de Françoise d'Aubigné, marquise de Maintenon, y restera à jamais attaché par la reconnaissance.

Madame de Maintenon avait reçu de l'adversité ses premiers enseignements et, plus d'une fois sans doute, elle s'était dit quand elle était si pauvre : Ah! si je devenais riche, que de bien je ferais! Devenue presque reine de France, madame de Maintenon tint cette promesse que tous se font si bien et que la plupart oublient si facilement et si vite.

Louis XIV aimait et saisissait tout ce qui portait un caractère de grandeur et de générosité ; madame de Maintenon détermina donc aisément ce monarque à fonder un établissement consacré à l'éducation des filles nobles sans fortune. Le roi voulait, d'abord, que cette fondation pût recevoir cinq cents pensionnaires, mais Louvois s'effraya de la dépense ; la générosité du monarque fut donc bornée et le projet réduit de moitié.

Le village de Saint-Cyr, près de Versailles, parut le lieu le plus convenable à la fondation projetée. Le célèbre Mansard fut chargé d'examiner le sol ainsi que les environs. Après quelques hésitations, on choisit l'emplacement occupé par le château du seigneur de Saint-Cyr, M. le marquis de Brinon-Séguier. Le roi l'acheta 91,000 livres, et la terre et la seigneurie de Saint-Cyr appartinrent à la communauté naissante.

Mansard reçut l'ordre de consulter en tout madame de Maintenon. L'architecte voulait, dans les intérieurs surtout, une magnificence royale; mais madame de Maintenon ne lui permit qu'une noble simplicité ; elle détermina, dit-on, et dessina elle-même tout l'intérieur et toutes les divisions de l'établissement.

Les travaux commencèrent le 1er mai 1685; près de trois mille ouvriers environ y travaillèrent constamment et l'établissement fut complétement achevé le 15 mai 1686. Quatorze cent mille francs payèrent la dépense; la précipitation fit, à la vérité, commettre quelques fautes dans les constructions, mais on les a réparées sous le règne de Louis XV.

La maison fut placée sous l'invocation de Saint-Louis. La fondatrice de Saint-Louis-Saint-Cyr en fut aussi la première institutrice, car les constitutions fonda-mentales et tous les règlements nécessaires pour les consolider furent l'ouvrage de madame de Maintenon et de Louis XIV.

Les contemporains font de ces règlements et de l'institution le plus bel éloge, et ce jugement a été confirmé de nos jours, puisque les constitutions de la maison de Saint-Louis-Saint-Cyr ont servi, en partie, de base aux constitutions de la maison de la Légion d'honneur fondée par Napoléon Ier et établie à Saint-Denis.

Bienfaisance, noblesse, gloire poétique, illustration militaire, il n'est rien de grand auquel Saint-Cyr ne puisse prétendre. Madame de Brinon, la première supérieure de Saint-Cyr, aimait les vers et la comédie, mais n'osait faire jouer les pièces de Corneille et de Racine; elle en composait donc elle-même qu'elle faisait représenter par les demoiselles de Saint-Cyr.

Madame de Maintenon voulut voir une des pièces de madame de Brinon; elle la trouva si mauvaise qu'elle la pria de n'en plus faire jouer de semblables et de prendre plutôt quelques belles pièces de Corneille et de Racine, choisissant, seulement, celles où il y aurait le *moins d'amour*.

Les demoiselles jouèrent *Cinna*, puis *Andromaque*, et montrèrent, dans cette dernière pièce surtout, une intelligence et une sensibilité qui alarmèrent un peu madame de Maintenon. Elle écrivit à Racine : « Nos petites filles viennent de jouer *Andromaque*, et l'ont si bien jouée qu'elles ne la joueront plus ni aucune de vos pièces. »

Dans cette même lettre, nous dit madame Caylus dans ses *Mémoires*, madame de Maintenon prie le poëte de lui faire, en ses moments de loisir, quelque espèce de poëme moral ou historique dont l'amour fût totalement banni et dont la composition ne le contraindrait pas aux sévérités de la règle, puisque Saint-Cyr lui-même ignorerait le nom de l'auteur, et Racine composa d'abord cet admirable drame d'*Esther* qui, au dire de madame de Sévigné, charma le roi et toute la cour et fit pleurer le grand Condé.

Nous rappellerons encore, comme souvenir de cette maison, le sacre de Fénelon à Saint-Cyr. Madame de Maintenon y assista accompagnée des enfants de France; la cérémonie fut magnifique; Bossuet avait sollicité et obtenu la faveur de sacrer le nouvel archevêque et lui donna, dans cette circonstance, toutes les marques d'une amitié qui cependant dura peu.

A la mort de Louis XIV, madame de Maintenon se retira à Saint-Cyr comme dans un asile de paix. Ce fut là quelle reçut la visite du régent, le 6 septembre 1715, malgré le triomphe remporté par ce prince sur les dernières volontés de Louis XIV, volontés auxquelles madame de Maintenon n'était pas étrangère; et, le lendemain de cette visite, la princesse Palatine, mère du régent, se rendit aussi à Saint-Cyr.

Lors de son voyage en France, le grand-duc de Moscovie, Pierre le Grand, désira être présenté à madame de Maintenon. Ce prince vint à Saint-Cyr. Toute la maison, en habits de cérémonie, le reçut à l'entrée de l'établissement. Madame de Maintenon étant malade ne put recevoir le czar qu'assise sur son lit; il la salua profondément, lui dit les choses les plus flatteuses et lui témoigna en tout le profond respect dû à la veuve du roi Louis le Grand.

Madame de Maintenon mourut à Saint-Cyr le 15 avril 1719; son corps embaumé fut inhumé dans le chœur de l'église de la maison de Saint-Cyr. Le célèbre auteur des *Révolutions romaines*, l'abbé de Vertot, fut chargé de composer son épitaphe, et une pierre de marbre noir recouvrit la tombe de cette femme bienfaisante, illustrée par les splendeurs du trône et du malheur.

Après la mort de sa fondatrice, la maison de Saint-Louis-Saint-Cyr continua de poursuivre la carrière de bienfaisance que lui avait tracée le grand roi; mais arriva 1792 : alors tous les établissements religieux furent supprimés ; les dames de Saint-Louis furent donc sécularisées et les pensionnaires remises à leurs parents. Parmi elles était Eliza-Marianna Buonaparte, sœur de celui qui, onze ans plus tard, fut élu empereur sous le nom de Napoléon Ier. Le reçu donné en cette occasion, le 1er septembre 1792, par le capitaine Buonaparte est encore déposé aux archives de la préfecture de Versailles.

En 1794, une foule d'étrangers au village de Saint-Cyr pénétra dans l'église de la communauté, convertie alors en hospice, ôta le marbre qui couvrait la tombe de madame de Maintenon et brisa le cercueil. Le corps de la fondatrice était conservé comme le premier jour, mais la majestueuse beauté de cette illustre morte n'arrêta pas les profanateurs : le corps fut exposé à tous les outrages et traîné dans les rues de Saint-Cyr. Les furieux se disposaient même à brûler le triste objet de leurs profanations, lorsqu'un jeune officier, prévoyant en quelque sorte les futures destinées de Saint-Cyr, essaya d'arrêter le cours de cette impiété : il donna quelque argent aux chefs du tumulte et les engagea à différer jusqu'au lendemain; la nuit venait, ils partirent. L'officier, aussitôt, aidé par un ancien domestique de la maison, enterra le corps dans la sombre allée d'un jardin.

Quelques années après, la maison de Saint-Cyr était devenue une école militaire. M. le général Bellavène, gouverneur de l'École, fut instruit que les reliques de la fondatrice reposaient à l'extrémité du jardin; par ordre du général, on creusa à la place indiquée, on recueillit avec le plus grand respect les débris de cette femme illustre et on les déposa à l'économat de l'École.

Vainement les gouvernements s'étaient succédé en France, aucun n'avait pensé à élever un monument à madame de Maintenon, lorsqu'en 1836 M. le maréchal Baraguey-d'Hilliers, alors colonel commandant l'École, résolut de rendre aux reliques de la célèbre fondatrice de Saint-Cyr la sauvegarde et la paix du tombeau.

Le 1er décembre 1836, on éleva donc, dans le chœur de la chapelle de l'École, un modeste monument en marbre noir :

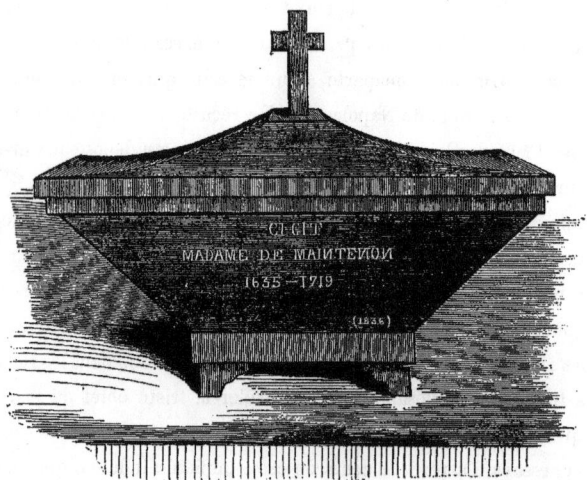

Il est des noms tellement grands, qu'il suffit de la date de la naissance et de celle de la mort pour évoquer les plus touchants souvenirs.

Depuis 1793 jusqu'à nos jours, la maison de Saint-Louis-Saint-Cyr a reçu diverses destinations : en 1793, elle devint Hôpital militaire; en mars 1798, succursale des

2

Invalides; le 20 septembre 1800, Prytanée militaire; le 1er juillet 1808, École militaire, supprimée en 1815; en 1816, École préparatoire; enfin, en 1818, École spéciale militaire, destination qu'elle a encore aujourd'hui.

CHAPITRE II

École des Cadets-Gentilshommes. — École des Enfants de Mars.
École spéciale militaire organisée à Fontainebleau, transférée
à Saint-Cyr. — École royale spéciale militaire réorganisée à
Saint-Cyr.—École spéciale militaire.—École nationale spéciale
militaire.—École impériale spéciale militaire.

École des Cadets-Gentilshommes.

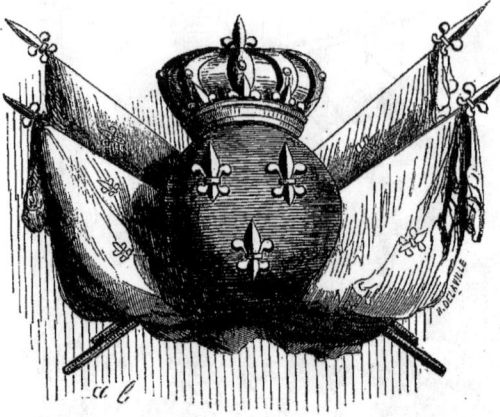

ÉCOLE DES CADETS-GENTILSHOMMES

Notre France est essentiellement militaire; nos pères, les conquérants des Gaules, ne nous ont pas légué seulement leur nom, ils nous ont également transmis leurs instincts belliqueux. Aussi, le métier des armes a-t-il toujours été en grand honneur chez nous; de tous temps, on s'y est adonné à l'étude de l'art de la guerre.

Si imparfait qu'ait été cet art dans les premiers temps, il n'en est pas moins vrai qu'il a existé. Sans doute, il n'y avait point alors d'École proprement dite, mais l'enseignement avait lieu : les jeunes apprenaient des anciens, étudiaient, s'exerçaient, puis allaient à la guerre appliquer sous les yeux de leurs maîtres les principes qu'ils en avaient reçus. L'éducation militaire était, en France, placée au premier rang.

Les premières écoles militaires datent du règne de Louis XIV : vers 1667, Louvois, qui créait l'administration de la guerre et donnait à l'armée cette organisation devenue si puissante de nos jours, instituait, dans les villes frontières, des écoles militaires sous la dénomination d'Écoles des Cadets-Gentilshommes.

On n'admettait à ces écoles que les fils, petits-fils ou très-proches parents des gentilshommes servant ou ayant servi dans les armées, et comme plusieurs de ces gentilshommes étaient plus riches de bravoure, de noblesse et d'honneur que d'argent, l'admission était gratuite. On y enseignait le maniement des armes et du cheval, quelques manœuvres, un peu de tactique; on y développait les sentiments de générosité, de mépris du danger, de dévouement au pays et au monarque.

Un édit du roi Louis XV réorganisa l'École des Cadets-Gentilshommes, à peu près dans les mêmes conditions de recrutement et avec peu de changements dans l'instruction. Elle eut son siége à Paris, où le roi fit construire exprès un vrai monument : celui qu'on admire au haut du Champ-de-Mars.

L'institution subsista sous Louis XVI.

École des Enfants de Mars.

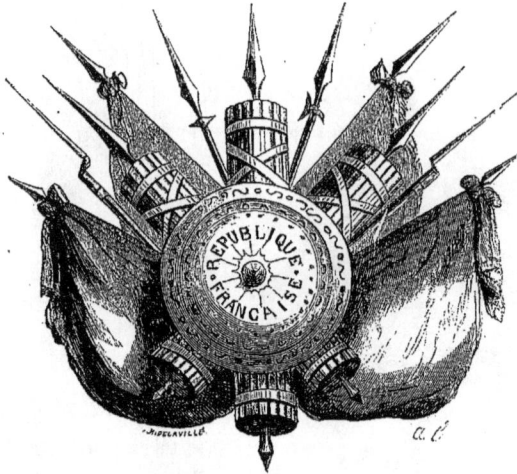

ÉCOLE DES ENFANTS DE MARS

La Révolution de 1789, qui renversa la monarchie et ses institutions pour lui substituer un autre ordre de choses, fit disparaître les écoles militaires, mais momentanément, car la Convention les réorganisa, décrétant que les fils des sans-culotte combattant dans les armées de la République seraient seuls admis à l'École militaire, et que leur admission serait gratuite.

Cette école fut appelée École des Enfants de Mars.

Ainsi, sous la République, qui proclame l'égalité, comme sous les rois absolus, l'admission à l'École militaire est encore un privilége : le privilége des familles militaires. Au grand règne de Louis XIV succèdent les mœurs frivoles du temps de Louis XV, puis viennent les faiblesses et les tourmentes du règne de Louis XVI, enfin les cruautés et les sublimes héroïsmes des hommes de la République, et une vérité domine les passions, les orages, les bouleversements politiques, une vérité que respecte le scepticisme du XVIIIᵉ siècle, que nul ne songe à contester parce qu'elle est dans le cœur de tous : *Ceux-là ont toujours bien mérité de la patrie qui ont versé leur sang pour sa gloire et sa défense.*

Les hommes qui se vouent à la carrière des armes donnent à l'État le temps, la vigueur, la volonté, l'intelligence que d'autres consacrent à chercher une fortune dans l'industrie, l'agriculture, le commerce, etc., etc. ; ils abandonnent amis et parents, rompent leurs plus agréables relations, font violence à leurs plus chères affections, pour courir au-devant des fatigues, des privations, des dangers, en un mot des rudes épreuves de la guerre ; puis, quand ils meurent à la peine ou frappés par l'ennemi, ils laissent pour tout patrimoine à leurs enfants un nom fort souvent ignoré, mais toujours rendu respectable par tant de sacrifices.

L'État se croit obligé par une si grande abnégation, et comme il ne peut donner la fortune aux enfants de ces hommes, il leur ouvre gratuitement cette école, où ils vont apprendre non-seulement à combattre, à obéir et à commander, mais encore, et sourtout, à souffrir et à mourir noblement comme leurs pères.

École de Fontainebleau, transférée à] Saint-Cyr (1805-1815).

a. Lubet

ÉCOLE SPÉCIALE MILITAIRE

La fièvre de combats qui, dès le premier coup de canon tiré à la frontière, dévora la France, poussa dans les rangs de l'armée tout ce que la nation avait de valide : on vit les enfants partir avec leurs pères ; aussi, l'instruction dans l'armée devint-elle de jour en jour plus difficile. Voulant, autant que possible, remédier à un si fâcheux état de choses, le premier Consul créa, par décret du 1ᵉʳ avril 1802, une *École spéciale militaire*, qui fut organisée à Fontainebleau le 28 janvier 1803.

Il appartenait au grand Capitaine qui, à sa première campagne, avait créé et fait triompher tout un nouveau système de guerre, d'instituer une école conforme à ce nouveau système et aux besoins de l'armée. « Je veux, » avait dit Bonaparte, « doter la France d'une pépinière d'officiers généraux. »

Quant au mode de recrutement et à la direction des études, l'École spéciale militaire différa complétement de l'École des Cadets-Gentilshommes et de celle des Enfants de Mars.

3

Trois-quarts des places furent donnés gratuitement aux fils des militaires ou des fonctionnaires de l'armée ; un quart fut réservé aux enfants des familles non militaires moyennant une rétribution annuelle.

Établie sur de sérieuses et solides bases, l'École fut véritablement militaire. Afin de bien pénétrer les élèves du but de l'institution et de stimuler leur ardeur au travail, le premier Consul les appela, en l'an XIII et deux fois depuis, à l'honneur d'être passés en revue sur le Champ-de-Mars en même temps que les vieux soldats de l'armée. Ces revues étaient suivies de manœuvres dans lesquelles des commandements étaient donnés à des élèves désignés par le premier Consul.

La première fois, il arriva qu'un élève ayant reçu l'ordre de faire manœuvrer un bataillon des grenadiers de la vieille garde consulaire, ces grognards, mécontents d'être commandés par un si jeune chef, exécutèrent les mouvements avec mollesse ; mais l'élève, fronçant le sourcil et élevant la voix, leur cria : *Au temps!* et fit recommencer le mouvement. Le premier Consul donna immédiatement l'épaulette à celui qui sous ses yeux venait de montrer une telle assurance.

Le 21 mars 1808, l'École fut transférée de Fontainebleau à Saint-Cyr.

Les besoins de l'armée, dans laquelle la guerre faisait de grands vides, décidaient le plus souvent de l'époque de la sortie. Le temps passé à l'École était donc indéterminé et subordonné aux progrès des élèves ; le vif désir d'aller au plus vite prendre part aux opérations de l'armée décuplait chez eux l'intelligence et l'ardeur du travail. Leur instruction ne pouvait qu'y gagner, puisqu'ils allaient la compléter à la meilleure des écoles de perfectionnement : sur les champs de bataille.

Que d'hommes remarquables sont sortis de cette première école : les uns ont occupé ou occupent un rang glorieux parmi nos généraux ; d'autres sont morts au champ d'honneur avant d'avoir pu rendre à leur pays tous les services dont ils étaient capables.

Les traités de 1815, qui ravirent tant de richesses à la France, lui enlevèrent son armée, et avec l'armée disparut l'École spéciale militaire.

École royale spéciale militaire (1818-1830).

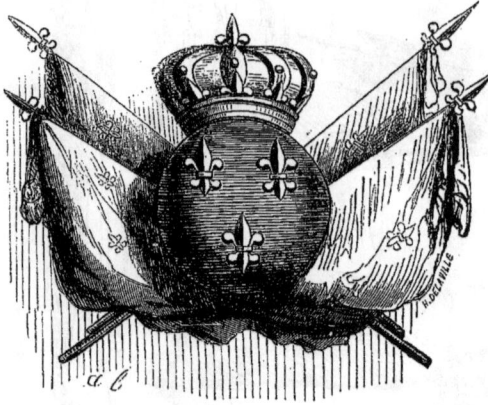

ÉCOLE ROYALE SPÉCIALE MILITAIRE

Depuis ces cruels traités de 1815, désarmée et réduite au silence, la France, la rougeur au front, subissait la honte de l'occupation étrangère, lorsque, grâce aux patriotiques et intelligents efforts d'hommes de cœur, orateurs, diplomates et gens d'épée, les désirs du roi Louis XVIII furent enfin accomplis : notre territoire fut évacué et sa garde confiée aux baïonnettes françaises.

Des essais de réorganisation de l'École militaire avaient été tentés en 1814 et en 1815, mais sans succès.

Une ordonnance du roi, en date du 31 décembre 1817, institua définitivement l'École militaire. Une circulaire du 10 janvier 1818 arrêta l'organisation qui eut son effet le 25 septembre de la même année.

M. le général Gouvion Saint-Cyr, ex-ministre de la guerre, général distingué et savant administrateur à qui Sa Majesté avait confié la formation de l'armée et qui créait l'École d'application d'état-major, fut aussi chargé de l'École militaire qui prit le titre d'*École royale spéciale militaire* et eut son siége à Saint-Cyr.

La moitié des places fut donnée gratuitement aux fils des militaires ou des fonctionnaires de l'armée, l'autre moitié revint aux fils des familles non militaires qui devaient payer une pension.

L'admission en qualité d'élève et la nomination au grade de sous-lieutenant furent subordonnées à des examens; indépendamment de ces deux garanties offertes à l'instruction, l'état de paix permit d'apporter de grandes améliorations dans l'administration de l'École et dans la direction des études.

Le roi Louis XVIII honora un jour les Saint-Cyriens de sa visite; dans une courte et toute paternelle allocution que les élèves de ce temps-là n'ont pas oubliée, il leur rappela que chacun d'eux avait le bâton de maréchal dans sa giberne.

École spéciale militaire (1830-1848).

ÉCOLE SPÉCIALE MILITAIRE

La révolution de Juillet, qui donna la couronne à la maison d'Orléans, apporta quelques modifications dans l'organisation de l'École.

Une royauté venait de succéder à une royauté, et cependant l'École ne fut plus appelée École royale spéciale militaire, mais simplement *École spéciale militaire*. Il n'y eut plus de privilége en faveur de l'armée : on créa, pourtant, un certain nombre de bourses et demi-bourses en faveur des candidats sans fortune dont les parents appartenaient à l'armée. Ils étaient néanmoins tenus de fournir le trousseau. Vers 1840, le prince royal (duc d'Orléans) dota l'École d'une somme dont la rente devait augmenter le nombre de bourses et demi-bourses en faveur des soldats ou sous-officiers de l'armée nommés élèves.

En 1836, le roi Louis Philippe passa, sur la place de Versailles, la revue du bataillon de Saint-Cyr auquel il donna un drapeau. A cette occasion il prononça ces paroles d'un des couplets de la *Marseillaise :*

Vous entrerez dans la carrière
Quand *vos* aïeués n'y seront plus ;
Vous y trouverez leur poussière
Et les traces de leurs vertus.
Bien moins jaloux de leur survivre
Que de partager leur cercueil,
Vous aurez le sublime orgueil
De les venger ou de les suivre.

Le roi ne crut pas avoir suffisamment témoigné par cette revue tout l'intérêt qu'il portait à l'École militaire; le musée du château venait d'être terminé, l'ouverture n'en était pas encore faite, il en donna la primeur aux Saint-Cyriens. Lui-même leur en fit les honneurs, les conduisant dans toutes les salles et s'entretenant tantôt avec les uns, tantôt avec les autres, soit des sujets représentés par les tableaux, soit du mérite de la peinture. Par ses ordres, la salle de spectacle fut éclairée pour la réception des élèves.

Depuis cette journée, les princes de la famille royale vinrent plusieurs fois visiter l'École; dans ces visites ils assistèrent aux cours et firent exécuter sous leurs yeux les manœuvres d'infanterie et d'artillerie.

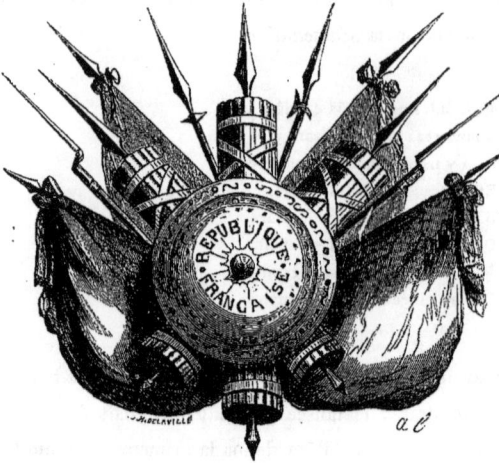

ÉCOLE NATIONALE SPÉCIALE MILITAIRE

Les événements de février, qui substituèrent la république à la royauté, amenèrent un changement notable dans les conditions d'admission à l'École.

Le 19 juillet 1848, l'Assemblée nationale décréta qu'à partir du 1er octobre 1850, l'admission serait gratuite pour tous les candidats, et que, jusqu'à cette époque, il serait créé de nouvelles bourses en nombre suffisant pour arriver à la gratuité.

Devenu chef du pouvoir exécutif, le général Cavaignac jugea que cette mesure était trop onéreuse pour l'État, et, par un décret daté du 24 octobre 1848, rapporta le décret de l'Assemblée nationale du 19 juillet. Il créa cependant soixante-quinze bourses susceptibles d'être réparties en demi-bourses, non pas en faveur des familles militaires seulement, mais en faveur de tout candidat admis par suite de concours et dont les parents seraient sans fortune.

Le décret du général Cavaignac fut rapporté par les décrets du prince Président en date des 26 janvier, 3 mai et 5 juin 1850.

Ces décrets créèrent des bourses ou demi-bourses en faveur des jeunes gens qui auraient préalablement fait constater par une délibération motivée du conseil municipal, approuvée par le préfet du département, l'insuffisance des ressources de leurs familles pour leur entretien à l'École. Sur la proposition des conseils d'administration des écoles, les ministres de la guerre et de la marine purent accorder : 1° les bourses ou demi-bourses; 2° à chaque boursier ou demi-boursier un trousseau ou demi-trousseau à son entrée à l'école; 3° à chaque boursier et demi-boursier nommé officier, la première mise d'équipement militaire attribuée dans l'arme où ils devraient entrer aux sous-officiers passant officiers.

Le 10 mai 1852, le prince Président restitua les aigles à l'armée ; dans cette distribution, l'héritier de Napoléon n'oublia pas l'institution militaire créée par le premier Consul; il rendit au bataillon de Saint-Cyr le drapeau dont une inexplicable mesure l'avait si longtemps privé. Le but de l'institution fut la devise de ce drapeau :

ILS S'INSTRUISENT POUR VAINCRE.

C'est dans cette même année que le Prince daigna visiter l'École militaire, voulant s'assurer par lui-même de ses besoins, afin de préparer les améliorations dont elle pouvait être susceptible. Les résultats de l'auguste visite se firent sentir vers la fin de 1853.

École impériale spéciale militaire (1800).

ÉCOLE IMPÉRIALE SPÉCIALE MILITAIRE

L'École, créée pour fournir des officiers à l'infanterie, à la cavalerie, à l'état-major et à l'infanterie de marine, satisfaisait ainsi aux besoins de ces armes.

Depuis leur entrée à l'École jusqu'à leur sortie comme officiers, tous les élèves indistinctement suivaient les mêmes cours, apprenaient les mêmes manœuvres d'infanterie et d'artillerie, et ceux qui avaient satisfait aux examens de sortie désignaient l'arme dans laquelle ils désiraient servir.

Les officiers destinés à l'infanterie ou à l'infanterie de marine étaient immédiatement envoyés dans leurs régiments, où ils entraient sur le champ en fonctions.

Les élèves qui avaient préféré la cavalerie étaient placés, nominativement, dans les régiments de cette arme et envoyés à l'École d'équitation de Saumur, dont ils suivaient les cours pendant deux ans.

Ceux qui, aux examens définitifs, avaient été classés dans les trente premiers,

4

avaient, seuls, le droit de concourir avec trente officiers de l'armée pour les places vacantes à l'École d'application d'état-major.

Plusieurs de ces dispositions étaient vicieuses, et sur la proposition de Son Excellence le maréchal de Saint-Arnaud, ministre de la guerre, l'Empereur décréta l'organisation actuelle de l'École.

Les changements que cette organisation apporta dans la direction des études, sont assez importants pour que nous jugions utile de les rappeler ici. Il nous suffira de citer les insertions faites au *Journal militaire* officiel.

ANNÉE 1853. — N° 45.

JOURNAL MILITAIRE OFFICIEL.

258. — *Rapport à l'Empereur relatif à l'organisation d'une section de cavalerie à l'École impériale spéciale militaire et à l'établissement de l'enseignement de l'équitation à Saint-Cyr pour tous les élèves.*

Paris, le 30 septembre 1853.

SIRE,

« Aux termes de l'article 45 du décret d'organisation de l'École impériale spéciale militaire, en date du 11 août 1850, le numéro de mérite, obtenu dans le classement de sortie par les élèves de cet établissement, leur donne le droit de choisir l'arme dans laquelle ils désirent servir, savoir : 1° la cavalerie; 2° l'infanterie.

« Cette disposition, dont le but était d'entretenir l'émulation parmi les élèves, n'a pas produit tous les résultats qu'on en attendait, puisque souvent il arrive que des élèves, classés vers les derniers rangs de la liste, sont placés dans la cavalerie. On comprend, d'ailleurs, combien l'instruction scientifique qui détermine le classement de sortie est une base insuffisante pour le bon recrutement des officiers de cavalerie. En effet, il n'y a pas d'intérêt à ce que le niveau de l'instruction générale soit plus élevé chez les officiers de cette arme, mais il importe beaucoup qu'ils aient l'aptitude physique nécessaire pour servir dans la cavalerie et qu'ils aient contracté même, avant d'y être admis, une certaine habitude du cheval, conditions dont le classement actuel ne tient aucun compte. En outre, on a peine à comprendre que quatre années soient employées pour former des officiers de cavalerie, tandis qu'il suffit de deux ans pour former ceux d'infanterie; c'est une anomalie qu'il convient d'autant plus de faire disparaître qu'elle ne trouve pas une compensation suffisante dans l'instruction hippique, très-relevée d'ailleurs, que les premiers reçoivent pendant deux ans à l'école de Saumur. Sous ce rapport, il y a une perte de temps très-regrettable pour le service ; et si la guerre créait tout à coup de nouveaux besoins, on se trouverait forcé d'envoyer immédiatement dans les régiments de cavalerie, comme on l'a déjà fait, des officiers qui non-seulement n'auraient pu participer aux perfection-nements de ladite école, mais qui manqueraient même des connaissances les plus indis-pensables à l'officier de cavalerie, puisqu'ils n'auraient été exercés ni à l'équitation ni aux manœuvres.

« Si l'on admet, et ce point ne saurait être contesté, que toutes les institutions de l'armée doivent être établies en vue des éventualités de la guerre, on n'hésitera pas à reconnaître qu'il importe de hâter le moment où les élèves de l'École Impériale Spéciale Militaire pourront prendre possession des emplois de sous-lieutenant dans les régiments de cavalerie : la création d'un manége à Saint-Cyr et d'une section d'élèves destinés à l'arme de la cavalerie, suffira, je l'espère, pour amener ce résultat désirable.

« Non-seulement cette création aura l'important avantage de procurer à la cavalerie des officiers dont l'éducation, comme cavaliers, aura été complétée pendant les deux années de séjour à l'École Spéciale Militaire, mais elle permettra encore de donner assez de leçons aux élèves destinés à l'infanterie, pour leur faire prendre l'habitude de l'équi-tation et les préparer à monter convenablement à cheval, lorsqu'ils deviendront, plus tard, adjudants-majors ou officiers supérieurs dans leur arme. »

Tels furent les motifs qui présidèrent à la rédaction du décret du 30 sep-tembre 1853, qui créa à l'École une section de cavalerie.

Ces dispositions viennent d'être heureusement complétées par un article d'un décret impérial du 20 mai 1860, qui modifie le décret du 17 octobre 1853, portant réorganisation de l'École impériale de cavalerie de Saumur.

Extrait du rapport de S. Exc. le maréchal Randon, ministre de la guerre : « La seconde division serait formée des sous-lieutenants sortis de l'École spéciale mi-litaire de Saint-Cyr, qui, après avoir servi pendant une année dans un régiment de cavalerie et y avoir pris l'habitude de la vie militaire, viendraient chercher à l'École de Saumur le complément, si utile pour leur avenir, de l'instruction de *l'officier de cavalerie.*

4ᵉ ARTICLE DU DÉCRET. — Les sous-lieutenants d'instruction seront désignés, dans les régiments de cavalerie, parmi les sous-lieutenants sortis de l'École impé-riale spéciale militaire comptant une année au moins de service au régiment. »

Le changement apporté dans le recrutement de l'École d'application d'état—major fut que le concours serait ouvert non-seulement aux élèves classés dans les trente premiers aux examens de sortie, mais bien à tous les élèves qui en auraient fait la demande dans l'ordre successif des numéros de mérite.

C'est en subissant les transformations que nous venons d'indiquer, que l'École est arrivée à l'organisation actuelle, que nous trouvons ainsi définie dans l'*Annuaire militaire* de 1860 :

INSTITUTION DE L'ÉCOLE IMPÉRIALE SPÉCIALE MILITAIRE DE SAINT-CYR.

« Cette école, organisée par décret du 11 avril 1850, est destinée à former des officiers pour l'infanterie, la cavalerie et l'infanterie de marine.

« L'admission à l'École n'a lieu que par voie de concours; ce concours est ouvert chaque année à l'époque déterminée par le ministre de la guerre. Nul ne peut se présenter au concours s'il ne certifie qu'il est Français ou naturalisé et qu'il aura seize ans au moins et vingt ans au plus au 1er janvier de l'année du concours. Tout candidat nommé élève doit, s'il a l'âge requis, avoir contracté un engagement volontaire avant d'entrer à l'École, ou dans le cas contraire contracter un engagement dès que sa première année est révolue.

« Les sous-officiers, caporaux ou brigadiers et soldats des corps de l'armée qui comptent deux ans de service effectif sous les drapeaux, au moment de l'ouverture du concours, sont admis à concourir, pourvu qu'il n'aient pas alors accompli leur vingt-cinquième année.

« Il est publié chaque année un programme des matières sur lesquelles les candidats doivent être examinés.

« Les élèves qui désirent servir dans l'arme de la cavalerie doivent le faire connaître au moment de leur admission à l'École; ils suivent à titre d'essai des cours d'équitation qui font juger de leur aptitude au service de cette arme. La liste des élèves destinés à la cavalerie est formée par suite de cet essai; ils sont nommés sous-lieutenants dans les régiments de cavalerie s'ils satisfont aux examens de sortie.

« Les autres élèves qui ont également satisfait aux examens de sortie ont le droit de choisir suivant le rang de mérite qu'ils occupent sur la liste générale de classement dressée par le jury et jusqu'à concurrence du nombre d'emplois disponibles dans l'infanterie de terre et l'infanterie de marine, celle de ces armes dans laquelle ils désirent servir. Les élèves qui en ont fait la demande, concourent, dans l'ordre successif des numéros de mérite, avec les sous-lieutenants de l'armée pour l'admission à l'École d'application d'état-major. »

Il ne sera pas inutile, comme suite à cette citation, de dire en quelques mots comment est composé et fonctionne le nombreux personnel de l'École, quelles sont la disposition et la destination des bâtiments, les ressources du matériel.

PERSONNEL.

Un général de division, commandant supérieur, qui a la haute main sur tout et correspond directement avec le ministre de la guerre.

Un colonel d'infanterie, commandant en deuxième, qui est responsable vis-à-vis du général de l'exécution des ordres et règlements, de tous les détails du service, et rend compte au commandant supérieur.

Un chef de bataillon, huit capitaines, huit lieutenants, seize adjudants, douze sergents de la ligne, un tambour-major, un chef de fanfare, huit tambours, huit musiciens.

Infanterie.—Le bataillon est composé de huit compagnies; les anciens forment le demi-bataillon de droite, les recrues le demi-bataillon de gauche.

Les sous-officiers et caporaux des huit compagnies sont pris parmi les meilleurs élèves des anciens. Un capitaine, un lieutenant et un adjudant sont attachés au service de chaque compagnie dont ils ont la surveillance, tous les jours, aux exercices; tous les jours aussi le capitaine et le lieutenant font réciter les théories. Le capitaine passe deux inspections par semaine, le lieutenant trois. Un capitaine et un lieutenant sont de garde pendant vingt-quatre heures. Un capitaine et deux lieutenants font le service de semaine.

Les adjudants, au nombre de seize, y compris ceux d'artillerie et de cavalerie, sont chargés de la surveillance des cours, dortoirs, salles, couloirs, etc.; ils alternent pour ce service.

Les douze sergents de la ligne sont moniteurs de gymnastique ou maîtres d'escrime, sous les ordres d'un lieutenant spécialement attaché au gymnase et à la salle d'armes. Ces sergents font, en outre, le service de surveillance de l'infirmerie et des salles de police.

Cavalerie. — Un chef d'escadron directeur, un capitaine instructeur, des officiers écuyers et des adjudants sous-écuyers sont chargés de l'instruction théorique et pratique des élèves appartenant à la section de cavalerie. Ils sont responsables de la tenue des écuries, de l'entretien des chevaux et du matériel, et ont à cet effet sous leurs ordres un certain nombre de sous-officiers, brigadiers et cavaliers de la ligne.

Sciences et Arts. — Un directeur et un sous-directeur des études. Pour chaque cours un professeur et des répétiteurs militaires ou non militaires. Les cours durent deux heures. Les répétiteurs aux jours et heures fixés, interrogent les élèves et leur donnent des notes qui servent à établir le classement de chaque mois et ont une influence sur le classement de fin d'année.

Service de santé.—*Service religieux.*—*Bibliothèque.*—Le service de santé est fait, par semaine, par deux docteurs militaires choisis. L'infirmerie est tenue par des sœurs de l'ordre de Saint-Vincent-de-Paul. Un aumônier officie à l'École et à l'infirmerie. La bibliothèque a son bibliothécaire.

Administration. — Le conseil d'administration de l'École est présidé par le général, qui a un secrétaire et un sous-secrétaire. Le trésorier a ses adjoints et secrétaires; l'économe a ses employés.

Pour tout le service un nombreux domestique.

Bâtiments. — Tous les bâtiments sont spacieux, aérés et parfaitement disposés. Ils se divisent en salles d'étude, de dessin, de récréation, d'escrime; dortoirs, réfectoires, amphithéâtres, cabinets d'interrogations, de physique, de chimie; magasin d'habillement, lingerie, cuisine, buanderie, bureaux, logements des officiers et employés; une belle chapelle d'un style sévère et d'une construction hardie. Une infirmerie éloignée du principal corps et située sur la partie la plus élevée et la plus saine des dépendances de l'École ; un grand et un petit manége couverts, des écuries, plusieurs grandes cours ; un vaste champ de manœuvres et un polygone.

Matériel. — Le matériel est complet tant pour le service de table que pour celui de l'infirmerie, pour les travaux du génie, les manœuvres d'artillerie, de cavalerie, les cours de gymnastique et d'escrime, de chimie et de physique, etc., etc. En un mot, l'État remplit largement les obligations qu'il a dû s'imposer.

L'énumération des cours professés à Saint-Cyr donnera une idée de l'instruction dont les élèvss doivent justifier aux examens de sortie.

Cours. — Littérature. — Histoire. — Géographie. — Géométrie descriptive. — Uranographie. — Physique. — Chimie. — Sciences appliquées. — Dessin. — Allemand. — Artillerie. — Topographie. — Mathématiques. — Administration militaire. — Histoire et Art militaires. — Fortification.

Exercices. — Gymnase. — Escrime. — Équitation. — Travaux de fortification. — Levée des plans. — Salle d'artifice. — Manœuvres d'infanterie et de cavalerie. — Manœuvres d'artillerie (pièces de campagne et de siége).

On comprend que pour mettre les élèves à même d'arriver en deux ans à la connaissance de toutes ces matières, il a fallu une sage répartition du temps et qu'il est indispensable que l'autorité apporte une attention rigoureuse à ce que chacun s'y conforme.

La journée de travail, qui commence à cinq heures et finit à huit heures, est complétement remplie et distribuée de façon qu'aucune partie de l'instruction ne souffre, que l'une n'entrave pas la marche de l'autre. Le temps des repas est très-court comme il convient à des soldats. La journée est coupée par des repos nombreux, mais de faible durée.

Le dimanche, sortie pour toute la journée est accordée aux élèves qui réunissent les conditions exigées ; quant aux autres, ils sont quelquefois passés en revue, ils entendent la messe, reçoivent de midi et demi à deux heures les personnes qui viennent les visiter. A deux heures, fantassins et cavaliers, les uns sac au dos les autres montés, et tous armés, font jusqu'à cinq heures et demie une marche militaire sous la conduite d'un chef de bataillon, d'un capitaine, des lieutenants et adjudants de compagnie.

Chaque année, lors des examens de sortie, un général de division désigné par le ministre inspecte l'École. Souvent à ces inspections, comme aussi dans le courant de l'année, des officiers des puissances étrangères envoyés en mission, assistent à toutes les manœuvres. Généraux inspecteurs, officiers étrangers et curieux admis à suivre ces manœuvres constatent, chaque fois, que le maniement des armes et du cheval, les évolutions, les exercices du tir sont exécutés avec une vigueur, une justesse et une précision dont ne peuvent approcher les régiments de n'importe quelle armée. Certes, cela ne doit point surprendre de la part de jeunes gens intelligents et instruits, qui étudient la théorie en même temps qu'ils s'adonnent à la pratique, qui vont porter l'épaulette et qui savent le vieil adage : *Noblesse oblige;* mais on n'en doit pas moins enregistrer un tel résultat qui a sa haute importance, si relevées que puissent être les autres branches de l'instruction que l'on reçoit à l'École.

Certainement l'institution de Saint-Cyr est encore susceptible d'améliorations, car elle doit, elle aussi, marcher dans cette voie du progrès dans laquelle le doigt de Dieu pousse la France; mais les résultats obtenus jusqu'à ce jour n'en sont pas moins remarquables.

En effet, si nos récents triomphes dans les combats d'Afrique, dans la gigantesque lutte de Crimée, comme hier encore dans cette rapide et surprenante campagne d'Italie, prouvent, une fois de plus, que le titre de grand est héréditaire dans la dynastie des Napoléon, que la France est toujours la *terre des braves,* ils attestent, en même temps, que les élèves de Saint-Cyr se sont montrés dignes de leurs anciens de Fontainebleau, qu'ils ont été à la hauteur de notre héroïque armée.

« L'École spéciale militaire peut donc, à bon droit, s'enorgueillir de ses enfants, et en constatant qu'elle a largement fourni son contingent d'officiers illustres, les tables de la salle des visites consacrent la vérité écrite sur son drapeau :

« ILS S'INSTRUISENT POUR VAINCRE. »

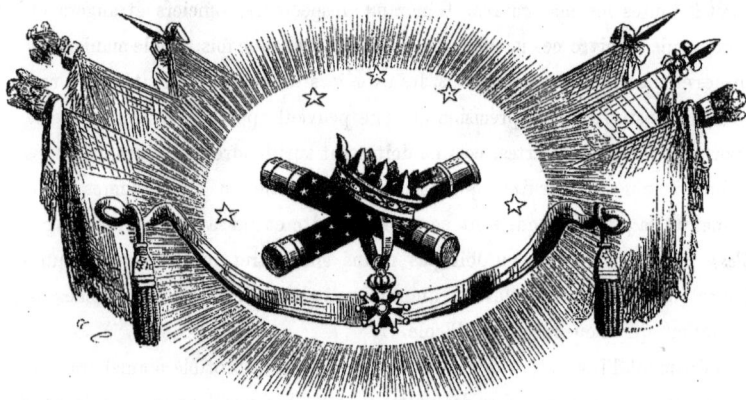

Deuxième partie

MŒURS DE L'ÉCOLE

CHAPITRE I

Opinions erronées. — De la Brimade; ses causes, ses résultats. —
— De l'esprit de l'École sous l'Empire, sous la Restauration,
après 1830, après 1848, aujourd'hui.

On ne peut, avons-nous dit dans la Préface de ce livre, écrire l'histoire de l'École sans parler de ses mœurs; or, ces mœurs ont été si souvent et si injustement décriées, que nous considérons comme un devoir de présenter quelques observations destinées à faire connaître la vérité. Exposer franchement ce qui est nous paraît le meilleur moyen de détruire l'opinion erronée que, d'après des faits le plus souvent si ce n'est toujours controuvés, l'on s'est formée sur les us et coutumes des élèves.

Nous avons la conviction que si l'on se fût donné la peine de rechercher sérieusement le pourquoi des habitudes de cette petite colonie, non-seulement on se fût abstenu de tout blâmer, mais, bien plus, on se fût empressé de déclarer généralement très-utile ce que l'on a jugé très-mauvais.

Le langage pittoresque du Saint-Cyrien a soulevé de magnifiques dédains; est-il donc une communauté, une corporation, un milieu quelconque qui n'ait son langage spécial? Les commerçants, les hommes de lettres, les financiers, les artistes, les gens de robe, etc., ont le leur; ces messieurs du turf ont aussi leur argot et ce n'est peut-être pas le moins laid..

Avec une facilité qui semble dénoter chez lui absence de jugement ou tout au moins de savoir-vivre, le Saint-Cyrien, a-t-on dit encore, prodigue les épithètes de crétin, abruti, cafard, etc.

Certainement, ces défauts ne peuvent exister chez les élèves dans l'acception rigoureuse du mot; mais si l'on songe qu'à cet âge et sous l'uniforme du soldat tout est et ne doit être que grands et nobles sentiments, on arrivera aisément à comprendre qu'en exagérant ainsi les expressions, en stigmatisant même l'apparence du vice, les élèves veulent flétrir les mauvaises tendances, afin de maintenir dans la voie de l'honnête et du beau ceux qu'une fâcheuse disposition pousserait à s'en écarter.

Je n'en finirais pas avec toutes les accusations futiles et non réfléchies; j'en citerai une troisième et dernière : la *Brimade*, dada favori des contempteurs de l'École.

« La Brimade! coutume stupide, cruelle, digne des Huns, des Vandales, etc...»

La réponse est facile : La brimade, telle qu'elle est réellement pratiquée, n'est ni une stupidité ni une cruauté; elle est une nécessité; sans cela elle serait, dès le premier jour, tombée sous la réprobation unanime des élèves.

Il existe deux sortes de brimades :

1° La sévérité des gradés envers les recrues.

2° Les petites vexations et humiliations dont les recrues sont l'objet de la part des anciens.

L'une et l'autre ont leur raison d'être : l'utilité.

Voici pour la première : Les élèves ne restent que deux ans à l'École, temps qui ne leur est que suffisant pour suivre avec fruit tous les cours qui leur sont professés et, surtout, pour faire leur éducation militaire. Après ces deux années, le gouvernement leur confie un commandement sérieux. Or, pour savoir commander, il faut préalablement et forcément avoir appris à obéir. Pour obtenir un semblable résultat en si peu de temps, il est indispensable que cette obéissance soit constante, absolue et exigée dans tous les détails ; et il n'y a pas de détails inutiles, a dit Bacon ; aussi, à l'École, l'autorité supérieure trouve-t-elle une aide puissante dans cette sévérité des gradés.

Voyons la seconde : Parmi les élèves qui, chaque année, entrent à l'École militaire, certains possèdent un grand nom ou une grande fortune, parfois l'un et l'autre ; il en est dans le nombre qui, grâce à la faiblesse de leurs parents, ont acquis une si haute opinion d'eux-mêmes que, dès leur arrivée, ils se posent en personnages. Avec ou sans grand nom, avec ou sans fortune, d'autres sont affligés d'un caractère désagréable, absolu, brutal ; or, comme à Saint-Cyr nul ne se soucie d'être au-dessous de son voisin ; que chacun, au contraire, tend à s'élever, on n'y reconnaît qu'une supériorité : la supériorité constatée des qualités de l'esprit et du cœur ; on a donc jugé utile d'abaisser les superbes et de réformer les vilains caractères ; d'où la brimade de la deuxième espèce.

C'est à la brimade qu'est due l'égalité qui règne à Saint-Cyr, égalité nécessaire entre jeunes gens ayant la même instruction et appelés à obtenir, le même jour, une même position sociale. Aussi tel qui, dans la première année, avait souffert de la brimade, a fini par en reconnaître la nécessité et en a usé, l'année suivante, à l'égard des recrues.

La brimade ne va que là où elle doit aller ; le Saint-Cyrien est trop chatouilleux sur le point d'honneur pour vouloir porter atteinte à la dignité de ses camarades. S'il en est un qui s'oublie, il est promptement puni par celui qu'il a offensé et par le blâme général.

Nous avons entendu parler d'une presse donnée à un conscrit récalcitrant : cent anciens se ruant sur lui l'avaient acculé contre un mur et étouffé. Hélas ! ces anciens ont dû être cruellement punis par leurs remords ; mais nul n'a pu nous dire en quelle année cet assassinat avait été commis, ni nous expliquer comment il était advenu que l'ancien placé le plus près de la victime n'avait été nullement incommodé par la pression des quatre-vingt-dix-neuf autres scélérats.

Laissons aux petits enfants ces contes de Croquemitaine et disons : que si parfois on a eu à constater des paroles ou des actes regrettables, ces paroles ou ces actes n'étaient que des aberrations d'esprits malades ou mal dotés par la nature, des faits isolés qui non-seulement ne peuvent servir à donner une idée des mœurs de l'École, mais dont on ne peut faire peser la responsabilité sur les Saint-Cyriens.

Le prétoire et l'autel ont aussi, parfois, leurs interprètes infidèles, et la justice et la religion n'en restent pas moins d'essence divine.

L'autorité supérieure, gardienne jalouse de la dignité des élèves, secondée par le zèle et l'intelligence des officiers attachés à l'instruction, sait prévenir et au besoin réprimer tout ce qui tend à la compromettre. Non-seulement elle s'applique à empêcher l'influence des mauvais exemples et à éclairer ces jeunes gens sur des actes dont leur inexpérience ne leur permet pas toujours de saisir toute la portée; mais encore, grâce à sa sollicitude, les élèves deviennent les juges les plus sévères des écarts, heureusement fort rares, de leurs camarades.

Si à l'école l'égalité est le résultat de la brimade, cette égalité a pour conséquence, dans les régiments, une camaraderie que rien ne peut altérer; les anciens y reçoivent les nouveaux à bras ouverts; bien plus, si deux Saint-Cyriens qui ne se sont jamais vus sont en relations de service, cette camaraderie se retrouve, quelle que soit la différence d'âge et de position; celui qui possède honneurs, dignités, crédit, protége le plus petit; celui-ci, en retour, lui est tout et toujours dévoué. Les rares exceptions à cette règle ne peuvent empêcher la camaraderie des Saint-Cyriens d'être une franc-maçonnerie des plus solides.

A Saint-Cyr, la bonté et la générosité dominent: qu'une souscription soit ouverte en faveur d'une infortune quelconque, aussitôt grandes et petites bourses s'ouvrent et se vident; qu'il faille protéger un camarade injustement attaqué, et sans hésiter les élèves font le sacrifice de leur position et même de leur vie. Les preuves abondent.

Pourquoi donc rappeler la cruauté et la stupidité des barbares à propos de cette grande et belle École où l'on est si promptement compris quand on s'adresse à l'intelligence et au cœur?

Pour mieux se rendre compte des us et coutumes de l'École militaire, pour n'en être point surpris, il faut aussi considérer que les élèves apportent forcément à Saint-Cyr, avec la légèreté de leur âge, les habitudes des lycées ou des institutions préparatoires dont ils sortent; que, conséquemment, pendant les instants de repos qui suspendent leurs études sérieuses, ils doivent redevenir quelque peu écoliers. L'instruction et l'éducation militaires qu'ils reçoivent modifient progressivement ce caractère, et ils l'ont totalement dépouillé lorsqu'ils sont sortis et lancés dans la vie avec une position et une autorité sérieuses.

Si l'esprit de l'École est resté le même, ses mœurs ont varié. On a vu que dans le recrutement des écoles des Cadets-Gentilshommes et de l'École des Enfants-de-Mars, l'élément était complétement militaire, qu'il ne l'était plus que pour trois-quarts dans l'organisation de l'école de Fontainebleau, que pour moitié après 1818, imperceptible après 1830, et qu'enfin il avait disparu en 1848. On comprend sans peine l'influence de ces modifications sur les usages de l'École; chaque élève pensant, parlant et agissant suivant son éducation première. Si, en outre, on considère qu'à cet âge on est facile à impressionner, prompt à se passionner pour tout ce qui est nouveau, on s'expliquera aisément comment les mouvements politiques et littéraires, les changements de gouvernement, le passage de l'état de paix à l'état de guerre, en un mot tous les événements qui laissent trace dans la vie d'un peuple ont dû avoir leur contre-coup dans l'École.

Sous le Consulat et sous le premier Empire, alors que les paroles sont des cris de guerre, que la marche et le choc des armées ébranlent le sol de la vieille Europe, qu'on vit dans une atmosphère de poudre et de feu, l'École a toutes les allures de cette époque de guerre : le commandement y est dur, absolu, despotique; l'obéissance complète, passive; un caporal de 16 ans fait trembler le bataillon, la présence des officiers devient presque une superfétation. La brimade se ressent de cet esprit des camps : c'est un port d'armes ou une position en joue indéfinis que l'on inflige au conscrit; c'est une opération militaire qu'on lui fait expliquer ou écrire dix fois de suite.

Sous Louis XVIII, alors que la majeure partie des élèves nommés à la réorganisation est d'origine noble, à Saint-Cyr comme à la Cour, comme dans les salons, on cherche à revenir aux grandes et belles façons du temps de Louis XIV et de Louis XV; on ne s'aborde que le bonnet à la main et en s'appelant « monsieur. » La brimade est à l'eau de roses : on envoie le conscrit se retremper au tribunal de la pénitence où l'attend M. l'aumônier qui n'y est pas; on invite M. le vicomte de X.... à faire un bout-rimé sur les charmes et les vertus de la très-belle, très-gracieuse, très-honorable et honorée marquise de ***; tout cela n'empêche point le développement des qualités militaires, car tout en France reste imprégné de poudre, et l'élément militaire est pour moitié à l'École.

Après 1830 jusqu'en 1848, on est à Saint-Cyr ce que l'on est par toute la France; les idées libérales et romantiques y font invasion; on y devient même voltairien, sceptique; mais on y parle toujours de guerre, car le glorieux drapeau des batailles qui flotte, pour la seconde fois, sur le vieux bahut, a rappelé les victoires et conquêtes de la grande armée. C'est un mélange des idées guerrières de l'Empire, des façons aristocratiques de la Restauration et des tendances démocratiques du jour. La brimade tient à la fois du troupier, du gentilhomme et du bourgeois émancipé et émancipateur.

Le gouvernement issu des journées de février 1848, qui ouvre l'École gratuitement et indistinctement à toutes les classes de la société, ne peut la fermer aux troubles et aux passions qui agitent le pays; la perturbation y est grande, la discipline y reçoit un rude coup dont elle souffre quelque temps; mais la volonté sage et énergique qui ramène l'ordre et la paix au dehors a aussi son effet dans l'École où rentre le calme.

Aujourd'hui, par suite de nouvelles et évidemment nécessaires mesures, il est survenu un assez notable changement dans les usages des élèves : les sorties sont devenues plus fréquentes, il a été permis de fumer, le costume a été rendu coquet; la brimade,—dont l'abus fut une des conséquences du moment de trouble dont nous venons de parler,—rigoureusement interdite, tend à disparaître; elle n'est plus que l'ombre d'elle-même; puisse-t-on voir disparaître également tout ce qui la motivait !

Beaucoup de personnes, frappées de la grande autorité dont les chefs sont investis dans les régiments, ne peuvent comprendre qu'avec les mêmes moyens on n'obtienne pas les mêmes résultats à Saint-Cyr. Ces personnes ne considèrent pas que les éléments différant complétement, on ne peut juger par analogie.

Il ne suffit pas, pour commander l'École, du grade conféré par la loi et de l'autorité inhérente à ce grade; si le commandement doit être intelligent et ferme, il doit aussi être respecté et aimé, c'est-à-dire paternel; il faut agir avec patience et prudence, sans colère, comme sans faiblesse; mettre à profit les ressources qu'offrent l'instruction et l'âge des élèves, âge de sensibilité et de générosité, partant parler à la raison et à l'âme.

Il est peut-être bon que le commandant supérieur ait été élève lui-même; il est, à coup sûr, indispensable qu'à l'autorité du grade il joigne l'autorité que donne une vie militaire et privée dignement remplie.

C'est par de tels moyens que le général commandant parvient à envoyer dans l'armée, non-seulement des officiers instruits dans leur art, mais avant tout des hommes de sens et de cœur.

CHAPITRE II

Le Bahut vers 1840 ou les quatre phases de la vie
du Saint-Cyrien,

Qui vive?
1er Bataillon de France !

C'est à l'obligeance de ce cher M. *Système*, que tout le monde connaît, qu'est due la pochade qu'on va lire et à laquelle la lettre d'envoi de ce vieil ami servira de préface :

Paris, le... 1860.

« Il y a bientôt quatorze ans de cela ; nous bivouaquions dans les montagnes de la Kabylie, chez les Hamouchas, je crois ; il était expressément défendu de dépasser les avant-postes, ce qui restreignait considérablement nos promenades et nos distractions ; mais cette défense était utile, car nous étions là

7

pour observer; pour observer le lever et le coucher du soleil, sans doute, ainsi que les effets de l'oisiveté, car d'autre ennemi point, ce dont nous étions si fort contrariés que, voulant absolument combattre et tuer, nous cherchions par tous les moyens à combattre l'ennui et à tuer le temps. Un soir que nous avions déjà fort devisé, le vieux *bahut* devint le sujet de la conversation et, nos souvenirs venant en abondance, la veillée se prolongea fort avant dans la nuit; mais le sommeil ne perdant jamais ses droits et toute chose devant, comme chacun le sait, avoir une fin bonne ou mauvaise, nous dûmes nous séparer.

« Mon somme ne fut qu'un affreux cauchemar : je me revis candidat, fruit sec d'entrée, enfin admis; livré à l'hydre de la brimade, je repassai par les mille fourches caudines de cet infernal bahut.

« Tambours, trompettes et clairons battant et sonnant la diane m'arrachèrent à cette situation désagréable. J'étais haletant, la sueur perlait sur mon visage;

mais la vérité s'étant faite en mon esprit, ma vision me devint un sujet de distraction, car je m'empressai de confier au papier les impressions de cette nuit agitée. Nous levâmes bientôt le camp; papier, plumes et crayons rentrèrent dans le carton, le carton dans la cantine, et je n'y songeai plus. Ce ne fut que fort longtemps après ma rentrée en France qu'ayant retrouvé ces pochades je les réunis en album.

« J'ai traversé l'École vers le milieu de cette période de 1830 à 1848 qui, sans appartenir à aucune autre époque, tient cependant un peu de toutes. Enfantée par le désœuvrement et conséquemment dans le seul but de passer le temps, ma boutade est-elle l'image fidèle des mœurs d'alors ou n'est-elle que la reproduction de mon cauchemar? l'une et l'autre sans doute. Mais puisque vous avez pensé qu'il n'était pas impossible qu'avec les grandes démarcations établies dans votre bouquin, elle servît à donner une idée des us et coutumes du bahut, je vous l'abandonne; faites-en tel usage que vous jugerez convenable, mais à vos risques et périls, car je m'en lave les mains, cela est bien entendu. »

PREMIÈRE PHASE

CHENILLES OU ASPIRANTS

La volaille.— Le cornichon.— Le brutium.— Le pot à chien.
Le pioupiou.

LES ASPIRANTS

Dans cette France, patrie des soldats, quel est le département qui ne fournit son contingent d'aspirants à l'Ecole spéciale militaire, ce grand et immortel *bahut*?

Ces aspirants sont partout:

A Versailles, c'est l'amarante ou jonquille *Volaille,* échappée des poulaillers de Barthe et de Buron, qui envahit les allées de Le Nôtre, émaille le Tapis-

Vert, émerveille les jolies promeneuses et porte le trouble dans leur cœur.

A Paris, dans ce quartier latin sanctuaire des sciences et des arts, de la carotte et de la pipe culottée, dans la foule des étudiants celui que, tout d'abord, vous remarquez, c'est le jeune Cucurbitacée, extrait des bocaux de

Barbet, Loriol et autres; car le *Cornichon* est comme le soleil : aveugle qui ne le voit pas.

A La Flèche, cette jolie petite ville du Maine, ce bataillon qui rappelle les vaillants pupilles de l'Empereur, c'est le bataillon des purs et studieux enfants de *Brutium*, qui boivent à la source limpide des préceptes de la soumission et des autres vertus guerrières, enfants nés soldats, qui savent si bien vivre et mourir en soldats.

Dans tous les lycées, parmi tous ces écoliers travailleurs ou paresseux, à la face blême ou rosée, vous avez, à ses allures hardies et à son œil plein de feu, diagnostiqué sans coup férir le bouillant *Pot à chien.*

8

Et cet infortuné *Pioupiou*, qui partage son temps entre l'étude de l'x et
les importants travaux de sa modeste condition,

auquel on octroie si largement la facilité d'aller rechercher *l'inconnue* dans

les profondeurs de la solitude : c'est le ci-devant Pot à chien, Brutium, Volaille ou Cornichon, qu'un goût trop modéré pour le travail a précipité dans les délices de la vie de caserne, délices qui lui font si vivement sentir le besoin de réparer un premier échec

Volaille, Cornichon, Brutium, Pot à chien, pourquoi ces dénominations?..... Peu importe! Mais tels sont les candidats de toutes les institutions, telle est l'origine de ces hommes aux instincts militaires qui ont aspiré, aspirent et aspireront à passer par les rudes épreuves du bahut, pour aller ensuite porter si loin et si haut la gloire de nos armes.

Mais que de peines, que de veilles, que de tribulations, d'obstacles sans nombre pour arriver à ce bahut, objet de tant de vœux! Et encore, *non licet omnibus adire Corinthum*, car si les candidats sont nombreux, les élus le sont peu.

DEUXIÈME PHASE

CHRYSALIDES OU BAHUTEURS

Le recrue. — Travail et brimades. — L'ancien. — Quelques cours.
Roses et épines.—Quelques types.—Pékin de Bahut.

LE RECRUE

Travail et Brimades.

Le candidat est nommé; pour lui la sainte *Galette* va briller de son plus

resplendissant éclat; les portes du bahut lui sont ouvertes, *le* recrue a passé
sous la voûte.

COUR D'AUSTERLITS

Mais nouveau dragon de ce nouveau jardin des Hespérides, l'ancien s'est
élancé armé des foudres de la brimade,

et la série des rudes épreuves commence.

A l'étude :

> Faisant choix d'un *melon*
> Qui se perd dans l'espace
> Avec papa *Buron*,

l'ancien s'approche, et, avec tous les égards dus à un aussi intéressant Cantaloup, lui glisse cet insidieux propos : — Votre facilité remarquable, Monsieur, m'engage à vous confier ce bouquin que vous voudrez bien copier en vos moments perdus.

— Mais, mon officier, je ne pourrai jamais !

— Monsieur, cette modestie vous honore ; elle convient du reste au vrai mérite ; mais ne vous pressez point, il ne me faut la copie que dans les vingt-quatre heures.

A l'exercice :

Son ancien, son propre ancien, celui auquel il a remis une liasse de lettres de recommandation, ravi de sa touche et de son port d'armes, lui témoigne ainsi sa satisfaction :

— Votre nom, Monsieur, votre nom? (Le monstre l'a lu cent fois dans la liasse précitée.) Votre nom?

— Greluchot, mon officier.

— Comment, Monsieur, ayant nom Greluchot et une pomme de canne comme celle que couronne votre képi, vous prétendez à l'épaulette?

En récréation :

L'infortuné conscrit espère un instant de repos; pensif et rêveur, il erre dans l'immensité de la cour Wagram. Quelque peu désillusionné, il soupire : « Triple idiot! que suis-je venu faire dans cette galère?.... Monde trompeur ! Vanité des......» L'imprudent a heurté un ancien qui *piquait*, lui aussi, son *étrangère*.

— Sautez, Monsieur, sautez pour l'officier, hurle le vampire.

Et quand les jarrets du cabri sont rompus :

— N'oubliez jamais, Monsieur, que savoir sauter est le plus sûr moyen de vite et haut s'élever ; que cette profonde maxime reste tracée en caractères de feu dans votre faible esprit, ajoute l'impudent brimeur.

— Arrière, Satan ! murmure en s'éloignant le candide et vertueux melon, non moins indigné que brisé.

Au dortoir, il lui faut :

> Astiquer l' jeudi
> Giberne et *fusil*,
> Pour passer la jambe
> Sur la *route aux Cochons*, etc.

Après quoi il est invité à passer au cabinet de toilette.

D'où il revient pour parfaire sa couche, ce à quoi il s'applique fort, tant il est pénétré, déjà, de cette profonde vérité : que les plus petites choses ont leur grande importance. Satisfait de son opération : « Je me plais à croire, » se dit-il, « que voilà un lit un peu bien bahuté! » Mais conscrit propose et ancien dispose, et le caporal qui survient laisse tomber sur le présomptueux, de toute la hauteur de ses galons, cette décevante sentence :

— Recommencez ce lit, Monsieur, il blesse l'œil par l'irrégularité de ses parallélipipèdes.

Lit, bahut, souliers, fusil, etc., tout est astiqué, frotté, rangé, le coup de baguette a annoncé l'inspection du capitaine. *Le* recrue est amplement dédom-

magé de toutes ses peines, de toutes ses souffrances, car le généreux chef
le complimente sur sa martiale figure et sa magnifique prestance, qualités
qui le doivent, forcément, porter aux grandes choses.

L'ANCIEN

Quelques cours.

La première année n'est plus. — *Le recrue* est devenu ancien. — *L'ancien* n'a jamais été recrue.

La deuxième année d'études est la plus sérieuse et la plus importante ; elle doit décider du numéro de sortie, de l'avenir entier de l'élève ; aussi comme les cours sont suivis :

A celui-ci, quel silence, quel recueillement!

Et comme à celui-là tout ce qu'on y dit, tout ce qu'on y fait est prisé et senti !

Quel empressement à prendre des notes : « Très-cher ami, je sors dimanche prochain ; à onze heures, chez Champeaux, le déjeuner le plus bahuté et ses subséquentes. » Ou bien : « Mon vieux, fruit-sec de sortie pour ce mois-ci comme pour le précédent. Rencontre moi à la promenade militaire, *route aux Cochons.* Tu ne m'apporteras qu'un paquet de caporal, un saucisson et le dernier feuilleton de Tartempion. »

Aussi l'ancien ne tarde-t-il pas à recueillir le premier fruit d'un travail si bien compris : *la colle* l'appelle,

> Il va chez *Toto*
> *Piquer* son *zéro.*

Autres cours.

Omne tulit punctum qui miscuit utile dulci.

Admirable problème d'Horace, dont une solution nous est donnée par les exercices gymnastiques si utiles à la guerre, soit pour improviser un télégraphe, soit pour réjouir les camarades dans les camps et bivouacs ;

Dont une deuxième nous est fournie par les travaux topographiques, où l'on apprend si bien à lever... sinon un plan du moins le coude et.... une foule de difficultés.

Il est un cours, complément indispensable de l'instruction d'un guerrier, cours vigoureusement professé par Dévenise, Bègue et Trébillon :

La pointe, quel art que l'art de la pointe! agilité, vigueur, grâce, souplesse,
énergie, tout est là. Quel fier homme que l'ancien devenu tireur! Gare à qui
osera marcher sur ses orteils! Pour un oui, pour un non, il tuera son meilleur
ami, son frère, l'humanité entière, pour peu qu'on l'y pousse.

ROSES ET ÉPINES

I

Il est rigoureusement interdit de fumer, les plus sévères punitions sont réservées aux délinquants, d'où il advient que tout le monde fume, que les poches, les fausses manches regorgent de tabac, que les pipes sont bourrées à l'étude, en classe, au dortoir, partout; et, dès que les rangs sont rompus, la foule se précipite dans les .... le faut-il dire? Est-ce bien ici le lieu?

Non est hìc locus. — Qu'il suffise de savoir que le fumeur y trouve ses aises.

Hélas! le plaisir n'est pas sans peines, non plus que la rose sans épines; le châtiment suit le coupable, l'adjudant apparaît : « *Quos ego!...* »

II

L'existence du bahut est une existence de cloître : la sobriété en tout y est à l'ordre du jour ; une sortie par mois, et telles sont les conditions que pour beaucoup cette sortie n'est qu'un mythe.

Aussi quand vient ce beau jour, au bahuteur la rive gauche ! à lui les luxuriants restaurants de la capitale, les boulevards, le Palais-Royal et ses environs, le *Hollandais !* Ah ! le *Hollandais*, c'est là qu'il triomphe, qu'il trône, car :

> Pour bien vider une bouteille,
> Pour flûter le jus de la treille,
> Pour boire sans jamais être plein,
> Voilà, voilà l'ancien (*bis*).

Comme il *flûte*, le malheureux ! Il *flûte* si fort et si longtemps que ses jambes festonnent et que.......

Mais, loin de nous ces témoignages navrants de l'humaine faiblesse.

Ce puissant système de sévérités, de rigueurs développe fortement, dans ces jeunes et impressionnables natures, le sentiment de la discipline et de l'obéissance passive. — *Qui doit commander doit d'abord apprendre à obéir.* Et pour que l'ancien soit plus à même de reconnaître cette nécessité, l'autorité, toujours prévoyante, met à sa disposition une des charmantes cellules ménagées dans les combles. Là, après avoir vainement tenté de s'envoler par le vasistas pratiqué dans la toiture, le reclus se résout à méditer sérieusement sur la meilleure position à prendre pour commodément *piquer son chien.*

III

Pour le Saint-Cyrien il est pourtant des joies, bien rares sans doute, mais immenses, complètes.

Un quart d'heure est accordé pour chaque repas. Pour

Une soupe bien fade,
Des haricots pas cuits
Et pourris,
Des vers dans la salade, etc.

un quart d'heure est plus que suffisant, évidemment ; mais l'ancien a le palais exigeant, l'estomac paresseux, il est devenu raffiné, gourmet ; de son pain, il a gardé l'hémisphère sans baisure, et dans cet hémisphère il fourre, il tasse salade et rôti, préalablement triturés, malaxés. Cette délicate préparation est proprement déposée, en compagnie de la pipe et du tabac, dans la fausse manche cette discrète recéleuse de toute contrebande, et ce n'est que sous la protection de l'ombre épaisse du *Quinconce*, que le sybarite savoure le succulent *Cornard*, délices de l'œsophage.

IV

Le dimanche, dans les marches militaires, au moment du repos, une nuée d'industriels vient s'abattre sur le bataillon et, à l'aide des plus doucereuses et fallacieuses étiquettes, vend au trop confiant élève le poison des boissons les plus alcooliques et les plus dénaturées. Une rigide et salutaire surveillance est exercée par les adjudants, trop souvent, hélas! victimes de leur zèle.

Faites des obligés et vous aurez des ennemis, a-t-on dit quelque part.

V

Le canon tonne, obus et boulets fendent l'air, labourent le polygone, font voler les cibles en éclats.

Majestueuse et menaçante, la bombe s'élève dans l'espace, décrit son admirable parabole et atteint le but.

Armé de toutes pièces, couronné de feuilles de peuplier à défaut de lauriers,

l'adroit pointeur est placé sur le pavois et enlevé par quatre solides tireurs. Puis vient la longue file des anciens, — tel qu'un serpent qui se courbe et recourbe en replis tortueux ; — l'imposant cortège, que dirige l'*officier le plus malheureux*, chemine en zig-zag jusqu'au pied de l'arbre sacré de la *Sainte Galette* où l'hymne divin est entonné et..... je renonce à peindre.

N'oublions pas, toutefois, que cette touchante cérémonie renferme les éléments d'une joie complète, surtout pour Grépinet et ses exécutants, que la générosité des acteurs de ce grandiose spectacle gratifie de plusieurs pièces de 5 francs, et *vive l'officier !*

VI

Dans ce bahut hérissé de souffrances et d'afflictions, il est cependant un tout petit recoin bien garni d'une infinité de petits soins empressés, délicats, un paradis dont les anges reçoivent l'élève martyr, le couvrent de leurs ailes, rendent les forces à son corps affaibli, la paix et la joie à son âme endolorie; ciel plein d'ineffables délices placé auprès d'un enfer rempli de tortures, l'*infirmerie*, avec ses pieuses, ses bienveillantes filles de saint Vincent de Paul, vit et vivra éternellement dans le cœur de tout Saint-Cyrien.

QUELQUES TYPES

———————

Tel est le Saint-Cyrien à l'état de chrysalide. — En voici quelques variétés :

1re année. — *Melon*. — 2e année. — *Melon* et *Abruti*.

Le *Cafard* — qui est et pourra devenir autre chose encore. Passons.

1re et 2e année. — *Crétin* et *Cosaque*.

1re année. — *Amateur*. — 2e année. — *Amateur* et *Brimeur*.

Le *Fanatique*, — qui comprend le *Fanatique* à succès et le *Fanatique* malheureux.

Le *Potasseur* ou *Bibliophile*.

La *Peau-fine* ou le *Peau-fin*

> Qui plus tard parcourra le monde
> Courtisant la brune et la blonde,

et ne pourra faire les délices d'un sexe sans causer le désespoir de l'autre.

12

Dans le personnel du bahut que de remarquables sujets de méditation!
quelle abondante matière à dissertation dans chacun de ces sujets! Indiquons-en
quelques-uns :

Des élèves soldats doivent apprendre à vivre non-seulement de peu, non-
seulement de rien, mais encore des plus affreuses choses. L'administration a
su trouver un chef digne d'un tel ordinaire.

Le *Bas*, le terrible Bas, règlement incarné, sévérité faite homme...

A côté de la sévérité, l'indulgence; à côté de l'inexorable loi, la circonstance atténuante : *Mochieu*, cet excellent Mochieu.

Grépinet, création d'un haut enseignement, création sublime. — Grépinet en tête du bataillon n'est-il pas pour tous ces futurs héros la preuve vivante que les vrais grands hommes sont mesurés au mérite et non au mètre?

Enfin, non moins heureux en sortant que lorsqu'il est entré, le Saint-Cyrien abandonne et salue avec joie cette École que pourtant il n'oubliera jamais.

Il est *pékin de bahut*.

TROISIÈME PHASE

PAPILLONS

Un des trente. — Après les trente. — Idem. — Le n° 1 ou un autre.
Le pénultième et le suivant. — Après le dernier.

TRANSFORMATIONS

Les transformations sont opérées; plus de chenilles, plus de chrysalides, rien que des papillons; mais si beaux et si brillants, mais si légers et si rapides dans leur vol, qu'il serait plus sage de se borner à les admirer que d'en tenter la portraiture.

Un des trente : Papillon hors ligne.

Après les trente : Trop papillon.

Lépidoptère du même ordre que dessus.

Le numéro 1 ou un autre.

13

Le pénultième et le suivant.

Après le dernier, dénommé *Fruit-sec* ou *sec*.

QUATRIÈME PHASE

ou

CONCLUSION

. . . .

Lorsque pour nous viendra l'âge pénible
Où le passé remplace l'avenir,
Alors, assis au coin d'un feu paisible,
Quand nous vivrons de notre souvenir,
Rappelons-nous, amis, avec ivresse,
Ce bel instant où nous prîmes l'essor,
Ce temps heureux, fleur de notre jeunesse,
Où nous rêvions une épaulette d'or.

(*Paroles de mon ami* MARIANDE.)

C'EST ICIQUE FINIT L'HISTOIRE DU BAHUT

VOCABULAIRE A L'USAGE DES PROFANES

ABRUTI.— Absorbé par l'étude, l'ennui ou autres causes.

AMATEUR.— Suffisant, faiseur, vaniteux, etc.

BAHUT. — L'École de Saint-Cyr est le *Grand Bahut* ou le *Bahut* proprement dit. — Les institutions préparatoires sont les *petites bahutes.*— *Bahuter* veut dire se distraire, se donner du mouvement. — *Être bien bahuté* s'entend d'un objet, d'une personne bien conditionnée.— *M. Bahut*, M. Chose, M. Machin, un quidam quelconque.

BAS. — Adjudant sous-officier ou sergent, de l'ancienne expression bas-officier, aujourd'hui sous-officier.

BRIMEUR.— L'explication est dans le texte.

BROUTTASSEUR.— Beau parleur, discoureur. — M. Broutta, professeur à Saint-Cyr était remarquable par sa parole facile et brillante.

CAFARD veut dire cafard, etc.

COLLE.— Interrogation.— *Être collé*, ne rien savoir répondre à une question.

CORNARD. — La chose défendue et faite. — Se dit d'une réserve de comestibles ou de boissons, de papier, plumes, etc. — Faire un cornard de vin, de crayons, etc.— S'entend aussi de la malpropreté, de la crasse sur les objets ou effets des personnes. (Voir page 81 du texte.)

COSAQUE.— Maladroit.

CRÉTIN.— Intelligent sans exagération.

FANATIQUE.— Zélé en tout ou pour une chose.

FRUIT-SEC ou SEC.—Celui qui pour une cause ou une autre n'a pu obtenir l'épaulette à l'époque fixée pour la sortie. — On est, aussi, fruit-sec d'une chose, quand on n'a pu obtenir cette chose après l'avoir recherchée ou désirée.

GALETTE.— L'ex-ornement du tourlourou.— Contre-épaulette, jadis objet d'un culte qui ne s'expliquait que par la généreuse pensée d'offrir un dédommagement aux Élèves qui ne parvenaient jamais à obtenir les épaulettes d'élite ni les galons.— Culte non sérieux, bien entendu. — *Sortie galette*, sortie générale. — *Fine galette*, un des derniers Élèves.

HOLLANDAIS.— Grand café du Palais-Royal, fréquenté par les Élèves.

MELON.— Naïf, nouveau.

OFFICIER MALHEUREUX. — Celui qui, renvoyé de l'École pour n'importe quel motif, y est retourné après de nouveaux examens.

PÉKIN. — Être pékin d'une chose, en être débarrassé. — *Pékin de chimie*, avoir fini son cours de chimie, etc.

PIQUER.— *Piquer son chien*, faire un somme.— *Piquer l'étrangère*, rêver, être distrait.— *Piquer le zéro*, mériter la note qui indique : réponse nulle à la question.—On pique beaucoup d'autres choses.

POTASSEUR.— Travailleur assidu, studieux.

ROUTE AUX COCHONS. — La route de Saint-Cyr à Saint-Germain et à Poissy, route très-fréquentée par de nombreux troupeaux de la race porcine.

SYSTÈME.— *Le Système*, les us et coutumes de l'École.— M. Système, celui qui est initié. —Parfois un monsieur quelconque.

TOTO.— Surnom d'un ex-professeur du Bahut.
     Etc.

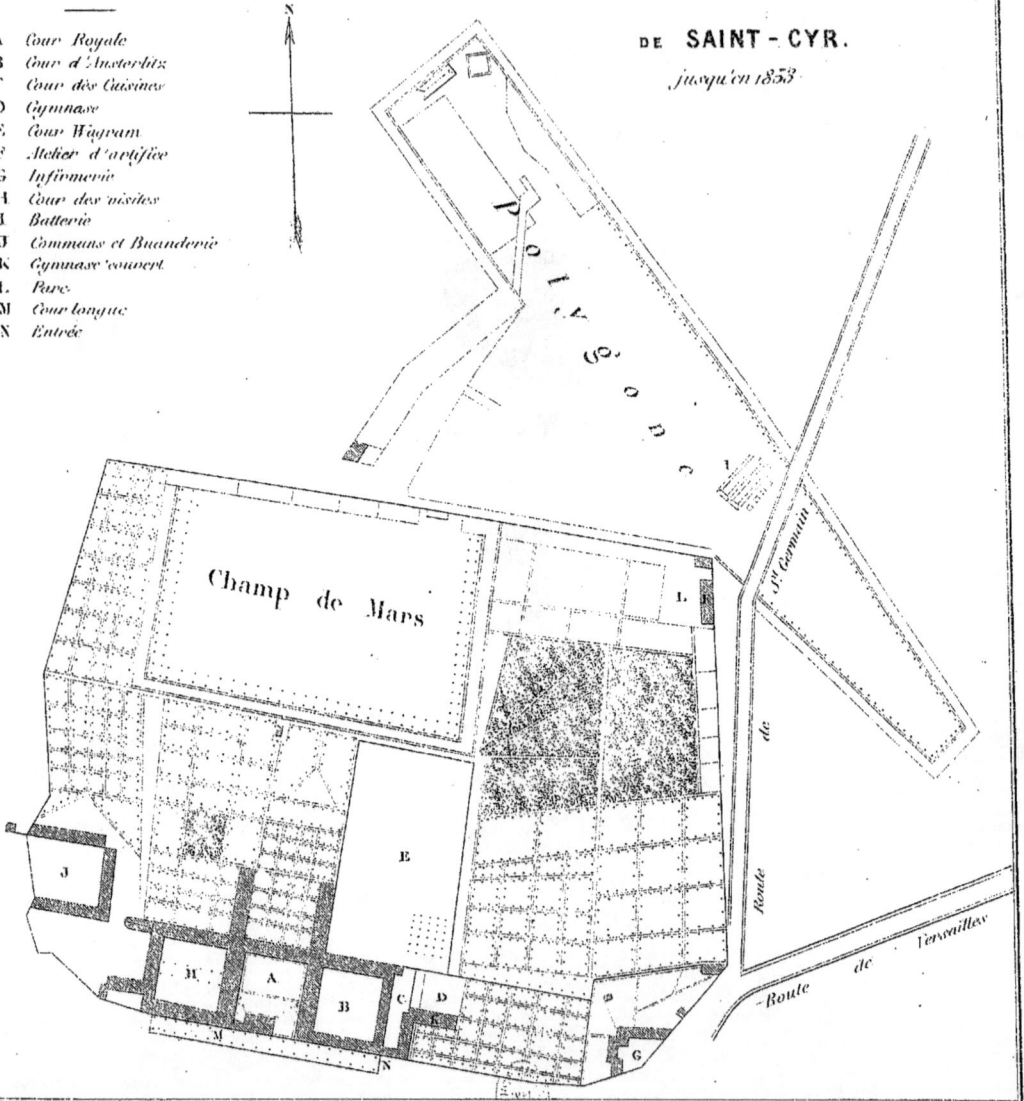

LÉGENDE.

A Cour Royale
B Cour d'Austerlitz
C Cour des Cuisines
D Gymnase
E Cour Wagram
F Atelier d'artifice
G Infirmerie
H Cour des visites
I Batterie
J Communs et Buanderie
K Gymnase couvert
L Parc
M Cour longue
N Entrée

N

Polygone

Champ de Mars

St Germain

Route de

Route de Versailles

Route de

L.

J.

E.

H.

A.

B.

C.

D.

K.

M.

N.

G.

Gravé par Régnier et Dourdet, N. Postage, Ste Marie (R. du Bac) à Paris.

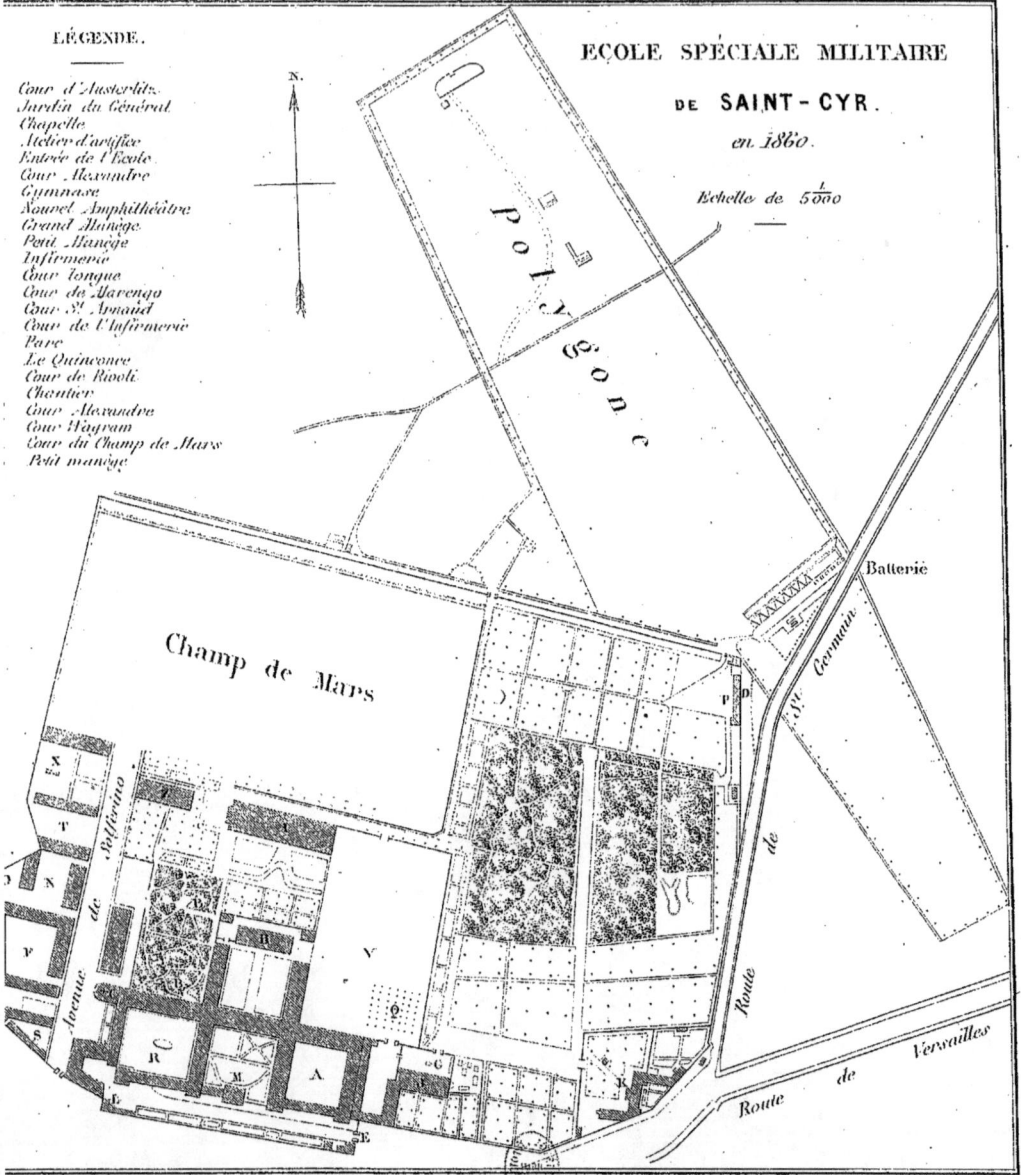

ECOLE SPÉCIALE MILITAIRE

DE **SAINT - CYR**.

en 1860.

Echelle de $\frac{1}{5000}$

LÉGENDE.

Cour d'Austerlitz.
Jardin du Général
Chapelle
Atelier d'artifice
Entrée de l'École
Cour Alexandre
Gymnase
Nouvel Amphithéâtre
Grand Manège
Petit Manège
Infirmerie
Cour longue
Cour de Marengo
Cour St Arnaud
Cour de l'Infirmerie
Parc
Le Quinconce
Cour de Rivoli
Chantier
Cour Alexandre
Cour Wagram
Cour du Champ de Mars
Petit manège

N.

Polygone

Batterie

Champ de Mars

Route de St Germain

Route de Versailles

Route de

Troisième partie

LA SALLE DES VISITES

14

NOTA.—Dans la liste des Élèves depuis 1818 jusqu'en 1860, on a donné la date de la sortie de l'École de chaque Élève comme sous-lieutenant. Le — signifie *idem*. Les Élèves qui n'ont dans cette colonne ni date ni tiret sont ceux qui ont été retirés par leurs parents, ou ont été renvoyés pour cause de maladie ou autre motif.

GOUVERNEURS ET COMMANDANTS DE L'ÉCOLE.

Élèves devenus Intendants. — Élèves devenus Généraux.

Élèves devenus Maréchaux de France.

Élèves sortis avec le n° 1 de leur promotion depuis 1820.

Les 500 premiers Élèves de l'École de Fontainebleau.

Les Élèves de l'École spéciale militaire réorganisée à Saint-Cyr
en 1818.

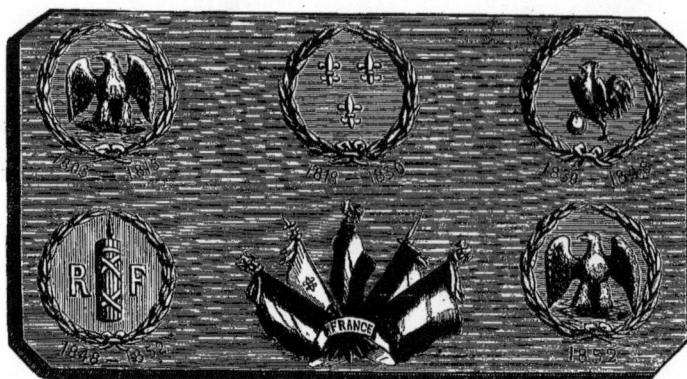

GOUVERNEURS ET COMMANDANTS

DE L'ÉCOLE SPÉCIALE MILITAIRE

GOUVERNEURS

LOUIS-BONAPARTE, connétable de l'Empire, nommé gouverneur par décret du 8 mai 1804.

Baron BELLAVÈNE (Jacques-Nicolas), du 1er juillet 1812 au 1er août 1814.

Comte DUPONT-CHAUMONT (Pierre-Antoine), du 2 août 1814 au 28 mars 1815.

COMMANDANTS

	Années			Années	
Baron BELLAVÈNE (J.-N.), général de division..............	1805	1812	Baron DE RICHEMONT (L.-A.-C.), maréchal de camp..........	1830	1834
Baron MEUNIER (H.-A.-J.), général de brigade............	1812	1814	Comte BARAGUAY-D'HILLIERS (A.), colonel d'infanterie, puis maréchal de camp.	1834	1841
Baron de RICHEMONT (L.-A.-C.), général de brigade..........	1814	1815	CAMINADE (A.-J.N.), maréchal de camp....., ...	1841	1842
Baron BELLAVÈNE (J.-N.), général de division.		1815	DE TARLET (A.-P.-P.-B.), maréchal de camp...............	1842	1846
Comte D'ALBIGNAC (P.-F.-H.), maréchal de camp...........	1818	1821	DE RICARD (J.-B.-H.-F.-A.), maréchal de camp..............	1846	1849
Vicomte OBERT (M.-A.-M.), lieutenant général.	1821	1823	SALLEYX (A.), général de brigade.		1849
Comte de DURFORT (A.-C.), maréchal de camp..............	1823	1827	ALEXANDRE (A.-A.), général de brigade et général de division.	1849	1855
Prince DE BROGLIE DE REVEL (A.-G.-A.), maréchal de camp....	1827	1830	Comte DE MONET (A.), général de division.................	1855	
Vicomte LENOIR (A.-N.), maréchal de camp...............	août 1830		N.........................		

ÉLÈVES DEVENUS INTENDANTS,
GÉNÉRAUX DE DIVISION ET DE BRIGADE,
MARÉCHAUX DE FRANCE

ÉLÈVES DEVENUS INTENDANTS

NOMS.	Élèves.	Intendants militaires.	Intendants Inspecteurs.
Paris de Bollardière............................	1818	1848	1856
Darricau..	1825	1850	1856
Blanchot..	1824	1852	1856
De Cambis Alais..............................	1818	1851	
Fournier..	1824	1852	
Cetty..	1824	1851	
Teinturier..	1819	1855	
Bligny Bondurand............................	1830	1855	
Le Cauchois Féraud..........................	1828	1855	
Louclas...	1814	1855	
Moisez..	1820	1857	
Sicard...	1818	1858	
De la Fitte.......................................	1810	1849	
Reneuve..	1810	1850	
De la Fitte.......................................	1813	1851	
Hautz...	1814	1854	
Gérard de la Calvinière....................	1824	1858	
Lebrun..	1828	1859	
N..			
N..			

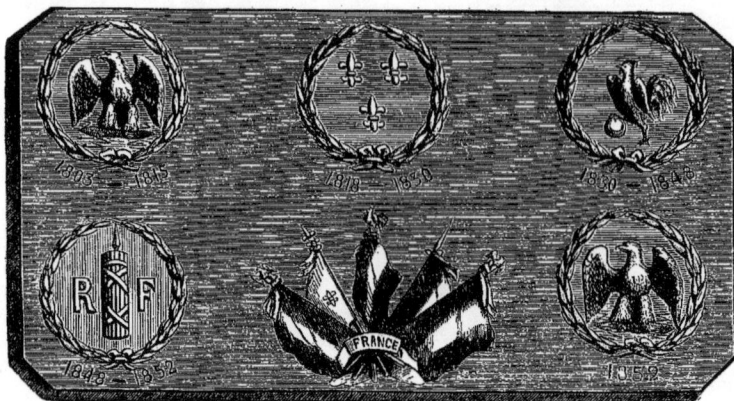

ÉLÈVES DEVENUS GÉNÉRAUX

NOMS.	Élève.	Général de brigade.	de division.	NOMS.	Élève.	Général de brigade.	de division.
Marquis de Talhouet de Bonamour	1805	1816		Delamaille	1806	1830	
Bᵒⁿ de Bournonville (Martin)	1806	1817		Baron de Lascours	1803	1830	1841
Comte de Danremont (Denys)	1803	1821	1830	Vicomte de Rigny de Gaullines	1806	1830	
Marquis de Castelbajac	1806	1821	1840	Comte Gueulin de Rumigny	1805	1830	1840
Vicomte Monpez de Champagny	1808	1822		Feuchères	1805	1830	1843
				Jacqueminot	1804	1831	1838
Comte de Montlivault (Guyon)	1804	1823		Comte Ordener	1803	1831	1846
Comte de la Roche-Fontenelle	1804	1823		Marquis de Lavœstine	1804	1831	1841
Comte d'Argout	1804	1823		Marquis de Grouchy	1806	1831	1842
Marquis d'Hautpoul	1805	1823	1841	Baron Anthoine de Saint-Joseph	1805	1832	1844
Comte d'Astorg	1803	1823	1843	Baron Morell	1805	1832	
Collomb d'Accier	1805	1823		Gemeau	1808	1833	1845
Comte de Dampierre (Duval)	1804	1825	1841	Lalande	1805	1834	
Comte Sébastiani	1806	1826	1831	Jacobi	1805	1834	
Marquis de Faudoas	1803	1826	1832	Mangin	1806	1835	1846
Despans Cubières	1804	1829	1835	Duvivier	1803	1835	1846
Fourier d'Hincourt	1803	1829		Moline de Saint-Yon	1804	1835	1844
Marquis de Bonneval	1803	1830		Létang	1806	1835	1845
Vicomte de Berthier	1809	1830		Gazan	1804	1835	1845

45

NOMS.	Élève.	Général de brigade.	de division.	NOMS.	Élève.	Général de brigade.	de division.
Sillègue	1803	1837		Thiéry (J.-F.-V.)	1806	1843	1848
De Galz Malvirade	1803	1837		Vidal de Lauzun	1805	1844	
Parchappe	1804	1838	1848	Paillot	1807	1844	
Bougenel	1806	1838	1846	Diettmann	1806	1844	
Brack	1806	1838		Budau de Russé	1805	1844	
Ballon	1807	1839	1848	Comman	1809	1844	
De Narp	1803	1839		Cavaignac	1806	1844	
De Tannay Sallonnier	1803	1839		Vesco	1806	1845	
Favereau	1805	1839		Charon	1803	1845	
Feisthamel	1807	1839		Comte de Sparre	1808	1845	
De Hennault de Bertaucourt	1803	1839		De Bréa	1806	1845	
D'Aussaguel de Lasbordes	1805	1839	1847	Husson	1803	1845	
Hatry	1803	1839	1848	De Ricard	1806	1845	
Hurault de Sorbée	1806	1839		Perrot	1809	1845	1849
Rachis	1806	1839	1847	Siméon	1811	1846	1853
Mis de Cramayel (Fontaine)	1805	1839	1848	Poinsignon	1808	1846	1852
Pérone dit Perron	1806	1839		Morin	1809	1846	1852
De Rostolan	1808	1839	1846	Pélissier	1814	1846	1850
De Tarlé	1805	1839	1846	Foy	1810	1846	1853
Aupick	1808	1839	1847	Renault	1825	1846	1851
Guesviller	1808	1840	1848	Manduit	1807	1846	
Courtot	1804	1840		Ménard	1806	1847	
Caminade	1803	1840		Delannoy	1809	1847	
Levasseur	1806	1840	1848	François	1809	1847	
La Fontaine	1809	1840	1848	Duquen	1807	1847	
Boullé	1807	1841		Lapeyre	1807	1847	
Lévêque de Vilmorin	1804	1841	1848	De Lussy	1806	1847	
Duhot	1806	1841		De Salles	1821	1847	1852
Guillabert	1808	1841	1848	Bonet	1810	1847	1852
Baron de Lostende	1804	1841		Morris	1820	1847	1851
Prax	1804	1841		Pelletier des Carrières	1812	1848	1852
De Golstein	1804	1841		Cuzac	1809	1848	
Lanthonnet	1806	1841		Allouveau de Montréal	1809	1848	1852
De Joly	1809	1841	1848	Fieffé de Lièvreville	1812	1848	1853
Depanis	1805	1841		Rey	1811	1848	
Bedeau	1820	1841	1844	De Ladmirault	1826	1848	1853
Galinier	1809	1841		Le Flo	1823	1848	
Lechartier de la Varignière	1802	1841		De Mac-Mahon	1825	1848	1852
De Brémont	1805	1841		Alexandre	1811	1848	1852
D'Y de Résigny	1805	1841		Damesme	1824	1848	
Mocquery	1806	1841		Martin de Bourgon	1809	1848	1852
Talandier	1809	1841	1848	Chasseloup-Laubat	1818	1848	1853
Pougeard Dulimbert	1804	1842		De Crény	1823	1848	
De Coulibœuf de Blocqueville	1807	1842		Thouvenin	1810	1848	
Thiéry (J.-P.)	1806	1842		De Gouvenain	1812	1848	
Gentil	1808	1842	1848	Maizière	1810	1848	
Girod	1805	1842		Grobon	1812	1848	1855
Petit-Dautrive	1803	1843		Forey	1822	1848	1851
Baron de Varaigne	1803	1843		Sauvan	1807	1848	
Regnault	1805	1843		Roche	1810	1848	
Dutocq	1804	1843		Perrin	1807	1848	
Reveux	1808	1843	1848	De Bayral	1824	1850	
Carrelet	1807	1843	1848	Canrobert (Certain)	1826	1850	1853
Massoni	1807	1843		De Bressoles	1810	1850	1853
Neumayer	1807	1843	1848	De Goyon	1819	1850	1853

NOMS.	Élève.	Général de brigade.	de division.	NOMS.	Élève.	Général de brigade.	de division.
Rolin............................	1812	1850	1854	Baron Marion...............	1821	1853	
Buisson d'Armandy.........	1811	1850	1854	Thomas.....................	1829	1853	
d'Alphonse.................	1810	1850		De Pontevès................	1822	1854	
Walsin-Esterhazy (J. M. E. L.)	1820	1850	1856	De Beaufort d'Hautpoul....	1820	1854	
De Cotte...................	1822	1851	1854	Haillot.....................	1813	1854	
Brunet.....................	1819	1851	1854	Arcelin.....................	1812	1854	
Marulaz....................	1820	1851	1855	Grandchamp................	1826	1854	
Eynard.....................	1814	1851		Gouyon de Saint-Loyal.....	1820	1854	
De Géraudon...............	1818	1851	1857	Sol........................	1821	1854	1859
D'Allonville...............	1826	1851	1855	Soumain...................	1821	1854	1859
Maissiat...................	1822	1851	1855	Durrieu....................	1830	1854	1859
Tatareau...................	1814	1851		De Martimprey (A.-A.).....	1827	1854	1859
D'Anthouard-Vraincourt.....	1813	1851		De Failly..................	1826	1854	1855
Mayran....................	1819	1851	1855	De Marguenat..............	1830	1854	
Allot......................	1811	1851		Bourbaki...................	1834	1854	1857
Cœur......................	1813	1851		Trochu.....................	1835	1854	1859
Bouat......................	1820	1851	1854	Beuret.....................	1821	1855	
Peyssard...................	1822	1851	1855	Guérin de Tourville........	1823	1855	1858
Lemaire....................	1813	1851		Cler........................	1832	1855	
Bougourd de Lamarre.......	1813	1851		Coste de Champéron........	1827	1855	
D'Aurelle de Paladines.....	1822	1851	1855	Perrin Jonquière...........	1826	1855	
Bourjade...................	1813	1852		Courtot de Cissey..........	1830	1855	
Dubern....................	1820	1852		De Saint-Pol...............	1827	1855	
Okeiffe....................	1811	1852		Wimpfen...................	1829	1855	1859
De Noüe (A.)..............	1820	1852		Braive.....................	1813	1855	
De Berthier (G.-L.)........	1814	1852		De Pecqueult de Lavarande..	1831	1855	
Jamin.....................	1823	1852		Breton.....................	1822	1855	
André.....................	1809	1852		Pradal.....................	1813	1855	
De Bousingen..............	1813	1852		Manèque...................	1825	1855	1859
Urich......................	1818	1852	1855	Latrille de Lorencez.......	1830	1855	
D'Autemarre d'Erville......	1821	1852	1855	Deligny....................	1832	1855	1859
Besançon..................	1812	1852		De Tournemine.............	1823	1855	
Tournier...................	1809	1852		Cuny......................	1812	1855	
Comte de Noüe (L.-V.).....	1821	1852		De Marolles................	1824	1855	
Foltz......................	1820	1852	1859	Borel de Bretizel...........	1822	1855	
Manselon..................	1818	1852		De Lostanges de Saint-Alvère.	1819	1855	
Fririon....................	1822	1852	1857	De Malherbe...............	1820	1855	
Carbuccia..................	1825	1852		Jannin.....................	1828	1855	
Le Normand de Lourmel.....	1828	1852		Picard.....................	1831	1855	1859
Espinasse..................	1833	1852	1855	Blanchard..................	1825	1855	
D'Estienne de Chaussegros de Lioux......................	1818	1852		Decaen....................	1827	1855	1859
				Dumont....................	1823	1855	
De Martimprey (E.-C.)......	1826	1852	1855	Goze.......................	1828	1855	
Lafont de Villiers..........	1823	1852	1855	Ladreit de la Charrière.....	1825	1855	
Grésy......................	1819	1852		De Carondelet.............	1827	1855	
De la Motterouge..........	1819	1852	1855	Douay.....................	1827	1855	
Duval.....................	1821	1852		Périgot....................	1825	1855	
D'Exéa....................	1822	1852		Boyer......................	1813	1855	
Larchey....................	1813	1852	1855	Campenet..................	1821	1855	
De Liniers.................	1821	1852		Comte Lion................	1820	1855	
Genestet de Planhol........	1823	1853		Duhesme...................	1829	1855	
Comte de Monet...........	1822	1853	1855	Tisserand..................	1814	1855	
Richard....................	1813	1853		Louis Devilliers............	1820	1856	
Toscan du Terrail..........	1814	1853		De l'Abadie d'Aydren.......	1827	1856	
Lyautey...................	1812	1853		O'Farrell..................	1819	1857	

NOMS.	Élève.	Général de brigade.	Général de division.	NOMS.	Élève.	Général de brigade.	Général de division.
Hugo	1822	1857		De Bonnet - Maureilhau de Polhes	1830	1859	
De Vaudrimey Davout	1821	1857		Bruno	1818	1859	
Ambert	1822	1857		Micheler	1829	1859	
Sulton de Clonard	1825	1857		Ridouel	1824	1859	
Chalon	1822	1857		Levassor-Sorval	1826	1859	
Nesmes Desmarest	1824	1857		Jarras	1829	1859	
Bataille	1834	1857		Pourcet	1830	1859	
Damer	1825	1857		Guyot de Lesparre	1825	1859	
Baret de Rouvray	1818	1857		Anselme	1826	1859	
Baron Neigre	1823	1857		Comte d'Alton	1835	1859	
De Maud'huy	1826	1857		Doëns	1828	1859	
Lenoble	1818	1857		Merle de la Brugière de Laveauxcoupet	1824	1859	
De Margadel	1822	1858		De Lamartinière	1824	1859	
Damas	1819	1858		Guérin	1825	1859	
De la Serre	1821	1858		Mongin	1832	1859	
Ducrot	1835	1858		De Berthier	1831	1859	
D'Oullenbourg	1819	1858		De Boulancy (Martin)	1818	1860	
Rose	1830	1858		De Mésanges de Saint-André	1820	1860	
De Fayet de Chabannes	1821	1858		Hardy de la Largère	1818	1860	
De Bailliencourt (Courcol)	1826	1858		Guignard	1832	1860	
Le Bouxeau de Rosencoät	1823	1858		Dubos	1832	1860	
Saurin	1830	1858		Vernier de Byans	1821	1860	
De Goussencourt	1821	1859		Conseil-Dumesnil	1830	1860	
Dalmas de Lapeyrouse	1831	1859		Montaudon	1836	1860	
Suau	1823	1859		Raoul	1833	1860	
Piétrequin de Prangey	1822	1859					
Lebrun	1829	1859					
Castagny	1824	1859					

Pélissier, duc de Malakof.

Canrobert (François-Certain).

De Mac-Mahon, duc de Magenta,

PÉLISSIER, duc de Malakof, maréchal de France, le 8 septembre 1855.

CANROBERT (François-Certain), maréchal de France, le 18 mars 1856.

DE MAC-MAHON, duc de Magenta, maréchal de France, le 4 juin 1859.

ILS S'INSTRUISENT POUR VAINCRE

ÉLÈVES

SORTIS AVEC LE Nº 1 DE LEUR PROMOTION DEPUIS 1820.

Hugon d'Augicourt	1820	Mircher	1842
De Combes de Mirmont	1821	Adolphy .... Avril	1843
Brunier	1822	Cartier .... Octobre	1843
De Noël	1823	Broye	1844
De Fulconis	1824	Muel	1845
De Creny	1825	Martin de Beurnonville	1846
Pénicaud de Gravillon	1826	Bugnot	1847
D'Erard	1827	Fœrster .... Mai	1848
De Monthélon Sémonville	1828	Haillot .... Octobre	1849
Taisson	1829	Boussenard	1850
De Marenche	1830	De Cools	1851
Chauton de Vercly	1831	Laperche	1852
Martinet	1832	De Creny	1853
Reille	1833	Reille	1854
Labbé .... Avril	1835	Mallay .... Janvier	1855
Royer .... Octobre	1836	Lemoyne .... Octobre	1855
Cassaigne	1837	Duvallon	1856
Laplanche	1838	Pierron	1857
Bertault	1839	Grisot	1858
Le Breton	1840	N .... Octobre	1859
Canelle de la Lobbe	1841	N	

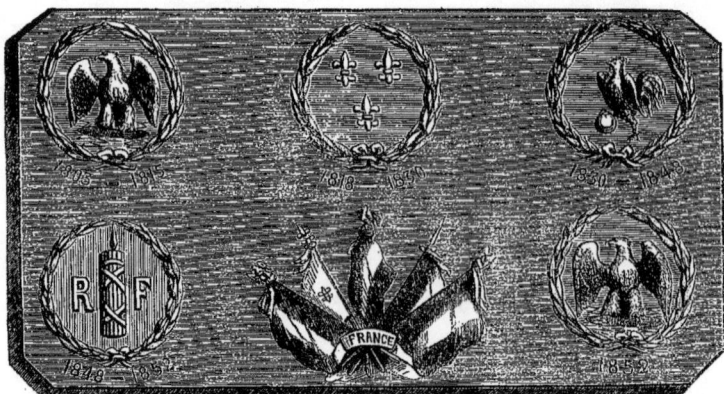

ÉLÈVES DE L'ÉCOLE DE FONTAINEBLEAU DE 1803 A 1807

N° MATRICULE	NOMS DES ÉLÈVES.	DATES de l'entrée et de la sortie de l'École.		N° MATRICULE	NOMS DES ÉLÈVES.	DATES de l'entrée et de la sortie de l'École.	
		ENTRÉE.	SORTIE.			ENTRÉE.	SORTIE.
1	Roger-Ducos	16 flor. an XI	15 pl. an XII	51	Jourdain,.............	29 pr. an XII	1 pl. an XII
2	Contause	—	1 1 pl. au XII	52	Leroux...............	—	
3	Denis Cte de Danrémont.	—	15 pl. an XII	53	Caminade.............	—	25 br. au XIII
4	Bodson de Noirfontaine.	1er pr. an XI		54	Darras...............	—	4 pl. an XII
5	Fririon..............	3 pr. an XI	2 pl. an XII	55	Leforestier...........	6 mess. an XI	
6	Garran Coulon.........	7 pr. an XI	15 pl. an XII	56	Pieffort.............	—	27 pl. an XIII
7	Braneau Beaumetz....	20 pr. an XI	7 pl. an XII	57	Richemont............	—.	4e j. c. an XIII
8	Reinaud Lascours (de).		15 pl. an XII	58	Desson Saint-Aignan..		
9	Abresch.............	25 pr. an XI	25 br. an XIII	59	Chenais.............	9 mess. an XI	15 pl. an XII
10	Beck...............	—	2 pl. an XIII	60	Picot-Lacombe.......	—	4 pl. an XII
11	Binant..............	—	26 br. an XIII	61	Trumeau.............	10 mess. an XI	16 br. an XII
12	Bonnefoy............			62	Saint-Amand........		15 pl. an XII
13	Brugnière...........	—	20 vt. an XII	63	Le Rahier...........	16 mess. an XI	16 br. an XIII
14	Carteaux	—	4e j. c. an XIII	64	La Rochette..........	20 mess. an XI	10 pl. an XIII
15	Chautard	—	2 pl. an XII	65	Menu...............	23 mess. an XI	17 br. an XIII
16	Dillon..............	—	15 vt. an XII	66	Bourgon.............	2d mess. an XI	1 pl. an XII
17	Dufour.............	—	25 br. an XIII	67	Fourrier d'Hincourt....	—	4 pl. an XII
18	Gossuin	—	28 br. an XIV	68	Mutte	—	2 pl. an XII
19	Touchy de Grandjean..	—	26 br. an XIII	69	Mariany	—	20 vt. an XII
20	Hérard.............	—	20 vt. an XIII	70	Sarrand.............	—	pl. an XII
21	Husson.............	—	25 br. an XIII	71	Sicard..............	—	4 pl. an XII
22	Denormandie........	—	4e j. c. an XIII	72	Trouillet............		
23	Desrousseaux.......	—	5 pl. an XIII	73	Guenau-Daumont.....	25 mess. an XI	7 pl. an XII
24	Legrand	—	20 vt. an XIII	74	De Bertancourt......	27 mess. an XI	25 br. au XIII
25	Martin.............	—	25 br. an XIII	75	Quivry.............	—	
26	Mongrollos	—	20 vt. an XIII	76	Desmontis..........	20 mess. an XI	15 pl. an XII
27	Marbot.............			77	Avril...............	1 mess. an XI	27 pl. an XIII
28	Petersen............	—	4 pl. an XII	78	Huot...............	1 th. an XI	
29	Petit Dauterive.......	—	25 br. an XIII	79	Marnier............	—	17 br. an XIII
30	Philippeaux..........	—	3e j. c. an XIII	80	Capiaumont	—	
31	Tabary.............	—	25 br. an XIII	81	Emery	—	
32	Tesson de Laperière...	—		82	Giré...............	—	20 vt. an XIII
33	Angot..............	—	26 br. an XIII	83	Cannu..............	—	4 pl. an XII
34	Bourbier............	—	1 pl. an XIII	84	Duviver	—	2 pl. an XII
35	Driot..............	—	27 niv. an XII	85	Hérault.............	—	25 br. an XIII
36	Duchange...........	—	1 pl. an XII	86	Joliat..............	—	2 pl. an XIII
37	Douillet............	—	2 pl. an XII	87	Lecerf.............	—	15 pl. an XIII
38	Fournier Bellevue.....	—	4 pl. an XII	88	Lesueur.............	—	1 pl. an XII
39	Granger	—	2 pl. an XII	89	De Narp............	-.	10 pl. an XIII
40	Monsablon	—	3e j. c. an XIII	90	Pointcarré..........	—	
41	Malbrun............	—	26 br. an XIII	91	Pape...............	—	
42	Noguès.............	—		92	Saulnier............	—	5 pl. an XIII
43	Ricard	—	25 br. an XIII	93	Sillègue............	—	7 pl. an XIII
44	Vata	—	4 pl. an XII	94	Schreiner...........	—	3 j. c. an XIII
45	Treilhard...........	—	20 vt. an XIII	95	Guillard............	th. an XI	
46	Sallie Tagstein........	20 pr. an XI	15 pl. an XII	96	Dembarrère..........	—	15 pl. an XII
47	Hatry..............	—	19 fruc. an XII	97	Lavaux.............	4 th. an XI	26 br. an XII
48	Miaczenzki..........	—	3e j. c. an XIII	98	Degoy..............	7 th. an XI	5 vt. an XIII
49	Léopold Destabenrath..	—	26 br. an XIII	99	Beaurepaire..........	14 th. an XI	
50	Menassier...........	—	3e j. c. an XII	100	Loritz..............	18 th. an XI	23 sept. 1806

N° MATRIC.	NOMS DES ÉLÈVES.	ENTRÉE.	SORTIE.	N° MATRIC.	NOMS DES ÉLÈVES.	ENTRÉE.	SORTIE.
101	Caillot............	24 th. an XI	19 niv.an XIII	181	Maussion...........	1frim.an XII	29 vt. an XIII
102	Griffet-Labaume......	—	26 br. an XIII	182	Georges............	—	16 br. an XIII
103	Ranconnet...........	25 th. an XI	—	183	Larivière..........	—	15 flor.an XIII
104	Mennau	26 th. an XI	16 br. an XIII	184	Cabot de la Fare......	3 frm. an XII	5 j.c.an XIII
105	Vion	30 th. an XI	—	185	Foucault	4 frm. an XII	17 flor.an XIII
106	Bizemont...........	5 fruct.an XI	16 pl. an XIII	186	Ducla	—	—
107	Ordener............	7 fruct. an XI	22 frm. an XII	187	Buirette...........	5 frm. an XII	6 br. an XIII
108	D'Astorg (comte).......	11 fruc. an XI	16 pl. an XIII	188	Bertrand-Villepreux......	17 frm. an XII	16 br. an XIII
109	Mayenobe...........	—	1 pl. an XII	189	Dehautecloque........	8 frm. an XII	—
110	Laroche-Courbon......	13 fruc. an XI	—	190	Bacot.............	15 frm. an XII	27 frc. an XIII
111	Marigny............	—		191	Tiersonnier........	—	16 pl. an XIII
112	Bonvallet..........	—	12 br, an XIII	192	Riancourt..........	—	17 flor.an XIII
113	O-Moran............	—	27 pr. an XII	193	Dalmon-Delva........	—	16 pl. an XIII
114	Labigne............	—	26 br.an XIII	194	Devaraigne.........	—	16 br. an XIII
115	Saintot............	—	25 br. an XIII	195	De Lafforgue.......	19 frm. an XII	—
116	Bourbaky	—	15 pl. an XIII	196	Naudet.............	20 frm. an XII	4 j.c. an XIII
117	Desportes..........	13 fruc. an XI	1 th. an XIII	197	Regnault-Brincourt......	21 frm. an XII	16 br. an XIII
118	Grégoire...........	14 fruc. an XI	7 pl. an XII	198	Gauchet............	23 frm. an XII	17 flor.an XIII
119	Chéron.............	15 fruc. an XI	5 j.c. an XIII	199	Guillaume..........	—	10 pl. an XIII
120	Marcy.............	18 fruc. an XI	17 flor.an XIII	200	De Galz Malvirade.....	—	fruc.an XII
121	Bourgoing..........	—	—	201	Degeau d'Entreigne...	25 frm. an XII	16 pl. an XIII
122	Frion.............	—	20 vt. an XIII	202	Turenne............	26 frm. an XII	—
123	Leverye...........	—	26 br. an XIII	203	Brady	30 frm. an XII	20 vt. an XIII
124	Leforestier........	22 fruc. an XI	—	204	Violette...........	3 niv. an XII	23 sept. 1806
125	Doudeau	24 fruc. an XI	—	205	Monginot...........	5 niv. an XII	16 pl. an XIII
126	Girod de Pouzol......	25 fruc. an XI	27 sept. 1806	206	Montebise..........	6 niv. an XII	19 avril 1806
127	Lasalle............	28 fruc. an XI	3 pr. an XII	207	Demague...........	8 niv. an XII	—
128	Le Mariez-Bois-d'Hiver.	2 j.c. an XI	26 niv. an XIII	208	Laclos.............	12 niv. an XII	—
129	Marbœuf............	5 j.c. an XI	16 pl. an XIII	209	Doré...............	28 niv. an XII	3 j.c. an XIII
130	De Faudoas (marquis)..	6 vd. an XII	27 flor.an XIII	210	Dulocq.............	18 niv. an XII	20 vt. an XIII
131	Dietmann...........	8 vd. an XII	—	211	Salles de Hüs......	20 niv. an XII	19 br. an XIII
132	Montagnier..........	—	19 niv.an XIII	212	Georges............	—	—
133	Prouvançal.........	—	7 pl. an XIII	213	Rond. de la Martinière.	22 niv. an XII	17 flor.an XIII
134	Gillibert..........	10 vd. an XII	17 flor.an XIII	214	Dépremeuil.........	29 niv. an XII	20 br. an XIII
135	Lecourt de Fougarnier.	15 vd. an XII	7 frm.an XIII	215	De Gazau (baron)....	—	26 br. an XIII
136	Despontis..........	17 vd. an XII	16 pl. an XIII	216	Delaborie..........	2 pl. an XIII	11 nov. 1806
137	Bourgeois	19 vd. an XII	25 fr. an XIII	217	Daval	1 pl. an XIII	—
138	Durocheret.........	—	19 br. an XIII	218	Robert-Pascal......	2 pl. an XIII	17 flor.an XIII
139	Salha..............	21 vd. an XII	4 j.c.an XIII	219	D'Hanner Clairbrook...	27 pl. an XIII	18 avril 1806
140	Mariolles..........	—	25 br. an XIII	220	Durand.............	16 pl. an XIII	4 j.c. an XIII
141	Asselin de Villequiers..	22 vd. an XII	16 pl. an XIII	221	Balthazar de Viry.....	18 pl. an XIII	16 pl. an XIII
142	Tondeur............	—	10 pl. an XIII	222	Legoullon..........	18 pl. an XIII	17 flor.an XIII
143	Panat-Adhémar......	23 vd. an XII	16 pl. an XIII	223	Tascher	24 pl. an XIII	7 pl. au XIII
144	Dornier.....	24 vd. an XII	—	224	Fages.............	27 pl. an XII	—
145	Venart.............	29 vd. an XII	10 pl. an XIII	225	Bl. de la Bourdonnaie(J.)	30 pl. an XIII	15 frc.an XIII
146	Collinot...........	—	7 pl. an XIII	226	Bl. de la Bourdonnaie(R.)	30 pl. an XII	—
147	Prevot-Gagemont......	—	26 br. an XIII	227	Guyardin...........	2 vt. an XII	5 j.c. an XIII
148	Sallonier-Tamnay (cte de)	1 br. an XII	16 vt. an XIII	228	Deprisye...........	—	16 br. an XIII
149	Sainerie...........	2 br. an XII	3 j.c.an XIII	229	Fargues............	—	—
150	Faré...............	—	16 br. an XIII	230	Augier.............	5 vt. an XII	29 br an XIII
151	Lasalle............	—	Pluv. an XIII	231	Daubert............	9 vt. an XII	16 br. an XIII
152	Sériziat...........	3 br. an XII	19 avril 1806	232	Lhéritier..........	10 niv. an XII	4 j.c. an XIII
153	Mirebeau...........	—	16 pl. an XIII	233	Monsabré...........	10 vt. an XII	5 j.c. an XIII
154	Dufaur-Pibrac.......	7 br. an XII	27 an XIII	234	Pougeard Dulimbert...	15 vt. an XII	16 pl. an XIII
155	De Bonneval (marquis).	7 br. an XII	29 vt. an XIII	235	Emmery.............	—	—
156	Folie..............	9 br. an XII	26 br. an XIII	236	Lemercier..........	—	3 fruc.an XII
157	Dubiez.............	—	7 br. an XIII	237	Bichier-Desroches.....	17 vt. an XII	22 br. au XIII
158	Gautier............	10 br. an XII	17 flor.an XIII	238	Robert-Lecomte.....	23 vt. an XII	—
159	Tailleur.......	—	16 br. an XIII	239	Polastre...........	3 ger. an XII	29 vt. an XIII
160	Lechard de la Varignières	11 br. an XII	17 flor.an XIII	240	Leprince...........	4 ger. an XII	16 br. an XIII
161	Venard.............	—	1 br. an XIII	241	Barata.............	5 ger. an XII	28 août 1806
162	Dechièvre..........	—	21 fr. an XIII	242	Georget............	7 ger. an XII	29 vt. an XIII
163	Vellard............	—	17 br. an XIII	243	Puyperoux..........	12 ger. an XII	—
164	Darral.............	13 br. an XII	14 niv.an XIII	244	Tunult.............	14 ger. an XII	16 br. an XIII
165	Asselin de Villequières	14 br. an XII	16 pl. an XIII	245	Dorsanne...........	—	5 j.c. an XIII
166	Evrard	15 br. an XII	25 br. an XIII	246	Decumont...........	15 ger. an XII	4 j.c. an XIII
167	Janni..............	16 br. an XII	19 avril 1806	247	Boyard.............	—	29 vt. an XIII
168	Richon.............	—	18 br. an XIII	248	Legendre...........	17 ger.an XII	—
169	Charon.............	17 br. an XII	27 fruc.a.XIII	249	Quentin de Champlot...	18 ger. an XII	11 oct. 1806
170	Sieys..............	19 br. an XII	17 flor.an XIII	250	Lesage.............	20 ger. an XII	6 th. an XIII
171	Osmond.............	—	16 pl. an XIII	251	T. Muroger d'Ervilliers.	—	—
172	Dupuis.............	22 br. an XII	17 flor.an XIII	252	Boidin.............	—	16 br. an XIII
173	Fornier-Collonges.....	24 br. an XII	16 br. an XIII	253	Baillyat...........	22 ger. an XII	17 br. an XIII
174	Drouas.............	—	23 sept. 1806	254	Angais.............	24 ger.an XII	19 avril 1806
175	Mourret............	25 br. an XII	16 pl. an XIII	255	Gobert.............	25 ger. an XII	23 sept. 1806
176	Chabot de Lussay.....	—	16 br. an XIII	256	Despans-Cubières	28 ger. an XII	26 br. an XIII
177	Laffolley-Sorteval.....	26 br. an XII	4 j.c. an XIII	257	Laucher-Plessac......	29 ger. an XII	20 niv.an XIII
178	Mesnard-Juhal......	27 br. an XII	23 sept. 1806	258	Grandjean..........	—	—
179	Dagrain de Prudières ...	—	—	259	Campagne...........	1 flor. an XII	16 pl. an XIII
180	Leclerc de Semilly....	1 frim.an XII	16 pl. an XIII	260	Le Serg. de Bayengheim	2 flor. an XII	—

N° MATRIC.	NOMS DES ÉLÈVES.	ENTRÉE.	SORTIE.	N° MATRIC.	NOMS DES ÉLÈVES.	ENTRÉE.	SORTIE.
		DATES de l'entrée et de la sortie de l'École.				**DATES** de l'entrée et de la sortie de l'École.	
261	Chaours.............	2 flor. an XII	3 j.c. an XIII	341	Boussard d'Hauteroche	11 fruc. an XII	18 avril 1806
262	Garan Balzan........	3 flor. an XII	16 pl. an XIII	342	Saint-Martin..........	19 fruc. an XII	27 frct. an XIII
263	Guerin..............	—	27 frct. an XIII	343	Dehargnes...........	21 fruc. an XII	—
264	Rochefort...........	6 flor. an XII	19 avril 1806	344	Guyon de Montlivault..	22 fruc. an XII	4 j.c. an XIII
265	Routier.............	—	10 pl. an XII	345	Godard..............	26 fruc. an XII	18 avril 1806
266	Dubois Descreton	—	16 pl. an XIII	346	Guérin de Lagrasserie.	—	—
267	Moreau.............	7 flor. an XII	5 j.c. an XIII	347	Marbot..............	28 frnc. an XII	—
268	Manneville.........	—	23 sept. 1806	348	Hanner.............	27 fruc. an XII	—
269	Pascal.............	10 flor. an XII	—	349	Delamoussey........	30 fruc. an XII	23 sept. 1806
270	Niocho.............	—	29 vt. an XIII	350	Pierret.............	4 j.c. an XII	4 j.c. an XIII
271	Delamare-Decrux.....	14 flor. an XII	5 j.c. an XIII	351	Lespinasse..........	—	27 frct. an XIII
272	Collache...........	16 flor. an XII	6 th. an XIII	352	Bournaselle.........	4 vd. an XII	—
273	Brun	17 flor. an XII	16 avril 1806	353	Pâris...............	4 vd. an XIII	11 frct. an XIII
274	Lostende...........	19 flor. an XII	6 th. an XIII	354	Bonnafos...........	8 vd. an XIII	19 vt. an XIII
275	Drouin.............	20 flor. an XII	—	355	Solier..............	—	4 j.c. an XIII
276	Payen..............	—	25 br. an XIII	356	Michel Danzerville....	10 vd. aé XII	27 frct. an XIII
277	Courtot............	22 flor. an XII	26 br. an XIII	357	Jacqueminot........	—	4 j.c. an XIII
278	Laloi-Valon.........	—	25 br. an XIII	358	Copenne............	12 vd. an XIII	6 oct. 1806
279	L'hyver............	23 flor. an XIII	3 j.c. an XIII	359	Léogard Taulgoet....	15 vd. an XIII	19 avril 1806
280	Deganville..........	—	19 avril 1806	360	Leroy Desbordes......	—	4 j.c. an XIII
281	Chataignier.........	24 flor. an XII	—	361	Gentil de la Borderie.	16 vd. an XIII	—
282	Bloum..............	26 flor. an XII	3 j.c. an XIII	362	Dechambray.........	—	23 sept. 1806
283	Herwin.............	27 flor. an XII	6 th. an XIII	363	Mahot-Gemasse......	—	4 j.c. an XIII
284	Villatte............	2 pr. an XII	5 j.c. an XIII	364	Demilly d'Hécourt...	20 vd. an XIII	—
285	Charbon-Valtange ...	6 pr. an XII	29 vt. an XIII	365	Genin-Chenais.......	24 vd. an XIII	4 j.c. an XIII
286	Devareux...........	8 pr. an XII	3 j.c. an XIII	366	Vyan de la Garde.....	—	27 frct. an XIII
287	Burosse	13 pr. an XII	—	367	De Maupas..........	—	4 j.c. an XIII
288	Lebrun.............	15 pr. an XII	17 fruc. an XIII	368	Decools-Desnoyers....	—	—
289	Patenôtre-Panatte....	19 pr. an XII	29 vt. an XIII	369	Dentzel.............	16 vd. an XIII	—
290	Dubreuil...........	21 pr. an XII	3 j.c. an XIII	370	Senegra Dalichoux...	27 vd. an XIII	19 avril 1806
291	Seriziat-Andrieux....	22 pr. an XII	4 j.c. an XIII	371	Fousset.............	—	27 frct. an XIII
292	Moline de Saint-Yon..	—	16 pl. an XII	372	Flisson.............	—	d j.c. an XIII
293	Chazelle............	2 mss. an XII	27 frct. an XIII	373	Dubois de Boutary....	3 br. an XIII	14 déc. 1806
294	Grante-Grécourt.....	3 mss. an XII	4 j.c. an XIII	374	Romen-Suyneyes.....	4 br. an XIII	19 avril 1806
295	Calmet	4 mss. an XII	27 frct. an XIII	375	Dufay..............	7 br. an XIII	23 sept. 1806
296	Manco.............	5 mss. an XII	19 avril 1806	376	Girod de Géx.......	8 br. an XIII	19 avril 1806
297	Larcher............	11 mss. an XII	29 vt. an XIII	377	Boucher............	19 br. an XIII	—
298	Villetard-Lagnerie....	12 mss. an XII	23 sept. 1806	378	Lespine............	11 br. an XIII	—
299	Debergne...........	13 mss. an XII	3 j.c. an XIII	379	Robert.............	—	—
300	Champcenetz........	14 mss. an XII	23 sept. 1806	380	Chazelle............	12 br. an XIII	27 frct. an XIII
301	Beaufort............	—	19 vt. an XIII	381	Dubreton...........	—	—
302	Vorannmann........	—	5 j.c. an XIII	382	Decormette.........	13 br. an XIII	23 sept. 1806
303	Vallier.............	19 mss. an XII	—	383	Fargues............	14 br. an XIII	—
304	Deconcan...........	22 mss. an XII	4 j.c. an XIV	384	Fournolé............	15 br. an XIII	—
305	Delpèche...........	—	3 sept. 1806	385	Delaroche-Fontenille..	15 br. an XIII	—
306	Dupo de Compiègne..	24 mss. an XII	4 j.c. an XIII	386	Pleumartin..........	16 br. an XIII	—
307	Saint-Julien........	25 mss. an XII	5 j.c. ar XIII	387	De Pomery..........	21 br. an XIII	23 sept. 1806
308	Canteloube de Narmier	27 mss. an XII	27 frct. an XIII	388	Pouillot............	—	19 avril 1806
309	Dargout............	28 mss. an XII	4 j.c. an XII	389	De Nettancourt......	22 br. an XIII	23 sept. 1806
310	Bergeron...........	—	—	390	Desvoisins..........	—	13 oct. 1806
311	Godchard...........	—	4 j.c. an XIII	391	De Cayla...........	—	—
312	Coutado............	30 mss. an XII	14 janv. 1807	392	Guyon de Guercheville.	23 br. an XIII	8 oct. 1806
313	Briqueville.........	3 th. an XII	4 j.c. an XIII	393	Saint-Belin.........	24 br. an XIII	19 avril 1806
314	Dacien.............	4 th. an XII	27 frct. an XIII	394	Prax	26 br. an XIII	18 avril 1806
315	Denone............	—	4 j.c. an XIII	395	Maussion..........	27 br. an XIII	—
316	Michel.............	5 th. an XII	—	396	Félix..............	28 br. an XIII	19 avril 1806
317	Boubers............	7 th. an XII	—	397	Lamorlette.........	29 br. an XIII	1806
318	Fririon............	6 th. an XII	23 sept. 1806	398	Dumoulin la Fontenelle.	—	19 avril 1806
319	Vernier............	10 th. an XII	4 j.c. an XIII	399	Desmontis..........	—	18 avril 1806
320	Longis.............	—	—	400	Dampierre..........	6 br. an XIII	—
321	Aubrée.............	12 th. an XII	18 oct. 1806	401	Besuchet...........	6 frm. an XIII	—
322	Sellier.............	16 th. an XII	4 j.c. an XIII	402	Dunoyer...........	14 frm. an XIII	19 avril 1806
323	Joubert............	17 th. an XII	—	403	Dufrou-Blignière	16 br. an XIII	23 sept. 1806
324	Allain-Fayet........	18 th. an XII	—	404	Neufville...........	17 frm. an XIII	5 mars 1807
325	Mazade............	20 th. an XII	27 th. an XIII	405	Parchappe..........	—	19 avril 1806
326	Dumonbar..........	21 th. an XII	23 sept. 1806	406	Desguillons.........	18 frm. an XIII	—
327	Emery.............	23 th. an XII	—	407	Rossignol	19 frm. an XIII	23 sept. 1806
328	Mounier...........	24 th. an XII	4 j.c. an XIII	408	Wal...............	—	18 avril 1806
329	Troncjolly..........	26 th. an XII	3 j.c. an XIII	409	Couillaud...........	20 frm. an XIII	—
330	Datourp............	—	—	410	D'Hennezel.........	—	—
331	Chamiot-Adventurier ..	28 th. an XII	5 j.c. an XIII	411	Barrois............	—	18 avril 1806
332	Besson.............	29 th. an XII	19 avril 1806	412	Marous............	—	—
333	Laburthe...........	—	4 j.c. an XIV	413	Boureret...........	—	—
334	Marqué............	2 fruc. an XII	—	414	Valet..............	—	18 avril 1806
335	Carrère............	—	—	415	Durat..............	—	—
336	Gouzens-Fontaine	5 fruc. an XII	18 avril 1806	416	Farnier............	—	—
337	Tamnay............	6 fruc. an XII	23 sept. 1806	417	Fourchy............	—	—
338	Debarchy..........	9 fruc. an XII	4 j.c. an XIII	418	Bausières..........	—	—
339	Pailloux............	—	27 frct. an XIII	419	L'Évêque de Villemorin	—	18 avril 1806
340	Cailloux............	10 fruc. an XII	—	420	De Cussy...........	21 frm. an XIII	—

N° MATRIC.	NOMS DES ÉLÈVES.	ENTRÉE.	SORTIE.
421	Lostange	21 frm. an XIII	29 vi. an XIII
422	Reynier	23 frm. an XIII	18 avril 1806
423	Corail	24 frm. an XIII	19 avril 1806
424	Grailhe	—	
425	Dhervilly	—	
426	Lasalle Dodes		19 avril 1806
427	Plantier		
428	Baurez	25 frm. an XIII	19 avril 1806
429	Clément de Ritz		18 avril 1806
430	Banks		
431	De Narbonne	26 frm. an XIII	18 avril 1806
432	Combarelle		23 sept. 1806
433	Bonnet		10 oct. 1806
434	Cysternes		
435	Destaing		18 avril 1806
436	Delarue		19 avril 1806
437	Lefrançais		—
438	Priqueler		
439	Raizet		—
440	Rosselange		8 mai 1806
441	Sauvat		23 sept. 1806
442	Theubet		19 avril 1806
443	Duvivier		
444	Salomon	27 frm. an XIII	19 avril 1806
445	Budan	29 frm. an XIII	
446	Morlaincourt	30 frm. an XIII	18 avril 1806
447	Montbrun-Pomarède	—	
448	Roques	1 niv. an XIII	18 avril 1806
449	Auborgé	2 niv. an XIII	
450	De Lawestine (marquis)		17 avril 1806
451	Falleret	3 niv. an XIII	
452	Puysech	4 niv. an XIII	19 avril 1806
453	Devisme		18 avril 1806
454	Fornier-Violet	6 niv. an XIII	—
455	Golstein		3 oct. 1806
456	Roquart		18 avril 1806
457	Deloé (Fréd.)		8 oct. 1806
458	Deloé (Franç.)		—
459	Brugnière de Barante	7 niv. an XIII	
460	Ricard		

N° MATRIC.	NOMS DES ÉLÈVES.	ENTRÉE.	SORTIE.
461	Raymond	7 niv. an XIII	18 avril 1806
462	Vacher	8 niv. an XIII	
463	Serres-Brainsolles	10 niv. an XIII	18 avril 1806
464	Peyrelongue	12 niv. au XIII	
465	Delaporte		
466	Clavareau	13 niv. an XIII	18 avril 1806
467	Coudreux	14 niv. an XIII	
468	Vergniaud	16 niv. an XIII	19 avril 1806
469	Menouville		18 avril 1806
470	Fontenaille	17 niv. an XIII	
471	Pradel		
472	Sauvan-Darangourt	19 niv. an XIII	
473	Bragelongue	19 vt. au XIII	
474	Vieillard		
475	Fayet	22 niv. an XIII	
476	Dubamel	24 niv. an XIII	
477	Narjot	29 niv. an XIII	18 avril 1806
478	Dagabé	1 pl. an XIII	—
479	Vidal		—
480	Pottiers		—
481	Coumeau		8 oct. 1806
482	Gourdier-Deshameaux	4 pl. an XIII	19 avril 1806
483	Douzel	7 pl. an XIII	
484	Capdeville	11 pl. an XIII	18 avril 1806
485	Desfontaines	14 pl. an XIII	
486	Norbert de Vergniol		18 avril 1806
487	Delphain de Vergniol	—	—
488	Aronio		
489	Marbail	15 niv. an XIII	
490	Léger-Leclerc	15 pl. an XIII	14 déc. 1806
491	Thévenin	16 pl. an XIII	18 avril 1806
492	Clary		—
493	Mahon	17 pl. an XIII	
494	Masure		19 avril 1806
495	Chaumat-Duchaiseau	22 pl. an XIII	
496	Vialla		
497	Gudin	23 pl. an XIII	23 sept. 1806
498	Lalande		18 avril 1806
499	Nettancourt	25 pl. an XIII	23 sept. 1806
500	Sainte-Marie		

ÉCOLE SPÉCIALE MILITAIRE
Fondée par décret du 1er avril 1802.
Organisée à Fontainebleau le 28 janvier 1803.
Transférée à Saint-Cyr le 24 mars 1808.

ÉCOLE SPECIALE MILITAIRE (1818-1860)

N° MATRIC.	NOMS DES ÉLÈVES.	DATE DE LA SORTIE DE L'ÉCOLE.	N° MATRIC.	NOMS DES ÉLÈVES.	DATE DE LA SORTIE DE L'ÉCOLE.
1	Tremolet de la Cheisserie	18 oct. 1820	51	Bonfils	2 nov. 1821
2	De Boisdeffre	—	52	Manselon	8 oct. 1821
3	Menissier	—	53	Falyelle de Bourdonchamp	7 oct. 1821
4	Cavelier de Cuverville	19 oct. 1820	54	Dupont de Dinéchin	6 oct. 1821
5	Blanc de Saint-Laurent	—	55	De Fournas	—
6	Duverger	—	56	De Cuers	—
7	De Fontanges	7 oct. 1821	57	D'Heurtaumont	22 oct. 1821
8	Sezille de Biurre	19 nov. 1820	58	Desmercières	6 oct. 1821
9	Garnier de la Barerpe	7 oct. 1821	59	Frottier de la Messelière	7 oct. 1821
10	Brunel de Serbonnes	6 oct. 1821	60	Rivaud	19 oct. 1820
11	Geraudon	18 oct. 1820	61	Didier	—
12	De Rochefort	5 oct. 1821	62	Vuillaume	25 nov. 1818
13	De Madden	8 oct. 1821	63	Hardy	18 oct. 1820
14	Maiffredy de Robernier	18 oct. 1820	64	Mayrand	7 oct. 1821
15	Tassin de St-Pereuse	7 oct. 1821	65	Duroc de Brion	9 déc. 1820
16	De Latour du Pin Chambly	10 oct. 1821	66	Durand Linois	6 oct. 1821
17	De Combes de Mirmont	6 oct. 1821	67	Prévost	18 oct. 1820
18	De Noirville Finasse	18 oct. 1821	68	Chasseloup-Laubat	17 oct. 1820
19	De Maumigny	6 oct. 1821	69	Delalot de Lange	—
20	De Lostanges	11 oct. 1821	70	Claparhde	20 oct. 1820
21	Mazel-Dugoulot	7 oct. 1821	71	Frotier de la Coste	17 oct. 1820
22	De Javel	6 oct. 1821	72	Jacquinot de Pampelune	—
23	Bigot de Morogues	7 oct. 1821	73	Anstrude	—
24	De Cornely	—	74	Loppin de Gemeaux	18 oct. 1820
25	De Bernoulli	8 oct. 1821	75	Dey	—
26	Caffod de la Ferrière	7 oct. 1821	76	Hochereau Gassonville	19 oct. 1820
27	Raguot de Brançion	—	77	Husson Prailly (de)	18 oct. 1820
28	De Nesle	18 oct. 1820	78	Grand	—
29	De Soussay	—	79	Godet	—
30	D'Estienne de Lioux	10 oct. 1820	80	De Beaumont	—
31	Dusillet	—	81	Boisguion	6 oct. 1821
32	Cassaignade Dubreuil	—	82	Blanquet du Chayla	—
33	Brizard	18 oct. 1820	83	Faget de Quennefer	5 oct. 1821
34	Poyez	11 févr. 1819	84	Morisot	19 oct. 1820
35	Fournier de Trélo	19 oct. 1820	85	Dubreton	7 sept. 1820
36	Ennery de la Chesnay	18 oct. 1820	86	Dubreton	19 oct. 1820
37	Pointe	20 oct. 1820	87	Kellermann	10 oct. 1821
38	Malher	18 oct. 1820	88	Carrel (Armand)	18 oct. 1820
39	Ubrich	—	89	Mercier de Boissy	—
40	Ninet	13 déc. 1820	90	De Cambis	19 oct. 1820
41	Broeders	20 oct. 1820	91	La Gervaisais	9 déc. 1820
42	Boutroue	19 oct. 1820	92	Daverton	17 avril 1819
43	Enjobert de Martillac	6 oct. 1821	93	Le Noble	6 oct. 1821
44	Lustrac	17 oct. 1820	94	Royer de la Bastie	18 oct. 1820
45	Boulancy (Martin de)	7 oct. 1821	95	La Rochefoucauld	7 oct. 1821
46	Deschamps	13 déc. 1820	96	Lallemand-Preval	18 oct. 1820
47	Bruno	8 oct. 1821	97	Boudin de Roville	14 juill. 1820
48	Bertrand	18 oct. 1820	98	De la Rochenully	6 oct. 1821
49	Hardy de Largere	19 oct. 1820	99	Milbaud de Laparat	17 avril 1819
50	Paris	18 oct. 1820	100	Montrichard	6 oct. 1821

N° matric.	Noms des élèves.	Date de la sortie de l'école.	N° matric.	Noms des élèves.	Date de la sortie de l'école.
101	Beker de Mons	17 oct. 1820	181	Dumoulin	4 janv. 1822
102	Dantin de Sauveterre	22 oct. 1820	182	Delarue	6 oct. 1821
103	Laforest	7 oct. 1821	183	De Monichenu	22 oct. 1821
104	Varigny	10 janv. 1819	184	Boutarel	24 sept 1820
105	De la Coste	17 avril 1819	185	Mulatier de la Trollière	6 oct. 1821
106	Macé de Gastines	12 mars 1821	186	Pernot Dubreuil	7 oct. 1821
107	Le Sergent de Menecave	18 oct. 1820	187	Fourier-Mame	22 oct. 1822
108	Sicard	19 oct. 1820	188	De Pineau	6 oct. 1821
109	Desacres de L'Aigle	17 oct. 1820	189	De Villiers	7 oct. 1821
110	Defoucault	18 oct. 1820	190	Dupeyroux	19 déc. 1822
111	De Biencourt d'Apchon	5 oct. 1821	191	Jobin	8 oct. 1821
112	Le Coat de St-Haouen	19 oct. 1820	192	Durozet	14 juill. 1820
113	De Bonnechose	18 oct. 1820	193	Camus de Pontcarré	9 oct. 1821
114	Paul de Clarecy	7 oct. 1821	194	De Vogelsung	—
115	Robineau de Baulieu	17 avril 1819	195	Teinturier	7 oct. 1821
116	Laterrade	18 oct. 1820	196	Petitgrand	—
117	Baret de Rouvray	18 oct. 1820	197	De Kerret	6 oct. 1821
118	Massoni	30 oct. 1820	198	Oursel	8 oct. 1821
119	Hugon d'Augicourt	18 oct. 1820	199	De Bretagne	6 oct. 1821
120	Bouzingen	22 déc. 1819	200	Petit	7 mars 1820
121	Miquel	19 oct. 1820	201	Dumas de Fulerand	6 oct. 1821
122	Jouenne Desgrigny Dreslincourt	7 oct. 1821	202	Buirette de Verrière	—
123	La haize (de)	9 oct. 1821	203	Mahieu de St-Frémond	10 oct. 1822
124	Barolet	6 oct. 1821	204	De Kerouartz	6 oct. 1821
125	Boulancy Martin (de)	7 oct. 1821	205	Berton	7 oct. 1821
126	De la Motte de la Motterouge	—	206	De Cauvigny	—
127	Gresy	9 oct. 1821	207	Hervé de Carbonnel	6 mai 1822
128	Le Gonidec de Penlan	29 déc. 1821	208	Blanchard de Villers	11 févr. 1821
129	Guernisac	6 oct. 1821	209	De Saint-Léger	11 oct. 1821
130	De Selle de Beauchamp	7 oct. 1821	210	Rousseaux	7 oct. 1821
131	Malher	6 oct. 1821	211	Payra (Louis)	26 janv. 1821
132	D'Angell	7 oct. 1821	212	Palu de Rozemont	8 oct. 1821
133	Hardy	6 oct. 1821	213	Brossin de Méré	7 oct. 1821
134	De Vathaire	—	214	De Cordebœuf de Beauverger de M.	4 nov. 1821
135	La Grandière	—	215	Devenois d'Hatentot	7 oct. 1821
136	Le Touzé de Longuemer	9 oct. 1821	216	Menissier	—
137	Guillebon	7 oct. 1821	217	Saglio	10 oct. 1821
138	Dambert	11 oct. 1821	218	De Wangen	12 oct. 1821
139	Dandigier	—	219	Lefebre de Plinval	10 oct. 1821
140	D'Exéa	8 oct. 1821	220	Hardy de la Cherbonnerie	6 oct. 1821
141	Terrion	6 oct. 1821	221	De Fadate de St-Georges	7 oct. 1821
142	Brunet	8 oct. 1821	222	Aupepin	11 oct. 1821
143	De la Coste du Nicolaï	11 oct. 1821	223	D'Archiac de St-Simon	7 oct. 1821
144	De Goyon	6 oct. 1821	224	De Malherbe	—
145	Oehlert	23 nov. 1819	225	Aymer de la Chevalerie	11 déc. 1819
146	Pollin de Manny	6 oct. 1821	226	Delaunay de la Mothaye	6 oct. 1821
147	Huet de Sourdon	—	227	De Bourmont	7 oct. 1821
148	De Pieyres	—	228	Laurent	10 oct. 1821
149	Delpy de la Roche	9 oct. 1821	229	Montredon	7 oct. 1821
150	De Bermon	11 oct. 1821	230	Lhuillier	11 oct. 1822
151	Duchayron de Beaumont	24 nov. 1821	231	De Landrevie	6 oct. 1821
152	Richard de Cendrecourt	7 oct. 1821	232	Sachon	31 déc. 1821
153	Lamotte Baudron	24 nov. 1821	233	Carrelet de Loisy	30 déc. 1822
154	De Montagnac	12 oct. 1821	234	Favre	6 oct. 1821
155	La Brousse	6 oct. 1821	235	De Lestranges	19 déc. 1822
156	De la Boussardière de Beaurepos	12 oct. 1822	236	De Lagorce	7 oct. 1821
157	Amiot	—	237	De Fleuriot	10 sept. 1820
158	Bouat	11 oct. 1822	238	Guerineau de Boisvillette	7 oct. 1821
159	Piet de Beaurepaire	7 oct. 1821	239	Damas	—
160	Boncenne	9 oct. 1822	240	Morgan de Belloy	5 janv. 1820
161	Pasquier de la Revanchère	18 févr. 1821	241	Fremy d'Argillières	7 oct. 1821
162	Dubarail	8 oct. 1821	242	Daigny	12 oct. 1821
163	Duval	12 oct. 1822	243	Baumier	7 oct. 1821
164	De Wery	14 oct. 1822	244	Bimard	23 déc. 1819
165	De Mellony	6 oct. 1821	245	Latour-du-Pin-Chambly	10 oct. 1821
166	Silvestre	—	246	Simien	8 oct. 1821
167	Berger de Castelan	—	247	Emy	—
168	Ferrier de Montal	11 oct. 1822	248	Clary	—
169	Ferrier de Montal	—	249	Leblanc de Prébois	7 oct. 1821
170	De Chanay	—	250	De Retz	9 oct. 1821
171	De Croix	5 oct. 1821	251	Duval	7 oct. 1821
172	Delafosse	24 nov. 1821	252	Baynaguet de Pemautier	6 oct. 1821
173	Mayran	7 oct. 1821	253	De Lacoussaye	13 oct. 1822
174	De Durfort	9 oct. 1821	254	D'Oullembourg	6 oct. 1821
175	De Gourjault	7 nov. 1821	255	Fumat	5 oct. 1821
176	De Lostanges	—	256	De la Villeneuve	12 oct. 1822
177	De Fisicat	31 janv. 1823	257	Debonnes de Lesdiguières	6 oct. 1821
178	De Costa	7 mars 1820	258	O'Farrell	12 oct. 1822
179	De Keranflech	6 oct. 1821	259	De Corsac	—
180	Rodellec de Porzic	—	260	D'Etchegoyen	8 déc. 1820

N° MATRIC.	NOMS DES ÉLÈVES.	DATE DE LA SORTIE DE L'ÉCOLE.	N° MATRIC.	NOMS DES ÉLÈVES.	DATE DE LA SORTIE DE L'ÉCOLE.
261	Anduze.................	7 oct. 1821	341	De Laboëssière...............	11 oct. 1822
262	De Lamotte d'Aannebault........	12 oct. 1822	342	Ducambout de Coislin...........	12 mars 1821
263	De la Sauvagère...............	11 oct. 1822	343	Cureau de Roullée............	10 oct. 1822
264	De Coriolis d'Espinouse...........	—	344	Vichery....................	11 oct. 1822
265	De Marguerye.................	12 oct. 1822	345	Ranfray de la Bajonnière.......	3 oct. 1822
266	Achard de Bonvouloir...........	11 oct. 1822	346	Lavallée de Pimodan...........	12 oct. 1822
267	Delaisire....................	12 oct. 1822	347	Lavallée de Pimodan...........	2 oct. 1824
268	Finance....................	11 oct. 1822	348	Bourcier....................	11 oct. 1822
269	Yvelin de Béville.............	—	349	Chazot....................	—
270	Wartelle....................	12 oct. 1822	350	Richard de Vesvrotte....	3 oct. 1823
271	Walsin d'Esterhazy...........	11 oct. 1822	351	Goury....................	14 sept 1821
272	Vial d'Alais.................	12 oct. 1822	352	Bruneteau de Sainte-Suzanne	18 nov. 1822
273	Duquengo...................	10 oct. 1822	353	Dubern....................	11 oct. 1822
274	Brunier (de)...............	12 oct. 1822	354	Des Courtils de Merlemont	3 oct. 1823
275	Goyneau....................	—	355	Aubier de Condat.............	11 oct. 1822
276	Mousseron.................	11 oct. 1822	356	Merlin de Maingoval...........	12 oct. 1822
277	De la Rousselière-Clouard........	—	357	Dubois de St-Mandé...........	—
278	Pélissier...................	28 déc. 1820	358	Mathieu....................	17 avril 1822
279	Lalande de Calan............	11 oct. 1822	359	Montboissier Beaufort...........	10 oct. 1822
280	Malet de Graville.............	10 oct. 1822	360	Haudos de Possesse............	11 oct. 1822
281	De Chaumontel...............	5 oct. 1822	361	Montmorency-Luxembourg.......	10 oct. 1822
282	Bonnefoy...................	11 oct. 1822	362	Delzons....................	11 oct. 1822
283	De Bertoul d'Hautecloque........	—	363	De Quinemont...............	—
284	Marguerie de Montfort........	12 oct. 1822	364	Arthaud de la Ferrière........	12 oct. 1822
285	De la Rousselière-Clouard........	—	365	Dubourg....................	6 juill. 1822
286	De Tournemine Dumont...........	11 oct. 1822	366	Lion......................	11 oct. 1822
287	Vaudrimey..................	4 janv. 1822	367	Huber....................	23 févr. 1822
288	Beaufort d'Haulpoul...........	11 oct. 1822	368	Exbrayat-Pralas de Rosières	11 oct. 1822
289	Le Pellerin de Gauville........	14 oct. 1822	369	Moisez.....................	—
290	Pindray d'Ambelle.............	17 janv. 1822	370	Bonniol Dutremont...........	16 janv. 1822
291	Bertin Duchateau............	5 oct. 1822	371	D'Ugaric d'Uzech.............	12 oct. 1822
292	Rivaud de la Rafinière...........	12 oct. 1822	372	Lalanne....................	—
293	Grangevieille de Maraubert........	14 jan. 1822	373	Gauthier....................	4 oct. 1823
294	De Moucheton Gerbrois........	10 oct. 1822	374	Fririon....................	6 août 1821
295	Dulong de Rosnay............	11 oct. 1822	375	Moreau....................	5 févr. 1823
296	Chamisso...................	—	376	Ferru.....................	10 oct. 1822
297	Berruyer...................	21 févr. 1823	377	Louis de Villiers.............	—
298	Roux.....................	12 oct. 1822	378	De Rutant.................	2 oct. 1823
299	Souham...................	11 oct. 1822	379	D'Ornay....................	11 oct. 1822
300	De Fleury.................	4 oct. 1823	380	Besson....................	7 oct. 1823
301	Berthier...................	12 oct. 1823	381	Alexandre St-Balmont...........	11 oct. 1822
302	D'Amoreux.................	4 oct. 1823	382	Christophe.................	3 oct. 1823
303	Chamisso.................	2 oct. 1823	383	Riqueur dit Lainé............	12 oct. 1822
304	De Saint-Germain.............	12 oct. 1822	384	Dubois....................	11 oct. 1822
305	Nérigot de Saint-Fère.........	10 oct. 1822	385	Gondallier de Tugny...........	—
306	D'Hugonneaud	3 oct. 1823	386	Roger....................	3 oct. 1823
307	Colombet..................	—	387	De Launay.................	12 oct. 1822
308	D'Ursus...................	11 oct. 1822	388	De Rigollot.................	13 oct. 1822
309	De Malherbe	3 oct. 1823	389	Maruloz....................	11 oct. 1822
310	Cassin....................	12 oct. 1822	390	De Fitz-James.............	—
311	Mallet de Chauny.............	—	391	Mathieu....................	—
312	Le Bègue de Germiny.........	11 oct. 1822	392	D'Allonville...............	10 oct. 1822
313	De Préaudeau...............	—	393	De Kerhorre...............	31 mars 1822
314	Bedeau....................	—	394	De Mésange...............	10 oct. 1822
315	Mareschal de Sauvagney...........	12 oct. 1822	395	De Larivière...............	2 oct. 1823
316	Curnier....................	—	396	Robert....................	11 oct. 1822
317	Gouyon....................	—	397	Lacôte....................	12 oct. 1822
318	Coustin de la Rivière.........	5 oct. 1823	398	De Farcy de Laville Dubois	3 oct. 1823
319	Gouzillon.................	3 janv. 1823	399	Guimet....................	11 oct. 1822
320	Lacroix....................	11 oct. 1822	400	Guyon de Coipel.............	—
321	Richeteau de la Coudre....	8 janv. 1822	401	De Bérard.................	—
322	Fournier-Boisairault-d'Oyron	3 oct. 1823	402	De Noue....................	12 oct. 1822
323	De Latour Dupin.............	11 oct. 1822	403	Lolliot....................	—
324	Portanier de Larochette........	3 oct. 1823	404	Le Banneur.................	3 oct. 1823
325	De Tonnoy.................	12 oct. 1822	405	De Pontavice...............	2 oct. 1823
326	De Colbert.................	10 oct. 1822	406	D'Arnoux.................	11 oct. 1822
327	De Querhoënt...............	11 oct. 1822	407	Ricard....................	13 oct. 1822
328	De Dembouski...............	4 oct. 1823	408	Roger de Belloquoi...........	11 oct. 1822
329	De Mesgrigny...............	3 oct. 1823	409	Espanet...................	10 oct. 1822
330	Perrion....................	11 oct. 1822	410	De Chièvres...............	12 oct. 1822
331	Bertrand...................	—	411	Odoard du Hazé.............	8 janv. 1823
332	De Clamorgan	26 mars 1822	412	Lombard....................	11 oct. 1822
333	Charlier de Vrainville........	4 oct. 1823	413	De Quatrebarbe.............	10 oct. 1822
334	D'Encausse de Labatut........	3 oct. 1824	414	Beaucheron de Lecherolle........	11 oct. 1822
335	De Maistre	4 oct. 1823	415	Le Monnier.................	3 oct. 1823
336	Muller....................	12 oct. 1822	416	Loir Delude...............	23 mars 1822
337	Royer de Saint-Julien.........	11 oct. 1822	417	Maigre de la Motte.....	3 oct. 1823
338	De Godinot.................	28 mars 1821	418	Girod....................	25 janv. 1822
339	De Sala...................	10 oct. 1822	419	De Gontaut de Biron...........	13 mars 1821
340	Villeméjane.................	—	420	De Turpin.................	9 févr. 1822

N° MATRIC.	NOMS DES ÉLÈVES.	DATE DE LA SORTIE DE L'ÉCOLE.	N° MATRIC.	NOMS DES ÉLÈVES.	DATE DE LA SORTIE DE L'ÉCOLE.
421	Foltz	10 oct. 1822	501	Meslier de Rocan	27 nov. 1821
422	De Montarby	12 oct. 1822	502	Bigeon de Coursy	2 oct. 1823
423	De Jumilhac	10 oct. 1822	503	Dautemare Dervillé	3 oct. 1823
424	De Grossolles Flamarens	11 oct. 1822	504	De Lavenant	17 juill. 1823
425	Patras de Campaigno	—	505	De Ménardeau	2 oct. 1824
426	De Failly	—	406	Tisserand	—
427	Desparbès de Lussan	—	507	La Ferté Meun	3 oct. 1823
428	De Veye	—	508	Duvergier de la Rochejaquelin	4 août 1823
429	Desacres de L'Aigle	—	509	Guerry de Beauregard	4 oct. 1823
430	Dubouays de Couesbouc	3 oct. 1820	510	Troude	—
431	Dortet de Tessan	2 oct. 1823	511	Lhuillier de Hoff	2 oct. 1823
432	De David Beauregard	3 oct. 1823	512	De Montela	14 mars 1823
433	De Lescazes	12 mars 1821	513	Morris	3 oct. 1823
434	Lelièvre de la Grange	9 oct. 1821	514	Trigant de Beaumont	6 oct. 1823
435	Bonnefont de Pomarède	12 oct. 1822	515	Bréheret de Courcilly	2 oct. 1823
436	De Lescours	2 oct. 1823	516	Baudel de Vaudrecourt	3 oct. 1823
437	De Gironde	11 oct. 1822	517	Guiot de St-Remy	2 oct. 1823
438	De Forbin des Essartz	27 oct. 1822	518	Castéllan	4 oct. 1823
439	Lacroix de St-Vallier	11 oct. 1822	519	Goussencourt	3 oct. 1823
440	De Dreux Nancré	18 janv. 1825	520	Boissonnet	—
441	De Bessay	12 oct. 1822	521	De Robillard	9 juill. 1823
442	Van-der-Vrecken de Bormans	—	522	D'Estienne Lious	2 oct. 1823
443	Thomas	4 oct. 1823	523	Petau	—
444	Rouaud	2 oct. 1823	524	De Vanteaux	3 oct. 1823
445	Floyd	6 oct. 1823	525	De Geslin	24 sept. 1825
446	Rotgnié de la Valette	4 oct. 1823	526	Martin de Puiseux	3 oct. 1823
447	Lesquen	—	527	Beuret	—
448	Guérin	3 oct. 1823	528	Mounier	—
449	Raindre	—	529	Ancillon	2 oct. 1823
450	Dutas	4 oct. 1823	530	De Faultrier	4 oct. 1823
451	Péraut	3 oct. 1823	531	Garempel de Bressieux	2 oct. 1823
452	De Vaudrimey	2 oct. 1823	532	Rampon	1 oct. 1823
453	Pyrolle	4 oct. 1823	533	Roger	3 oct. 1823
454	Derville	6 oct. 1823	534	Dangerville Dauvrecher	—
455	Oudet	3 oct. 1823	535	Despinassy	2 oct. 1824
456	Chevenon de Bigny	4 oct. 1823	536	Langlois de Ruvigny	15 févr. 1822
457	Le Garruyer de Beauvais	—	537	De Wangen	2 oct. 1824
458	Guilloton de Kerever	2 oct. 1822	538	De Monthuchon	3 oct. 1823
459	Guerineau de Boisvilleite	28 mars 1822	539	Pollet	2 oct. 1823
460	Villemain	2 oct. 1825	540	Poullelier de Suzenet	4 févr. 1823
461	Dufayet	3 oct. 1823	541	Fauveau de Frenilly	3 oct. 1823
462	De Beauterne	2 oct. 1823	542	Duchatel	—
463	Reynaud	3 oct. 1823	543	De Maussion	2 oct. 8823
464	Dubuy	—	544	Cornuau d'Offemont	3 oct. 1823
465	Soumain	—	545	Duponceau	29 févr. 1824
466	De La Porte du Theil	4 oct. 1823	546	Laulanhier	2 oct. 1824
467	Curnier	—	547	Dalmas	3 oct. 1823
468	de Wartelle	3 oct. 1823	548	De Castel Laboulbine	—
469	Liniers	4 oct. 1823	549	Wallois	—
470	Orry	15 oct. 1823	550	Van-der-Vrecken de Bormans	—
471	De Laroque	4 oct. 1823	551	De Vidart	6 oct. 1823
472	Foncet de Merilhou	22 juin 1824	552	Pernely	3 oct. 1823
473	Fouquet	3 oct. 1823	553	De Mellet de Fayolles	2 oct. 1824
474	Jacquelot	2 oct. 1823	554	Dreuilles	3 oct. 1823
475	De Nelle	—	555	Puymirol	2 oct. 1823
476	Tabouret de Crespy	3 oct. 1823	556	De Bonald	3 oct. 1823
477	Chamorin	2 oct. 1824	557	De Noue	—
478	Bernard	—	558	Prévost	—
479	Vernier de Byans	2 oct. 1823	559	Sabatié	—
480	Delaporte d'Yssertieux	—	560	De Morell d'Aubigny	4 oct. 1823
481	Touzet Duvigier	3 oct. 1823	561	De Poix	3 oct. 1823
482	Ott	—	562	Nouail de Lavillegille	—
483	Bazin de Fontenelle	2 oct. 1823	563	De Bérail	2 oct. 1824
484	Bonnard	2 oct. 1824	564	Campenet	3 oct. 1823
485	Saint-Ligier	3 oct. 1823	565	Sol	—
486	Dasnières	4 oct. 1823	566	Tardieu de Maleisseye	2 oct. 1824
487	Danner	7 oct. 1823	567	Quinquicy d'Olive	3 oct. 1823
488	Brunet de la Renoudière	4 oct. 1823	568	De Noel	2 oct. 1823
489	Tiger de Ronfigny	—	569	Massanne	—
490	Delaforet d'Armaillé	23 juin 1824	570	Bessières	5 oct. 1823
491	Carné	3 oct. 1823	571	Veyrinas	4 oct. 1823
492	De Lafruglaye	4 oct. 1823	572	Colbert Chabannois	3 oct. 1823
493	Anger de Kinsan	3 oct. 1823	573	Grimoult de Villemotte	—
494	De Labroise	10 oct. 1823	574	Du Coetlosquet	—
495	Bixouard-Montille	5 oct. 1823	575	De Champeaux	2 oct. 1823
496	Lhuillier	4 oct. 1823	576	Corda	3 oct. 1823
497	Froissard	3 oct. 1823	577	De Bray	—
498	Marion	—	578	Duval	—
499	De la Serre	6 oct. 1823	579	De Cambourg	13 oct. 1823
500	Gallais	2 oct. 1823	580	Cornavin Chauvalon	2 oct. 1823

Nº MATRIC.	NOMS DES ÉLÈVES.	DATE DE LA SORTIE DE L'ÉCOLE.	Nº MATRIC.	NOMS DES ÉLÈVES.	DATE DE LA SORTIE DE L'ÉCOLE.
581	Spitz	13 mars 1822	661	Desgareis	2 oct. 1824
582	De Lantivy	3 oct. 1823	662	Forey	—
583	Jardot	2 oct. 1823	663	De Beaurepaire	—
584	De Rochechouart-Mortemart	—	664	Dubourg	—
585	Batsalle	22 oct. 1823	665	Brun d'Aubignosc	—
586	Marulaz	2 oct. 1823	666	Charlier	3 oct. 1824
587	De Salles	3 oct. 1823	667	Dagoret François Boisgisson	2 oct. 1824
588	Meunier	19 nov. 1823	668	Monet	1 déc. 1824
589	Villoutrey de Brignac	3 oct. 1823	669	Noblot	2 oct. 1824
590	De Voisins	2 oct. 1824	670	Arnous Rivière	—
591	Piet de Beaurepaire	6 juill. 1823	671	Leloup Labilliais	—
592	Tripier de Lozé	3 oct. 1823	672	Machemin	—
593	Darquier	2 oct. 1823	673	Guiot	2 oct. 1826
594	De Verton	2 oct. 1824	674	Dubuc Bellefond	2 oct. 1824
595	De Breton	3 oct. 1824	675	De Saint-Chamans	—
596	Leyritz	5 juin 1823	676	Maissiat	—
597	D'Aurelle de Paladines	14 oct. 1824	677	Grand-Boulogne	—
598	Pinel	2 oct. 1824	678	Chassepot de Pissy	—
599	De Rochebonne	21 déc. 1824	679	Nerenburger	—
600	D'Ornano	21 oct. 1824	680	Denis de Senneville	—
601	De Pontèves	2 oct. 1824	681	Codrika	—
602	Bert	—	682	Delacroix	—
603	Hugo	—	683	Denis de Ker-edern	2 oct. 1825
604	De Cœurdoux	—	684	Delachaise	25 juin 1823
605	Villeneuve Laroche	27 mars 1823	685	Berthier de Bizi	2 oct. 1824
606	De Belluno	19 avril 1823	686	D'Andigné	3 oct. 1824
607	D'Anterroches	4 oct. 1824	687	Bouzier d'Estouilly	2 oct. 1824
608	Boessière	2 oct. 1824	688	Aimex Deroche de Noyant	1 août 1824
609	Deterves	—	689	Robinet de Plas	2 oct. 1825
610	Delorme	2 oct. 1824	690	Prevost de la Moissonnière	—
611	Fulconis	2 oct. 1824	691	Vernin d'Aigrepont	3 oct. 1824
612	Sauville de la Presle	—	692	De Robillard	2 oct. 1824
613	Saint-Angel	—	693	De Rohan-Chabot	18 nov. 1824
614	Guilloton de Ker-erver	—	694	Pastol Heramelin	2 oct. 1825
615	Carbonnier	—	695	Regnault de Savigny	—
616	Du Ligondès	3 oct. 1824	696	Roslin de Lémont	2 oct. 1824
617	Septans	2 oct. 1824	697	De Tilly	2 oct. 1825
618	Balahu de Noiron	—	698	De Brosse	—
619	De Larivière	—	699	Jarret de la Mairie	2 oct. 1824
620	De Larochefoucault Dupuy Rousseau	3 oct. 1824	700	De Terves	—
621	Duhamel	—	701	Massol	—
622	De Nollent	2 oct. 1824	702	D'Averton	—
623	De Pons	—	703	Dubourg	—
624	Duclos de Lestoille	—	704	De Barrin	2 oct. 1825
625	Berthier de Grandry	—	705	De Chevigné	—
626	Ker-quelen de Ker-biquet	—	706	Poncet	6 mars 1823
627	De Riallem	4 oct. 1824	707	Rampon	2 oct. 1824
628	Desmaretz	5 oct. 1824	708	Borel de Brétizel	2 oct. 1825
629	De Caizac	2 oct. 1825	709	De Grassin	18 nov. 1824
630	De Circourt	10 oct. 1824	710	O Farrell	2 oct. 1824
631	Avon Collongue	2 oct. 1824	711	Le Mancel de Secqueville	—
632	Longueil	1 déc. 1824	712	Yver	18 juin 1823
633	Saint-Jean	2 oct. 1824	713	De Bousingen	3 oct. 1825
634	Duhamel Fougeroux	—	714	Chalon	2 oct. 1824
635	Pichard	3 oct. 1824	715	De Colbert	—
636	Dumaignieaux de la Salle	2 oct. 1824	716	Doruse de Pésar	—
637	Margadel	—	717	De Landrière	—
638	Brégeot	—	718	De la Bruyère	21 déc. 1823
639	Pietrequin de Prangey	9 oct. 1824	719	Pasquier de Franclieu	2 oct. 1824
640	Tricornot	2 oct. 1824	720	Auvray	—
641	Le Sergeant	—	721	De Saint-Vincent	—
642	Raity de Vittré	—	722	De Guernon	22 oct. 1824
643	Black	3 oct. 1824	723	Ambert	2 oct. 1824
644	Desulmes de Torcy	—	724	De Framond	—
645	Pottier de Maizeroy	—	725	Menjot de Dammartin	2 oct. 1825
646	Fririon	1 déc. 1824	726	Courtot de Cissey	18 janv. 1825
647	D'Espiard de Mézières	3 oct. 1824	727	De Bruc	3 oct. 1824
648	De Gourden	2 oct. 1824	728	Thébaudin de Bordigné	2 oct. 1824
649	De Montrey	—	729	Buirette de Verrières	2 oct. 1825
650	Routy de Charoden	—	730	Randon de St-Amand	14 janv. 1825
651	De Planard	—	731	De Locler Durivaud	2 oct. 1824
652	Béraud de Courville	—	732	Ozon	3 oct. 1824
653	De Selle de Beauchamp	—	733	De la Ferté Meun	2 oct. 1824
654	Dusoulier	—	734	Milhet	21 oct. 1824
655	Delaroche	—	735	Cousin de Feugré	2 oct. 1824
656	Civel de Beaupré	1 déc. 1824	736	De Chiseuil	—
657	De Vogelsang	2 oct. 1824	737	Lebrun	—
658	Jean Hamelinaye	1 déc. 1824	738	Leblanc de Prébois	—
659	De Barrin	5 oct. 1824	739	De Meyronnet	2 oct. 1825
660	De Cotte	2 oct. 1825	740	Hermann	2 oct. 1824

17

N° MATRIC.	NOMS DES ÉLÈVES.	DATE DE LA SORTIE DE L'ÉCOLE.	N° MATRIC.	NOMS DES ÉLÈVES.	DATE DE LA SORTIE DE L'ÉCOLE.
741	Tixedor	2 oct. 1825	821	Dargence	2 oct. 1825
742	De Lesguern de Kerveatour	2 oct. 1824	822	Rollat	—
743	Michaux	2 oct. 1825	823	Souham	2 oct. 1826
744	Lafond	3 oct. 1824	824	D'Oyron	2 oct. 1825
745	De Grivel de Banneyre	2 oct. 1825	825	Lonchamp	2 oct. 1826
746	De Léautaud	—	826	Simonnot	4 oct. 1826
747	Geyssard	2 oct. 1824	827	Lahamayde	2 oct. 1825
748	Lucotte	—	828	Levasseur	3 oct. 1825
749	De Budé	2 oct. 1825	829	Leloup de Labiliais	2 oct. 1826
750	De Tournemine Lugrange	—	830	De Combes de Mirmont	—
751	David	—	831	De Leusse	1 mai 1826
752	Mercier	4 oct. 1825	832	D'Hautpoul	2 oct. 1826
753	Varroquier	2 oct. 1825	833	De L'Estoile	3 oct. 1826
754	Ginesie de Lisseriel	—	834	Du Portail	2 oct. 1826
755	Pinelle de Golleville	—	835	Du Pontavice	—
756	Pestin de Pagnoz	8 oct. 1825	836	Martin	2 oct. 1825
757	Brestin	—	837	Esmangard de Bournonville	2 oct. 1827
758	De Forbin des Issaris	2 oct. 1824	838	Darcy	2 oct. 1826
759	Spitzer	2 oct. 1825	839	Dandigné	—
760	Spitzer	—	840	De Lastic de Saint Jal	2 oct. 1825
761	Chemineau	—	841	De Crottat	2 oct. 1826
762	Macary	—	842	Chirée	3 oct. 1825
763	De Luxer	—	843	Reynold de Sérésin	2 oct. 1825
764	Bardel	2 oct. 1826	844	De la Grandière	—
765	Mouillebert	—	845	Mattat	—
766	De Saisset	2 oct. 1825	846	Colasse de Lamotte	2 oct. 1826
767	Archambault de Vancey	—	847	Bigeon de Courcy	3 oct. 1826
768	De la Cornillère	—	848	Lapelin	3 oct. 1825
769	Lebreton	—	849	Guérin de Tourville	2 oct. 1826
770	De Tredern	—	850	Ruelle de Lachaume	2 oct. 1825
771	De Martrin Donos	—	851	De Baville	—
772	Chevalier	2 oct. 1826	852	Puisoye	3 oct. 1825
773	De Gigord	2 oct. 1825	853	Neigre	2 oct. 1826
774	De Lacoste	—	854	De Lalouche	3 oct. 1825
775	De Villiers	26 juin 1826	855	De Fallois	2 oct. 1825
776	De Creny	2 oct. 1825	856	De Lapierre de Frémeur	3 oct. 1825
777	D'Exéa	—	857	Roergas de Serviez	—
778	Lerouxeau Rosencoat	2 oct. 1826	858	De Laselle	—
779	De Quelen	2 oct. 1825	859	D'Alès	6 mars 1825
780	De Ker-martin	2 oct. 1826	860	Potier de Raynan	2 oct. 1825
781	Branche de Flavigny	2 oct. 1825	861	Pigalle	2 oct. 1826
782	Desprelz de la Morlaix	—	862	Froment Costa	2 oct. 1825
783	Dufour de Montlouis	—	863	De Valette	—
784	Courson	2 oct. 1826	864	Jossée	3 oct. 1825
785	Ginestet de Planhol	2 oct. 1825	865	Paviot Dusourbier	2 oct. 1825
786	Folliot d'Urville	—	866	Viénot	—
787	Çagarriga	—	867	Le Peletier D'Aunay	2 oct. 1826
788	Lenoir	2 oct. 1826	868	De Pichon	3 oct. 1825
789	Couyba de Villeneuve	2 oct. 1825	869	Duval	3 déc. 1825
790	De Charbonnel Dubets	—	870	Braccini	2 oct. 1826
791	Drouhot	—	871	Demary de Longneville	3 oct. 1825
792	Aubourg de Boury	2 oct. 1826	872	Bouchet Sourches de Tourzel	—
793	Verkaven	2 oct. 1825	873	Hunault de la Chevalerie	2 oct. 1826
794	De Ligny	—	874	Perrin de Daron	3 oct. 1825
795	Cossart d'Espiés	—	875	Jamin	—
796	De Saluste Dubaria	—	876	Picot de Moras	—
797	Chevauchaud Latour	—	877	De Richemont	2 oct. 1826
798	De Faucault	—	878	Gouhiër de Charencey	—
799	Dubecquet de Rauville	—	879	Galbaud Dufort	3 oct. 1825
800	Moucheton de Gerbois	—	880	Le Sergeant d'Hendecourt	—
801	De Labrousse	—	881	De Person	2 oct. 1826
802	De Froment	26 oct. 1826	882	Humbert de Molard	2 oct. 1827
803	Méry de la Canorgue	8 oct. 1825	883	Lahure	2 oct. 1825
804	Dorlodot des Essards	—	884	Greslot	2 oct. 1826
805	Frotier de la Messelière	—	885	Préveraud de Laboutresse	3 oct. 1825
806	Fouquet	—	886	Perrot de Chazelles	—
807	Suau	2 oct. 1825	887	Deltoil	—
808	d'Hombres	3 oct. 1825	888	Le Duchat	—
809	De Vaugrigneuse	—	889	Poulle	4 oct. 1825
810	De Maupeou	—	890	Bessières	4 oct. 1826
811	De Vathaire	2 oct. 1826	891	De Levis Mirepoix	18 juil. 1825
812	Levert	3 oct. 1825	892	Bigot de Morogues	2 oct. 1825
813	De Buor	2 oct. 1826	893	Pinon de Saint Georges	2 oct. 1826
814	Sayde de Bellecôte	3 oct. 1825	894	De Ponteves	2 oct. 1827
815	De Clausonnette	2 oct. 1826	895	De Sart du Castelet	3 oct. 1825
816	Girard de Vasson	2 oct. 1825	896	Levasseur de Biare	2 oct. 1826
817	Girard de Vasson	—	897	Berthelot de Villeneuve	2 oct. 1825
818	De Labroue de Vareilles Sommières	9 oct. 1825	898	De Grandsaigne	3 oct. 1826
819	Granvill Brown	13 oct. 1825	899	Heudelet	3 oct. 1825
820	De Fleuriot	8 oct. 1825	900	Tassin	—

N° MATRIC.	NOMS DES ÉLÈVES.	DATE DE LA SORTIE DE L'ÉCOLE.	N° MATRIC.	NOMS DES ÉLÈVES.	DATE DE LA SORTIE DE L'ÉCOLE.
901	De Beauffort	2 oct. 1826	981	Méry de la Canorgue	4 oct. 1826
902	De Crespy	4 oct. 1825	982	De Posson	2 oct. 1826
903	Laurent	—	983	Prévost	23 oct. 1827
904	Leclerc	15 oct. 1825	984	Dulong	2 oct. 1826
905	Lahalle	4 oct. 1825	985	De Rocaut	—
906	De Brauer	—	986	De Menon	2 oct. 1826
907	De Croix	2 oct. 1825	987	De Caissac	16 nov. 1826
908	Decler Ladevèze	4 oct. 1825	988	De Chargère	2 oct. 1826
909	Dumont Coutant	2 oct. 1826	989	Deghaisne de Bourmour	—
910	Garnier	3 oct. 1825	990	Brin	—
911	Drillet de Lannigon	—	991	Bernard de la Gatinais	3 oct. 1826
912	Thibault	—	992	Siochan de Kersabiec	2 oct. 1827
913	Moullard de Vilmaret	2 oct. 1825	993	Gerard de la Calvinière	3 oct. 1826
914	De Montfort	3 oct. 1825	994	Gueymar de Roquebeau	2 oct. 1826
915	De Peyronnet	4 oct. 1825	995	Joinville	—
916	Rivet	—	996	Marie	—
917	De Montmorency Tancarville	2 oct. 1825	997	D'Hoffelize	—
918	De Pélerin	2 oct. 1826	998	Lefevre de St. Germain	—
919	Lebrun	30 janv. 1824	999	Desrobert	—
920	Dazemar	4 oct. 1825	1000	Regnauld de Belleseize	—
921	Cury	2 oct. 1826	1001	Damesme	4 oct. 1827
922	De Ker-moysan	2 oct. 1825	1002	De la Taille	2 oct. 1827
923	Aubin de Blanpré	3 oct. 1825	1003	De Simony	—
924	Nay de Nétumières	—	1004	De Vielcastel	3 oct. 1826
925	De Beugry D'Hagerue	—	1005	Menessier	2 oct. 1826
926	Odoard Dubazé	2 oct. 1826	1006	Coudroy de Lauréal	2 oct. 1827
927	Gislain de Boutin	25 fév. 1825	1007	De Coriolis	3 oct. 1826
928	Duché	4 oct. 1825	1008	Baudesson de Poinchy	2 oct. 1826
929	De Louvain	1 nov. 1825	1009	D'Angely	—
930	D'Hastrel	23 mai 1825	1010	Dutertre	3 oct. 1826
931	De Louvain	1 nov. 1825	1011	De Sesmaisons	2 oct. 1826
932	D'Hastrel	23 mai 1825	1012	De Poucques D'Herbinghen	6 janv. 1826
933	D'Auray	3 oct. 1825	1013	Petit Grand	2 oct. 1826
934	Lollo	—	1014	Merle de Labrug. de Laveauxcoupet	3 oct. 1826
935	Blanc de Molines	—	1015	De la Judie	2 oct. 1826
936	Tardieu de Malleisye	—	1016	De la Judie	—
937	De Saint Jean	2 oct. 1826	1017	Charlier	—
938	De Rafines	—	1018	De Monet	3 oct. 1826
939	De Langle	4 oct. 1825	1019	De Lapelin	—
940	D'Axemar	—	1020	D'Arjuzon	30 déc. 1825
941	Roux de Romain	—	1021	Robinet de Plas	2 oct. 1826
942	Blanc de Molines	3 oct. 1826	1022	Mascureau	2 oct. 1827
943	Patras de Campaigne	2 oct. 1825	1023	Pericaud de Gravillon	2 oct. 1826
944	Lafon-Villiers	2 oct. 1826	1024	Dubreuil Dubost de Gargilossé	3 oct. 1826
945	Rocher de Labaume	4 oct. 1825	1025	L'Evêque	—
946	Pons D'Arnave	2 oct. 1825	1026	De Lux	2 oct. 1826
947	Leroy du Campgrain	3 oct. 1825	1027	De Sucy	—
948	Gouguet	2 oct. 1825	1028	D'Advizard	2 oct. 1827
949	Fabre de Latude	4 oct. 1825	1029	Cacqueray de Valmenier	3 oct. 1826
950	Legros	—	1030	Bougrenet de Latocnaye	16 fév. 1827
951	Dubouzet	—	1031	Desrotours	3 oct. 1826
952	De Bonnefoy	—	1032	Blanchot	—
953	De Bastard	2 oct. 1826	1033	De Kersalaun	2 oct. 1826
954	Duchâtel	5 oct. 1825	1034	De Christon	—
955	Clerget Saint Léger	2 oct. 1825	1035	Besnier	—
956	Fournier de Bellevue	4 oct. 1825	1036	De Castagny	2 oct. 1827
957	Amiot	—	1037	Huchet de Cintré	3 oct. 1826
958	Giraudy de Grey	21 mars 1825	1038	De Gramont	10 mars 1826
959	Tavernier	6 oct. 1825	1039	Morris	2 oct. 1826
960	Letourneux de la Perraudière	3 oct. 1825	1040	Lavit de Clausel	3 oct. 1826
961	De Solere	2 oct. 1826	1041	De Coynart	—
962	De la Celle	4 oct. 1825	1042	De Launois	—
963	De Chargère	2 oct. 1827	1043	Martin de Frémont	10 fév. 1827
964	De Treves	2 oct. 1826	1044	Théremin	2 oct. 1826
965	Duhamel	27 mai 1824	1045	De Charnières	—
966	Mérot du Barré	7 juin 1826	1046	Tobin	—
967	De Baulaincourt	2 oct. 1826	1047	De Chassepot	—
968	Lemaignan	25 août 1825	1048	De Voyon	3 oct. 1826
969	Faucher	9 déc. 1825	1049	Meschini	—
970	Dupeyre	2 oct. 1826	1050	Meschini	—
971	Hay	—	1051	Duperier de Larsan	—
972	D'Ozemar Labaume	3 oct. 1826	1052	Delecey de Changey	—
973	Lejay de Bellefond	2 oct. 1827	1053	Clauzel	28 sept. 1825
974	Courtot de Cissey	2 oct. 1826	1054	De Widranges	3 oct. 1826
975	Reboul de Fontfreyde	—	1055	De Farcy	—
976	De Lesquen	3 oct. 1826	1056	Seymour de Constant	—
977	D'Isle de Béauchaine	2 oct. 1827	1057	De Coucgnault D'Avelon	—
978	D'Arnaud	2 oct. 1826	1058	Therouanne	2 oct. 1826
979	De Lanoë	2 oct. 1827	1059	Garnier Trevelon	2 oct. 1827
980	D'Hugonnaud	2 oct. 1826	1060	De Latour Dupin	3 oct. 1826

N° MATRIC.	NOMS DES ÉLÈVES.	DATE DE LA SORTIE DE L'ÉCOLE.	N° MATRIC.	NOMS DES ÉLÈVES	DATE DE LA SORTIE DE L'ÉCOLE.
1061	Seroux	3 oct. 1826	1141	De Labrousse	2 oct. 1828
1062	Dumoulin	4 déc. 1826	1142	De Picquet de Vignolles de Juillac	2 oct. 1827
1063	Masbou	27 nov. 1826	1143	De Larochefoucauld Bayers	—
1064	Fournier	2 oct. 1827	1144	De Bourdeille	—
1065	Uhrich	2 oct. 1826	1145	Robuste	—
1066	De Suffren	2 oct. 1827	1146	Livron	—
1067	De Chamisso	2 oct. 1826	1147	Darricau	5 oct. 1827
1068	Celly	—	1148	Garnier de Laborie de Labareyre	2 oct. 1827
1069	De Crussol d'Uzès	—	1149	De Princey de Saint-Georges	—
1070	De Lamorte Charens	—	1150	De Monteil	2 oct. 1828
1071	De Faillonnet	—	1151	Bechon de Caussade	—
1072	De Lacelle	3 oct. 1826	1152	Guilhem de la Gondie	—
1073	De Ravanger	—	1153	Guérin	—
1074	De Marolles	—	1154	Dalidan	—
1075	Raudot	2 oct. 1826	1155	Millard de Montrion	—
1076	Guyot de Labretonnière	3 oct. 1826	1156	Crocquet de Belligny	2 oct. 1827
1077	De Turenne	—	1157	Boileux	18 janv. 1827
1078	De Beaucorps	—	1158	Magalon	2 oct. 1827
1079	D'Orsanne de Montleric	—	1159	D'Henin	6 oct. 1827
1080	De Pons	2 oct. 1827	1160	Feldenheim	2 oct. 1828
1081	D'Adhemar	—	1161	Lebas Duplessis	2 oct. 1827
1082	De Barral	—	1162	De Ferrières	—
1083	Deudeville	—	1163	De Caix	—
1084	Bigault de Granrut	3 oct. 1826	1164	De Jouvancourt Cossières	—
1085	Ridouël	—	1165	De Margeot	—
1086	Champion	3 déc. 1825	1166	Garnier de Farville	26 sept. 1826
1087	De Rutant	2 oct. 1826	1167	Green de St.-Marsault	2 oct. 1827
1088	De Budé	2 oct. 1827	1168	Le Vicomte	—
1089	Gerard de Lubac	—	1169	Biétrix	—
1090	Jacobé de Naurois	—	1170	Fourchon	—
1091	De Rancourt	2 oct. 1826	1171	Thomas de Labarthe	29 nov. 1827
1092	De Terves	—	1172	Durutte	2 oct. 1827
1093	Vilar	—	1173	Perigot	—
1094	Botier de Catus	—	1174	De Champeville	—
1095	Mathieu Faviers	—	1175	Lambert de Beaulieu	—
1096	Lemercier de Maison de Richemont	2 mai 1826	1176	De Cotte	—
1097	Jammes	2 oct. 1826	1177	De Neuchèze	—
1098	Sutton de Clonard	2 oct. 1827	1178	De Bonnechose	—
1099	Dubois Descretons	3 oct. 1826	1179	Buquet	—
1100	De Calvières	2 oct. 1826	1180	Wallois	—
1101	D'Ornay	3 oct. 1826	1181	De Champfeu	2 oct. 1828
1102	Mesmes Desmarest	—	1182	Viel de Précarré	2 oct. 1827
1103	De Soulages	2 oct. 1826	1183	Tardy de Montravel	—
1104	De Maussabre	3 oct. 1826	1184	Gavoty	20 déc. 1826
1105	Gautier	4 oct. 1826	1185	St.-Paul de Laingheard	2 oct. 1827
1106	Blanquet de Rouville	—	1186	Chardon	—
1107	Amadieu	2 oct. 1826	1187	L'Huillier	—
1108	Mallet de Chauny	3 oct. 1826	1188	Frotier de Lamesselière	—
1109	Nègre de Sainte-Croix	20 mars 1826	1189	De Salvaing de Boissieu	2 oct. 1827
1110	Rolland de Noday	4 oct. 1826	1190	D'Aix	2 oct. 1828
1111	Saglio	2 oct. 1827	1191	Filhol de Cama	—
1112	De Cossette	2 oct. 1826	1192	De Ligondès	29 nov. 1827
1113	Carron	—	1193	De Laulanhier	2 oct. 1827
1114	Dary de Sénarpont	—	1194	Millon d'Ainval	—
1115	Dary de Sénarpont	—	1195	Dumareix	—
1116	Douny	3 oct. 1826	1196	De Quinemont	—
1117	De Préaudeau	2 oct. 1826	1197	De Vaines	2 oct. 1828
1118	De Lesguern	—	1198	De Noailles	2 oct. 1827
1119	Rouyer	3 oct. 1826	1199	De Montesquiou Fezensac	—
1120	Garnier de Kerigant	—	1200	De France	—
1121	Cisternes de Vinzelle	2 oct. 1827	1201	De la Grandière	—
1122	Castan de Bages	3 oct. 1826	1202	De Baroncelli Jason	—
1123	De Revel	—	1203	Hutteau d'Origny	—
1124	Ladreit de la Charière	2 oct. 1827	1204	Desmaroux	—
1125	De la Chastre	—	1205	Blanchard	—
1126	De Grandsaigne	—	1206	Leroy	2 oct. 1828
1127	De Cillart	—	1207	Hatot	2 oct. 1827
1128	Lebègue de Germiny	2 oct. 1827	1208	Gilbert de Solerac	7 oct. 1828
1129	De Bernard de la Carbonnière	3 oct. 1827	1209	De Lyle Taulane	2 oct. 1827
1130	D'Erard	2 oct. 1827	1210	Hue de Mathan	—
1131	Tarbourieck	—	1211	De Grollier	3 oct. 1827
1132	Lagé	9 août 1827	1212	De Liniers	3 oct. 1829
1133	De Belot	2 oct. 1827	1213	O'Farell	2 oct. 1827
1134	Brossard	3 oct. 1827	1214	De L'Hillerin de Boisissandeau	3 oct. 1827
1135	Formigier de Genis	2 oct. 1827	1215	Henry	2 oct. 1827
1136	Mangin d'Hermantin	—	1216	Chinot de Fromessent	3 oct. 1827
1137	De Crozé	—	1217	Morin	—
1138	Enjobert de Martillat	28 août 1826	1218	Carbuccia	2 oct. 1827
1139	Chabron de Solilhac	2 oct. 1827	1219	Mignot de Lamartinière	3 oct. 1827
1140	De Fradel	—	1220	Marie	—

Nº MATRIC.	NOMS DES ÉLÈVES.	DATE DE LA SORTIE DE L'ÉCOLE.	Nº MATRIC.	NOMS DES ÉLÈVES.	DATES DE LA SORTIE DE L'ÉCOLE.
1221	Denet	2 oct. 1827	1301	Chepy	3 oct. 1827
1222	Cavrois	—	1302	Brenier de Montmorand	—
1223	De Rouzé	3 oct. 1827	1303	De Lastic de Saint-Jal	—
1224	D'Advizard	2 oct. 1827	1304	De Solages	2 oct. 1827
1225	De Cappe	3 oct. 1827	1305	Grellet	2 oct. 1828
1226	Richeteau de la Coudre	—	1306	Lamarque	2 oct. 1827
1227	De Crény	—	1307	De Bernabe de Lahaye	—
1228	De Berard	—	1308	Renault	2 oct. 1828
1229	Lebasc Girangi de Claye	—	1309	Maynard de Queilhe	2 oct. 1827
1230	D'Hoffelize	—	1310	De Lur Saluces	3 oct. 1827
1231	De Gudin	2 oct. 1827	1311	Lamaire	—
1232	Brosset	3 oct. 1827	1312	Target	—
1233	D'Herbais	—	1313	Villeneuve	2 oct. 1827
1234	De Beausse	2 oct. 1827	1314	Le Filleul de la Chapelle	—
1235	Manèque	3 oct. 1827	1315	Penfuntenio de Cheffontaine	3 oct. 1827
1236	Chossat Montessuy	19 avril 1826	1316	Beaugeandre	2 oct. 1828
1237	De Rivals Mazères	12 mai 1826	1317	Blanchart	—
1238	Teissier	3 oct. 1827	1318	Billon	—
1239	De Choiseuil Praslin	15 nov. 1826	1319	De Magnac	—
1240	Reinaud Boulogne de Lascours	2 oct. 1827	1320	Moussette	3 oct. 1829
1241	Panon Desbassayns de Richemont	—	1321	De Clerc Ladevèze	2 oct. 1828
1242	De Taxis	3 oct. 1827	1322	Barthon de Montbas	14 oct. 1830
1243	De Gouzillon	2 oct. 1826	1323	Bonnet de Castres	—
1244	De Froment	3 oct. 1827	1324	Dufour de Moulouis	15 juin 1828
1245	De Mac-Mahon	—	1325	Séré	3 oct. 1828
1246	D'Ancelot	2 oct. 1828	1326	Dupin	2 oct. 1828
1247	De Talleyrand Perigord	3 avril 1826	1327	Desbarois	3 oct. 1828
1248	D'Isle	2 oct. 1827	1328	De Baroncelli Javon	2 oct. 1828
1249	De Bonsonges	3 oct. 1827	1329	De Maumigny	—
1250	Barbon Rossignal de Pron	1 oct. 1827	1330	Curé de Lachamelle	—
1251	De Cayeux	3 oct. 1827	1331	Levassor Sorval	—
1252	D'Bastrel	6 mai 1827	1332	De Joubert	—
1253	Guérin de Tourville	2 oct. 1827	1333	Cuvillier	—
1254	D'Espel de Flénèques	3 oct. 1827	1334	De Massanne	—
1255	De Coullibauf	—	1335	De Nery Guyot de Saint-Remy	—
1256	Vandermaësen	2 oct. 1828	1336	Labrousse de Veyrazet	2 oct. 1828
1257	Danner	3 oct. 1827	1337	Debonnaire de Forges	—
1258	De Broc	22 mai 1826	1338	De Deban Laborde	—
1259	De Sarret	3 oct. 1827	1339	De Lorgeril	—
1260	Cavaroz	2 oct. 1827	1340	De Brochard de Larochebrochard	—
1261	Toudel	—	1341	De Furiet	—
1262	Bernier de Maligny	3 oct. 1827	1342	De Chateauneuf de Randon	—
1263	De Gourcy	—	1343	Delaville	—
1264	Doresmieulx	2 oct. 1827	1344	Girard	2 oct. 1828
1265	De Beaulaincourt	—	1345	De Martimprey	—
1266	De Beaulaincourt	—	1346	Jacques Derminot	—
1267	De Saint-Pol	12 mars 1826	1347	Paër	2 oct. 1828
1268	De Carbonnières	2 oct. 1827	1348	De Pierre de Bernis	—
1269	Rocant	26 déc. 1826	1349	Lebrun	3 oct. 1829
1270	Regnard	3 oct. 1827	1350	Guspereau	2 oct. 1828
1271	Lebrun	—	1351	Framerschetti	—
1272	Adam	2 oct. 1827	1352	Dujardin	—
1273	Desmazis	3 oct. 1827	1353	Granchant	—
1274	Thevenin de Tanlay	—	1354	Formigier de Genis	—
1275	D'Azemar	—	1355	Gary	—
1276	De Sainte-Marie	—	1356	Louvet	1 oct. 1828
1277	Michon de Vougy	—	1357	De Boistertre	2 oct. 1828
1278	Choderlot de Laclos	4 oct. 1827	1358	Gaillard d'Escures	3 oct. 1829
1279	De Valicourt	3 oct. 1827	1359	De Folleville	2 oct. 1828
1280	Devaulx de Chambord	2 oct. 1827	1360	Chautan de Vercly	—
1281	Charrier	3 oct. 1827	1361	Munier	—
1282	Morin d'Arfeuille	—	1362	Jolly	2 oct. 1828
1283	Le Tourneux de la Perraudière	—	1363	Desours de Mandajors	—
1284	De Gelis	2 oct. 1827	1364	De Montesson	—
1285	Dufossey	—	1365	De Chappedelaine	—
1286	Dupuy de Pauligue	3 oct. 1827	1366	Anselme (dit Baptiste)	—
1287	Metzinger	—	1367	Picerron de Mondesir	30 janv. 1830
1288	Guyot de Lespart	—	1368	Durand	2 oct. 1828
1289	De Granet Lacroix de Chabrière	—	1369	De Semallé Bonneval	—
1290	De Granet Lacroix de Chabrière	—	1370	Magon de Lagiclais	—
1291	Sutton de Clonard	2 oct. 1827	1371	Du Maisniel	—
1292	Hubert de la Massue	3 oct. 1827	1372	Vatar Bezaubiez	3 oct. 1829
1293	Soubiran de Campaigno	—	1373	Faure	2 oct. 1828
1294	Richard Bichin de Condrecourt	2 oct. 1827	1374	Picot de Buissaizon	—
1295	De Gaudechart	3 oct. 1827	1375	De Drouas	—
1296	De Laroque Latour	2 oct. 1827	1376	Paillot	—
1297	Bonnefond de la Pomarède	3 oct. 1827	1377	Devaulx	—
1298	Moral de la Colombe	2 oct. 1827	1378	Tholon	—
1299	Parfouru	2 oct. 1828	1379	Rufin de Bouglon	—
1300	Beschart	2 oct. 1827	1380	De Broc	—

N° MATRIC.	NOMS DES ÉLÈVES.	DATE DE LA SORTIE DE L'ÉCOLE	N° MATRIC.	NOMS DES ÉLÈVES.	DATE DE LA SORTIE DE L'ÉCOLE
1381	De Jourdan	2 oct. 1828	1461	Du Portail	2 oct. 1828
1382	Grandchamps	—	1462	Renault	—
1383	Moulart	—	1463	De Lichi de Lichi	—
1384	Magnard	1 oct. 1829	1464	Susbielle	3 oct. 1828
1385	Bouzier	2 oct. 1828	1465	Genestet de Planhol	—
1386	Mégret de Devise	—	1466	Bernay de Favaucourt	2 oct. 1828
1387	Colin de Labrunerie	—	1467	Dubroc de Ségange	—
1388	Payen de Chavoy	—	1468	Lacroix	3 oct. 1829
1389	De Maud'huy	2 oct. 1328	1469	Vincent	—
1390	De Chacaton	3 oct. 1829	1470	Olivier	—
1391	De Sainte-Marie	2 oct. 1828	1471	Picquet Franval	—
1392	De Neuchèze	—	1472	Malet de Graville	—
1393	De Cassagne	—	1473	De Pelissier	—
1394	De L'Admirault	3 oct. 1829	1474	Hermann	—
1395	Sejan dit Cezeaux	—	1475	De Vassoigne	—
1396	De Pina Saint-Didier	2 oct. 1828	1476	De Lezay-Marnésia	—
1397	Morin de Larivière	—	1477	De Bras de Fer	—
1398	Dufau	—	1478	Bigault de Boureuille	16 mai 1831
1399	Ruaud	—	1479	Taisson	3 oct. 1829
1400	Liébault	8 nov. 1828	1480	De Ponsard	14 oct. 1830
1401	Green de St.-Marsault	2 oct. 1828	1481	De Carondelet	—
1402	De Guillebon	3 oct. 1827	1482	De Carondelet	3 oct. 1829
1403	Fraquier	2 oct. 1828	1483	Girard de Mielles Van Coëhorn	—
1404	Moreal	—	1484	Smyth	—
1405	Gras de Preigne	3 oct. 1828	1485	Gérard de Saint-Amant	3 nov. 1828
1406	De Failly	2 oct. 1828	1486	Derivaux	14 oct. 1830
1407	D'Allonville	3 oct. 1823	1487	Douay	3 oct. 1829
1408	Marie	—	1488	Costalin	—
1409	Lion	—	1489	Martimprey	—
1410	De la Porte	—	1490	Huvelin	—
1411	Perrin Jonquière	—	1491	Brusset	—
1412	Malartic	2 oct. 1828	1492	De Louvain	—
1413	Dubourg	—	1493	De Brie	—
1414	De Flöyd	—	1494	Briois	4 nov. 1828
1415	Comeau	3 oct. 1828	1495	Treussart	3 oct. 1829
1416	De Bailliencourt dit Courcol	3 oct. 1829	1496	Becquet de Megille	—
1417	Albert	2 oct. 1828	1497	Alis Desgranges	—
1418	Malafosse	3 oct. 1828	1498	Dauvis de Bichérand	—
1419	Certain Canrobert	—	1499	Dauvis de Bichérand	—
1420	De Tryon	2 oct. 1828	1500	De Pont Jarno	10 oct. 1830
1421	De Riencourt	3 oct. 1828	1501	Longueval d'Harancourt	—
1422	Capriol du Pechassaut	2 oct. 1828	1502	Rousseau	—
1423	Petau	3 oct. 1828	1503	Gentil Saint-Alphonse	3 oct. 1829
1424	De Ruolz	—	1504	Belloc	—
1425	Galand du Longuerile	2 oct. 1828	1505	Bouvet	5 oct. 1831
1426	Le Jeune de Malherbe	—	1506	Ker-drel	—
1427	Figié		1507	Pontevès	—
1428	De Molon		1508	Nouel	—
1429	Gerard de Saint-Amand	2 oct. 1828	1509	Dunoqué	—
1430	Morin d'Arfeuille	3 oct. 1828	1510	De Lécluse de la Chaussée	—
1431	De Plœuc	—	1511	Baudel de Vaudrecourt	—
1432	De Montholon Sémonville	2 oct. 1828	1512	Cordier	—
1433	Devaulx	—	1513	Carpentier	—
1434	De Froment	5 oct. 1828	1514	Poilloüe de Saint-Perier	—
1435	Lebel	3 oct. 1828	1515	Berthon	—
1436	Taskin	—	1516	De Villaines	14 oct. 1830
1437	Pavin de Lafarge	2 oct. 1828	1517	Grimailh	3 oct. 1829
1438	Mocquery	—	1518	Maussion	—
1439	De Couché de Lusignan	3 oct. 1828	1519	Ganteaume	—
1440	Terrasson	—	1520	De Hédouville	—
1441	Terrasson	—	1521	De Saint-Pol	—
1442	De Monti de Rezé	—	1522	De Boucher	—
1443	Lavallée de Pimodan	3 oct. 1829	1523	De Breda	3 oct. 1829
1444	De Castelmore de Lasserre	2 oct. 1828	1524	Filhol de Camas	—
1445	De Lespaul	—	1525	Monthieu de Sauveterre	—
1446	Piquot de Moras	—	1526	Coste de Champeron	3 oct. 1829
1447	Walsh	1 oct. 1828	1527	De Fleury	—
1448	De Champuiset	2 oct. 1828	1528	D'Albignac	—
1449	De Marin de Montmarin	—	1529	Dubosc de Radepont	—
1450	Bonnamy Bellefontaine	3 oct. 1829	1530	Lebas Duplessis	—
1451	Dumoulier de Labrosse	20 mars 1829	1531	Le Cointe de Laveau	—
1452	Chamorin	3 oct. 1828	1532	Roguet	—
1453	Poyen	2 oct. 1828	1533	De la Planche de Ruillé	—
1454	Daraqui	3 oct. 1828	1534	Gueroult-Duvalmet	—
1455	D'Olive	—	1535	Labbey de Druval	—
1456	De Stillfried	2 oct. 1828	1536	Dalamel de Bournet	—
1457	Guimet	3 oct. 1828	1537	Blanchaud	—
1458	Teissonnier d'Arefle	3 oct. 1829	1538	Potier de Raynan	—
1459	Cholet	—	1539	De Boullonois	—
1460	Dumas	3 oct. 1828	1540	Duchesne	—

Nº MATRIC.	NOMS DES ÉLÈVES.	DATE DE LA SORTIE DE L'ÉCOLE	Nº MATRIC.	NOMS DES ÉLÈVES.	DATE DE LA SORTIE DE L'ÉCOLE
1541	Martel....................	3 oct. 1829	1621	Panevaire dit Viginés............	3 oct. 1829
1542	Girard de Charnacé.............	—	1622	Foulongue de Precorbin..........	—
1543	De Chateaubedeau.............	—	1623	Crocquet Belliguy..............	—
1544	Daru.....................	—	1624	Du Pac....................	—
1545	De Saint.................	3 oct. 1829	1625	De Marguerit...............	—
1546	De L'Orne de Saint-Ange........	—	1626	De Couasnon...............	—
1547	Aprix....................	—	1627	Becquet...................	—
1548	De Kermenguy...............	—	1628	Harscouet de Saint-George	—
1549	D'Exea....................	—	1629	Freytag...................	14 oct. 1830
1550	Damian Duvernègue............	14 oct. 1830	1630	Mourlon...................	—
1551	De Broc..................	3 oct. 1829	1631	Gremm....................	—
1552	Du Boëxic.................	—	1632	De Gramont................	—
1553	De Lespaul	3 oct. 1829	1633	Lebrun....................	14 oct. 1830
1554	De Foulques	14 oct. 1830	1634	De Colombel...............	—
1555	Bourrée de Corberon...........	3 oct. 1829	1635	Broutta...................	—
1556	Gerard de Pindray.............	—	1636	Larroque,................	—
1557	Briot....................	—	1637	Fillot d'Argence.............	19 oct. 1830
1558	Begougne de Juniac...........	—	1638	De Marin de Montmarin	28 oct. 1829
1559	Jacquet d'Heurtaumont........	14 oct. 1830	1639	Auvray...................	14 oct. 1830
1560	D'Hennezel................	—	1640	Prud'homme de la Bousssinière....	—
1561	De Querelles...............	—	1641	Petit Edouard,.............	—
1562	De Lespinasse..............	—	1642	Pascal...................	—
1563	Ameil....................	—	1643	De Gaujal.................	—
1564	De Montesquiou Fezensac......	—	1644	Deymie...................	5 oct. 1831
1565	De Laspaye de Saint-Générous	—	1645	Coroller..................	14 oct. 1830
1566	Fabre....................	—	1646	Guiot....................	—
1567	Daverne de Roberval..........	—	1647	Mermet...................	—
1568	Lahure...................	3 oct. 1829	1648	Douay....................	5 oct. 1831
1569	Aubourg de Boury.........	—	1649	De Gramard de Mimont	14 oct 1830
1570	Duboulet..................	—	1650	Saget....................	—
1571	Cappe....................	—	1651	Lahure...................	—
1572	Labadie..................	—	1652	Rigau....................	—
1573	Pety.....................	—	1653	Doumerc..................	—
1574	Duffour..................	—	1654	De Colleville..............	—
1575	Crocquet Belligny...........	—	1655	De Douzy.................	—
1576	Pissonnet de Bellefont........	—	1656	Guyol....................	—
1577	De Souenne d'Esgrigny d'Herville .	14 oct. 1830	1657	Gouget...................	—
1578	Reynier..................	—	1658	Compagnon................	—
1579	Faucher.................	3 oct. 1829	1659	De Lalance	—
1580	De Müller................	—	1660	Lahure...................	—
1581	Du Roc Brion	—	1661	Niepce...................	—
1582	De la Goute...............	—	1662	De Fayolles Mellet...........	—
1583	De Fretal de Chirac..........	14 oct. 1830	1663	Lebegue de Germiny..........	18 avril 1830
1584	De Pillet................	—	1664	Ponsard..................	14 oct. 1830
1585	Tournois de Bonnevallet........	3 oct. 1829	1665	De Carbonne...............	—
1586	De Philip................	14 oct. 1830	1666	De Cyresme...............	—
1587	Germain	21 janv.1829	1667	Trompette.................	—
1588	De Montaignac.............	3 oct. 1829	1668	De Montserrat..............	23 nov. 1830
1589	Waubert.................	—	1669	Travot...................	—
1590	Olivier...................	—	1670	Saget....................	—
1591	Gillet de la Renommière........	—	1671	De Siresme	—
1592	De Soulange..............	—	1672	Colomb...................	—
1593	Vilhardin de Marcellange	—	1673	De Gironde	—
1594	De Jourdan	—	1674	Boudville.................	—
1595	Delpy....................	5 oct. 1831	1675	Philpin de Piepape	—
1596	De Massol................	3 oct. 1829	1676	Durosay..................	19 oct. 1830
1597	Vanderstaal..............	14 oct. 1830	1677	Yvelin de Beville...........	14 oct. 1830
1598	Davout..................	—	1678	Simon de la Mortière.........	—
1599	Sabatier..................	3 oct. 1829	1679	Mermet...................	—
1600	Auzouy...................	—	1680	Despommave...............	—
1601	Sales de Basnières...........	—	1681	De Mannoury de Croisille.......	—
1602	De Barres Dumolard.........	—	1682	De Chanaleilles.............	5 oct. 1831
1603	Daurelle.................	—	1683	Morgan...................	14 oct. 1830
1604	De Caen.................	—	1684	Podevin..................	—
1605	De Ponssot	—	1685	Lemonnier................	5 oct. 1831
1606	De Valdan	3 nov. 1828	1686	Lambot de Fougères..........	—
1607	Gouraud	—	1687	De Villers................	14 oct. 1830
1608	De Badereau..............	—	1688	Manie....................	—
1609	De Lenferna..............	—	1689	Raudot...................	—
1610	Becquet..................	—	1690	De Ségur.................	—
1611	Tupigny..................	—	1691	Scherb...................	14 oct. 1830
1612	De Milleville..............	—	1692	Plan de Sieyes de Veynes	—
1613	D'Allonville..............	—	1693	Roy de l'Ecluse.............	—
1614	Magallon..................	14 nov. 1828	1694	Marchal..................	—
1615	Tabuteau Destouches..........	3 oct. 1829	1695	Witasse de Fontaine..........	14 oct. 1830
1616	D'Aubignac de Ribains..........	—	1696	De Brehan................	—
1617	Deleuze..................	14 oct. 1830	1697	Le Cauchois Féraud..........	26 sept. 1830
1618	Richard de Beauchamp.........	3 oct. 1829	1698	De Sade..................	5 oct. 1831
1619	De Voluire................	—	1699	Du Bouexic de Pinieux.........	—
1620	De Pontual...............	—	1700	De Marenche...............	14 oct. 1830

N° MATRIC.	NOMS DES ÉLÈVES.	DATE DE LA SORTIE DE L'ÉCOLE.	N° MATRIC.	NOMS DES ÉLÈVES.	DATE DE LA SORTIE DE L'ÉCOLE.
1701	Jaunin	14 oct. 1830	1781	Poret	—
1702	Wohlfart	—	1782	Labeaume	14 oct. 1830
1703	De Tigné	5 oct. 1831	1783	De Bataille	—
1704	Bonnecarrère de Montlaur	14 oct. 1830	1784	Leclerc	14 oct. 1830
1705	Barbier	5 oct. 1831	1785	De Lalande Calan	—
1706	Cardi Sansonetti	14 oct. 1830	1786	Dubos	5 oct. 1831
1707	Parent de Lanoy	—	1787	Galhau	7 oct. 1830
1708	Maillard de Landreville	14 oct. 1830	1788	Montaudon	5 oct. 1831
1709	Godard Desmarest	—	1789	Blas Prouvansal de Saint-Hilaire	14 oct. 1830
1710	Fourcault de Pavant	—	1790	Micheler	—
1711	Luguez	—	1791	Lucas de Missy	—
1712	Robinet	—	1792	De Roche-Cavillac	5 oct. 1831
1713	Lacroix de Pisançon	—	1793	Du Moulin	—
1714	De Bremond d'Ars	—	1794	Fenardent	—
1715	Grenier	—	1795	Chabiel de Morière	15 oct. 1832
1716	De la Monneraye	—	1796	Lauverjat	5 oct. 1831
1717	Marulaz	5 oct. 1831	1797	Dufour de Lathuillerie	—
1718	D'Horbourg	14 oct. 1830	1798	De Bouchand	—
1719	Branche de Flavigny	—	1799	Saget	5 oct. 1831
1720	Mangin	—	1800	Berger	—
1721	Dutheil	—	1801	Deposti	—
1722	De Gréaulme	—	1802	De Cagarriga	—
1723	Raban de Helmstatt	—	1803	De Pontagnier	—
1724	De Beaulaincourt de Marles	—	1804	De Hay	—
1725	De Riencourt	—	1805	De Jaubert	—
1726	De Wavrechin	—	1806	De Tredern	—
1727	De Saluces	—	1807	De Valentin Latour	—
1728	Michel	14 oct. 1830	1808	Terrien	—
1729	De Gibon	—	1809	Duchassaing	5 oct. 1831
1730	Ducrot de Puitesson	—	1810	Maurice	—
1731	Regnault	—	1811	De Vassoigne	—
1732	Berthau Duchesne	—	1812	De Wimpffen	15 oct. 1832
1733	Lenormand de Lourmel	—	1813	Fouan	5 oct. 1831
1734	Charpentier	—	1814	Green de Saint-Marsault	15 oct. 1832
1735	De Latouche	—	1815	Adhemar	5 oct. 1831
1736	Ducros	5 oct. 1831	1816	Noël	—
1737	De Contamine	—	1817	Chaunac de Lanzac	—
1738	De Surrazin	21 févr. 1830	1818	Lapanouze	
1739	De Lamolère	14 oct. 1830	1819	Duverdier de la Sorinière	
1740	De Solages	—	1820	Duverdier de la Sorinière	
1741	Mangin	14 oct. 1830	1821	De Bridieu	5 oct. 1831
1742	Isle de Beauchaine	—	1822	Conny de Lafaix	
1743	Bruchard	—	1823	Bigault d'Avocourt	5 oct. 1831
1744	De Touchet	—	1824	De Courson	—
1745	Rabou	14 oct. 1830	1825	De Beaulaincourt	—
1746	Sorbier de Pougnadoresse	—	1826	De Chanaleilles	—
1747	Goze	—	1827	Surdun	—
1748	Bousquet	—	1828	Champ	15 oct. 1832
1749	Gand	—	1829	Julien	5 oct. 1831
1750	Peytes	—	1830	Roman	—
1751	Soubiran de Campigno	5 oct. 1831	1831	Laurent	15 oct. 1832
1752	Malot	14 oct. 1830	1832	Linas	5 oct. 1831
1753	De Bon	—	1833	Duchesme	—
1754	Pasqueraye du Rouzay	7 oct. 1830	1834	Bernard	—
1755	Augier de Cremier	—	1835	Dubois	—
1756	Morel de Boncourt	14 oct. 1830	1836	Rabusson	—
1757	Mames-Colard	—	1837	Guide	—
1758	D'Abrantès	14 oct. 1830	1838	Guyon	15 oct. 1832
1759	Bordes y Pilas	—	1839	Labour	—
1760	Vasse Dusaussay	—	1840	Gereaux	5 oct. 1831
1761	De Romeuf	—	1841	Raindre	—
1762	Fournas Labrosse	—	1842	De Hédouville	—
1763	Brahaut	—	1843	D'Anglars	—
1764	Lachapelle	—	1844	De Massey	—
1765	Puel	5 oct. 1831	1845	Luette de la Pilorgerie	—
1766	Doens	14 oct. 1830	1846	Dumarballach	—
1767	De Jouvancourt de Channe	9 mars 1831	1847	Hufty	5 oct. 1831
1768	Fleurans	14 oct. 1830	1848	Laurans Desondes	—
1769	Thouvenin	—	1849	De Bellot-Laboussaye	—
1770	Blanquet de Rouville	—	1850	Pinceloup de Maurisseure	—
1771	Lelubois de Marsilly	—	1851	Arnois	15 oct. 1832
1772	Vilar	19 janv. 1830	1852	Geslin Bourgogne	—
1773	Uhrich	14 oct. 1830	1853	Mallet de Chauny	—
1774	Despeisse de la Plane	—	1854	Daru	—
1775	Guilhem de la Gondie	5 oct. 1831	1855	Clerc	5 oct. 1831
1776	Rey	14 oct. 1830	1856	Larcade	—
1777	Saal	—	1857	De Barrin	15 oct. 1832
1778	Morclet	5 oct. 1831	1858	Capin	5 oct. 1831
1779	Forett	14 oct. 1830	1859	Dargent	—
1780	Robert	—	1860	Vexiau	—

N° MATRIC.	NOMS DES ÉLÈVES.	DATE DE LA SORTIE DE L'ÉCOLE.
1861	Kergariou	5 oct. 1831
1862	De Maigret	—
1863	Burdin	—
1864	Fauchat	—
1865	De Guyon de Beaucorps	—
1866	Aubourg de Boury	—
1867	D'Ayala	—
1868	De Luillier d'Orcière	—
1869	Desrousseaux	—
1870	De Montesson	5 oct. 1831
1871	Onffroy	12 juin 1831
1872	De Frotté	—
1873	D'Anthès	—
1874	De Mallet	5 oct. 1831
1875	Tardieu de Maleissye	19 oct. 1830
1876	Camó	5 oct. 1831
1877	Sainte-Chapelle	—
1878	Bordas	—
1879	Drouilhet	—
1880	Joannès	—
1881	De Lanusse	—
1882	Dellard	5 oct. 1831
1883	Maire	—
1884	Ameil	—
1885	Puyhabilier de Leyrac	—
1886	Deneveu	—
1887	De Séguin	—
1888	Manuel	5 oct. 1831
1889	De Poulpiquet Du Halgoüet	—
1890	De Balthasar Gacheo	—
1891	De Bellessens Durban	19 oct. 1830
1892	Richard de Corberi	5 oct. 1831
1893	Cholet	—
1894	De Boucher	—
1895	Chautau de Vercly	—
1896	Thomas	—
1897	Bragouse de Saint-Sauveur	—
1898	De Crochard	—
1899	Dufour de Montlouis	5 oct. 1831
1900	Rayot	—
1901	De Gerardin	—
1902	Tesson	—
1903	De Quatre Barbes	19 oct. 1830
1904	De Liniers	5 oct. 1831
1905	Jarras	—
1906	Carre de Saint-Gemme	—
1907	De Solages	19 oct. 1830
1908	Gaillard de Saint-Germain	5 oct. 1831
1909	Baju	—
1910	Delalande	—
1911	Delmas	—
1912	Taffin	15 oct. 1832
1913	Grenet de Florimont	5 oct. 1831
1914	Perrot	—
1915	Deloynes Duhoulley	—
1916	Patas d'Illiers	5 oct. 1831
1917	D'Halmont	—
1918	Sailhas	—
1919	Mac-Mahon	—
1920	Salleyx	—
1921	De Bretteville	—
1922	Hecquard	—
1923	Daram	15 oct. 1832
1924	Lepic	5 oct. 1832
1925	Lepic	15 oct. 1832
1926	Delaporte	5 oct. 1831
1927	Aubert	—
1928	Ferrand	
1929	Humann	5 oct. 1831
1930	Barthon de Montbas	
1931	Lebrun	5 oct. 1831
1932	Charrier Moissard	
1933	Devigne dit Vignon	
1934	Galhau	
1935	Lardemelle	
1936	De Montigny	
1937	Lejuste	5 oct. 1831
1938	Penfentenio de Cheffontaines	
1939	Daumas	5 oct. 1831
1940	De Pontac	
1941	Laferté Meun	
1942	Jouve	5 oct. 1831
1943	De Bourzès	
1944	Jourda Devaux Foletier	—
1945	Meifret	—
1946	De Grave	—
1947	Bourboulon	
1948	Du Bourblanc	
1949	De France	12 juin 1831
1950	Boutet Demazug	5 oct. 1831
1951	De Bessay	27 avril 1831
1952	Villiers	5 oct. 1831
1953	De Lur Saluces	6 mars 1831
1954	Berardière de Labarbée	5 oct. 1831
1955	De Lichy de Lichy	5 nov. 1830
1956	Roslin d'Ivry	5 oct. 1831
1957	Franceschetti	—
1958	Guyarder	
1959	De Lachapelle	
1960	Lecocq	5 oct. 1831
1961	Sagnard de Choumouroux	
1962	Rodde Chalaniat	
1963	Delarue Ducau	
1964	Bruneau de Vitry	5 oct. 1831
1965	Seignan de Sere	
1966	Delangle	
1967	Sicaud de Saint-Priest	5 oct. 1831
1968	Bruzard	—
1969	Floyd	—
1970	Bertrand	
1971	De Lessan	5 oct. 1831
1972	Goislard de Villebrème	
1973	Monfort	
1974	Vallée	
1975	Duperrier	
1976	Mercadier	5 oct. 1831
1977	Delabrousse de Veyrazet	
1978	De Lastic Vigouroux	15 oct. 1832
1979	Touflet	—
1980	Décory	—
1981	Phipponnat	—
1982	Ducor Duprat	
1983	Poret	—
1984	Angenoust	
1985	De Mauroy	
1986	Joineaux	
1987	D'Astelet	15 oct. 1832
1988	Dorlodot des Essarts	—
1989	De Flavigny	4 mars 1831
1990	Boucheran	15 oct. 1832
1991	De Glapion	
1992	De Colonne	—
1993	Aymé	—
1994	Durrieu	
1995	Otton	17 oct. 1833
1996	Manecque	15 oct. 1832
1997	De Marguenat	
1998	De Guyon de Geys de Pampellonne	
1999	Damian Duvernègue	
2000	Dillon	
2001	D'Orceau de Fontette	
2002	De Fontenay	
2003	Crignon	
2004	De Cussy	—
2005	Costaz	
2006	Michel	
2007	Mengin	
2008	Humann	
2009	Portier de Rubelles	
2010	Barbier	15 oct. 1832
2011	Rousseau de Sibille	—
2012	Thouvenin	—
2013	De Chassepot	
2014	Sainte-Chapelle	17 oct. 1833
2015	Lebris	15 oct. 1832
2016	De Vogüé	
2017	Martinet	—
2018	Boyer	—
2019	Lefournier	—
2020	Masse de Comble	—

N° MATRIC.	NOMS DES ÉLÈVES.	DATE DE LA SORTIE DE L'ÉCOLE.	N° MATRIC.	NOMS DES ÉLÈVES.	DATE DE LA SORTIE DE L'ÉCOLE.
2021	Bon de Lignim..............	15 oct. 1832	2101	Blanchet.....................	15 oct. 1832
2022	Malotau de Guerne............	—	2102	Villeneuve.................	—
2023	Dausies	—	2103	Tachereau Despictieres	—
2024	Conseil Dumesnil	—	2104	Villeneuve.................	—
2025	De Cambis................	—	2105	Delachastre...............	—
2026	De la Rivoire de la Jourrette......	—	2106	Cambreils	—
2027	Hue de la Colombe...........	—	2107	Pascal Saint-Juéry.........	—
2028	Javary....................	—	2108	Massaroli.................	17 oct. 1833
2029	Vuillet...................	—	2109	De Drouhet...............	—
2030	Maillard..................	—	2110	Schiélé...................	—
2031	Duportal Dugoasmeur.........	—	2111	Rousseau de Sibille.......	—
2032	Dulaurent-Labarre..........	—	2112	Fournier	—
2033	Agard de Rouméjoux........	—	2113	Morcrette................	—
2034	Espivent de la Villesboinet.......	—	2114	Baudran..................	—
2035	Sebastiani de la Porta........	—	2115	Dieu	—
2036	Hardouin Duparc	—	2116	Poney....................	—
2037	Chavannes de Chastel	—	2117	Boisnier Saint-Maixant.......	—
2038	Perrin de Jonquière	—	2118	Brassel	—
2039	Figié....................	—	2119	Junot....................	—
2040	Rozier de Linage...........	15 oct. 1832	2120	Dunas de Salvert...........	—
2041	Boudier...................	—	2121	Rossetti..................	—
2042	Deschamps de Boishebert.......	—	2122	Zaccone..................	—
2043	Tixier....................	—	2123	Bertrand..................	—
2044	Hébert de Beauvoir..........	—	2124	Cogé.....................	—
2045	Dessat...................	—	2125	Huguet...................	—
2046	De Bonne.................	—	2126	Billoray..................	1 nov. 1834
2047	Moréno dit Petit...........	—	2127	Martineau.................	17 oct. 1833
2048	Martenot de Cordoue.........	—	2128	Cournet..................	—
2049	Jean	—	2129	Rampont.................	—
2050	D'Anglars de Bassignac........	15 oct. 1832	2130	Dubois...................	—
2051	Desvaux de Saint-Maurice.......	—	2131	Fourcade.................	—
2052	De Soussay...............	—	2132	De L'Estang..............	—
2053	Pourcet..................	15 oct. 1832	2133	Candolive................	—
2054	L'Héritier de Chezelle.......	—	2134	Dopffer..................	—
2055	Mareschal................	—	2135	Grozieux de la Guéronne.....	—
2056	Clément de Blavette.........	—	2136	Depecqueult de la Varande.......	—
2057	Niepce...................	—	2137	Theremin................	—
2058	Chauveau.................	4 janv. 1831	2138	Letellier.................	17 oct. 1833
2059	Donzé....................	15 oct. 1832	2139	Pigeot...................	—
2060	De Saint-Pol..............	—	2140	Leforestier de Vendeuvre......	—
2061	Daudel...................	—	2141	De Vanssay..............	—
2062	Rignon...................	—	2142	Labarthe.................	—
2063	Courtot de Cissey..........	—	2143	Vico.....................	—
2064	Letellier de Blanchard	—	2144	Roger de Chalabre.........	—
2065	Bouchard d'Aubeterre........	—	2145	Dufaur de Pibrac..........	—
2066	Gentil de la Breuille........	—	2146	De Lascases..............	—
2067	Bligny...................	—	2147	De Chavaudon.............	—
2068	De Papus	—	8148	D'Ayrenx................	—
2069	De Fabry Graissac..........	—	2149	Klenk....................	—
2070	Descubes.................	—	2150	Duprey de la Ruffinière	—
2071	D'Avinu de Poilant.........	—	2151	Dupin...................	17 oct. 1833
2072	Boucher de la Rupelle.......	—	2152	Dumoulin................	—
2073	Dauvergne................	—	2153	Blaisot..................	—
2074	Carteron.................	—	2154	Kleber...................	—
2075	Boursault du Troncay........	—	2155	Gouhier de Petiteville......	—
2076	Serres...................	—	2156	Reille...................	—
2077	Mignon..................	—	2157	De Münck................	—
2078	De Chavaudon.............	—	2158	Dollin du Fresnel.........	—
2079	De Bonnet Maurcihan........	—	2159	Dollin du Fresnel.........	—
2080	Bourgeois de Mcnil.........	—	2160	Adelsward................	—
2081	Saint-Balmont.............	15 oct. 1832	2161	Schlincker...............	—
2082	De la Bomunière de Beaumont....	—	2162	Schlincker...............	—
2083	Pajol....................	—	2163	Berlandier...............	12 oct. 1832
2084	Latrille de Lorencez........	15 oct. 1831	2164	Rougeot..................	17 oct. 1833
2085	Bigot d'Engente............	9 juill. 1832	2165	Dupetit..................	—
2086	Hainglaise...............	15 oct. 1832	2166	De Flavigny..............	—
2087	Begon de Larouzière........	—	2167	De Raymond Lasbordes..........	—
2088	Talleyrand Périgord........	—	2168	De Fauconnet de Fontannois......	17 oct. 1833
2089	Mairé...................	—	2169	Hellouin de Menibus.......	—
2090	Bonnemains...............	—	2170	De Susleau de Malroy........	—
2091	Odart de Rilly............	—	2171	De Laurencin Beaufort	—
2092	Véne....................	—	2172	Brunot de Rouvre.........	—
2093	Saurin...................	—	2173	Dupin de Saint-André.......	—
2094	Rose....................	—	2174	Godard d'Ancour..........	18 déc. 1833
2095	De Gomer.................	18 mai 1831	2175	Carpegna................	17 oct. 1833
2096	Renouard de Sainte-Croix........	15 oct. 1832	2176	Dumoustier...............	5 août 1833
2097	De Rochechouart...........	—	2177	Villedieu de Torcy........	17 oct. 1833
2098	Briard...................	15 oct. 1832	2178	De Vion de Gaillon.......	—
2099	D'Hennezel...............	17 oct. 1833	2179	Barrion..................	—
2100	Mercier..................	15 oct. 1832	2180	Guyon de Montlivault........	—

Nº MATRIC.	NOMS DES ÉLÈVES.	DATE DE LA SORTIE DE L'ÉCOLE.	Nº MATRIC.	NOMS DES ÉLÈVES.	DATE DE LA SORTIE DE L'ÉCOLE.
2181	De Bertier	17 oct. 1838	2261	Vilar	17 oct. 1838
2182	Lacropte Chantérac	—	2262	Demalingue Hem	—
2183	Dupas		2263	Destez	—
2184	De Montalembert	—	2264	Touflet	—
2185	Fabre	—	2265	Hallouin	18 oct. 1834
2186	Dieu	—	2266	Demesmay	—
2187	Fereire de Saint-Antonin	—	2267	Hennequin	—
2188	Béhàgle	—	2268	Midy	—
2189	De Béthune	—	2269	Defages de Vaumale	—
2190	Depradier d'Agrain	—	2270	De Barmon	17 oct. 1835
2191	Denis de Senneville	—	2271	Maud'huy	—
2192	Delabretesche	—	2272	D'Anthès	18 oct. 1834
2193	Bouliech	18 oct. 1834	2273	Leroy de Dais	—
2194	Lestapis	17 oct. 1838	2274	D'Agoult	—
2195	Dupont Delporte	—	2275	Denain	17 oct. 1835
2196	De Caulaincourt	—	2276	Decheppe	18 oct. 1834
2197	Brayer	—	2277	Metman	—
2198	De Gilède	—	2278	Le Poittevin de la Croix	—
2199	De Beffroy	—	2279	Letors de Crecy	—
2200	Olry	—	2280	Desfossez	—
2201	Delaroche	—	2281	Target	18 oct. 1834
2202	De Rivière	—	2282	Fenin	—
2203	Poulletier de Verneuil	—	2283	De Pillot	—
2204	Avril	—	2284	Bourasseaux	—
2205	Simorre	—	2285	De Nivet	—
2206	Pelletier de Montmarie	18 oct. 1834	2286	Louveau de la Guigneraye	17 oct. 1835
2207	Nicolas	17 oct. 1838	2287	Charmet	—
2208	Dufretay	—	2288	Renversé	18 oct. 1834
2209	Bertrand	—	2289	Thomas	—
2210	Bigot d'Engente	—	2290	Vergès-Navarre	—
2211	De Bar de la Garde	—	2291	Roger de Chalabre	12 juin 1834
2212	Villette	—	2292	De Maleville	18 oct. 1834
2213	Chabert	—	2293	Daleyrac	—
2214	De Carey	—	2294	Tranchot	17 oct. 1835
2215	De Latouche	—	2295	Oudet	—
2216	Robert	—	2296	Reboul	—
2217	Bonat	—	2297	Fèvre	—
2218	Denis du Porzou	—	2298	De Lestrade	—
2219	Montfort	—	2299	Martin	6 nov. 1835
2220	Delachaise	—	2300	Lalance	13 juin 1834
2221	Banon	—	2301	Kerlero Ducrano	17 oct. 1835
2222	Lejuneau de Kegaradec	—	2302	De Lienhart	20 nov. 1835
2223	Denccey	—	2303	De Coëtlogon	18 oct. 1834
2224	Amelot	—	2304	Maurice	—
2225	Amelot	—	2305	Hébert	17 oct. 1835
2226	Ribourt	—	2306	Francq	18 oct. 1834
2227	Richard de Latour	—	2307	Guyot de Saint-Remy	17 oct. 1835
2228	Donoville	—	2308	Didelot	18 oct. 1834
2229	Emery	—	2309	Devaux-Moret	—
2230	Mahé de Berdouaré	—	2310	Fabricius	—
2231	Ganzin	—	2311	Delagrée	—
2232	Colomb	—	2312	Cros	—
2233	Boyer	—	2313	De Lalandelle	—
2234	Doyen Trevillers	—	2314	Magnan	18 oct. 1834
2235	Delabarre	17 oct. 1838	2315	Deligny	—
2236	Maillart de Landreville	—	2316	D'Aubier de Rioux	17 oct. 1835
2237	Dalmas de la Peyrouse	—	2317	Levicomte	13 juin 1834
2238	De la Noüe	—	2318	De Coynart	18 oct. 1834
2239	Floret	—	2319	Luillier d'Orcière	17 oct. 1835
2240	Belgaric	—	2320	Malet	18 oct. 1834
2241	De Roig	—	2321	Cailly Duverger	17 oct. 1835
2242	Lambert	—	2322	Domet	—
2243	Noury	—	2323	Ernault de Chantore	17 oct. 1835
2244	Solignac	17 oct. 1838	2324	Dechanet	—
2245	Delahaye	—	2325	De Gondrecourt	—
2246	De Boutaud	—	2326	Desmonts	18 oct. 1834
2247	Lebreton	—	2327	Lebel	—
2248	Garranbe	—	2328	Wenger	—
2249	Peyris	—	2329	De Brauer	—
2250	Picard	17 oct. 1838	2330	De Gordon	—
2251	Defrance	—	2331	Desreaulx	18 oct. 1834
2252	Lafond	—	2332	Dufaur de Pibrac	—
2253	Retournard	—	2333	Bagès	—
2254	Landry	—	2334	De Lafitte	—
2255	Lefournier	—	2335	De Maupas	—
2256	Goubier	—	2336	Deveseaux de Raucougne	—
2257	Costet	—	2337	Mercier Dupaty	18 oct. 1834
2258	Martin de la Coste	—	2338	Castex	17 oct. 1835
2259	Pruès	—	2339	Supervielle	18 oct. 1834
2260	Guyot	17 oct. 1838	2340	Dandigné	—

N° MATRIC.	NOMS DES ÉLÈVES.	DATE DE LA SORTIE DE L'ÉCOLE.	N° MATRIC.	NOMS DES ÉLÈVES.	DATE DE LA SORTIE DE L'ÉCOLE.
2341	Beylié	18 oct. 1834	2421	Chrétien de Tréveneuc	
2342	Paulze d'Ivoy	—	2422	Laure	17 oct. 1835
2343	Lespagnol	—	2423	De Bletterie	18 oct. 1834
2344	Dubuart	—	2424	Clerget	
2345	Carpentier	—	2425	Nicolaï	—
2346	Dorceau de Fontette	—	2426	Rousselot de Saint-Céran	
2347	Leverdier	—	2427	Gicquel	18 oct. 1834
2348	Darbois	17 oct. 1835	2428	Dortu	
2349	Waubert	14 oct. 1834	2429	Ravenez	5 déc. 1835
2350	Dufourg	—	2430	Lambert	17 oct. 1835
2351	Chevillon	17 oct. 1835	2431	Royer	
2352	Couilliboeuf	18 oct. 1834	2432	Coudroy de Lauréal	
2353	Martin dit de Lacoste	—	2433	Huyn de Verneville	
2354	Croiset	—	2434	Veron dit Bellecourt	
2355	Elminger	17 oct. 1835	2435	Tournadre de Noilhat	
2356	Fauvart Bastoul	18 oct. 1834	2436	Dupont de Saint-Ouen	
2357	De Beffroy	—	2437	Davout	17 oct. 1835
2358	Baltus	—	2438	Lemoine des Mares	
2359	Lavit de Clauzel	—	2439	Besson	5 oct. 1836
2360	Cassamy Mazet	18 oct. 1834	2440	Gueneau de Montbeillard	17 oct. 1835
2361	Guedy	—	2441	Grandmange	
2362	Revelière	—	2442	Gaye	—
2363	Mongin	—	2443	De Saint-Legier de la Sauzaye	
2364	Colson	—	2444	Daumesnil	
2365	Gondallier de Tugny	—	2445	Aguado	17 oct. 1835
2366	Eterlin	—	2446	Chavelet	
2367	Cler	—	2447	Alary	
2368	De Camas	—	2448	Paul	
2369	Clerembault	—	2449	Séatelli	
2370	L'Abbé	—	2450	Forest	
2371	Fournier	—	2451	Reille	
2372	Dupré	17 oct. 1835	2452	Gosse	
2373	Descorraille Langhac	18 oct. 1834	2453	Molière du Bourg	1 nov. 1837
2374	Brincard	—	2454	Mariani	17 oct. 1835
2375	Pillivuyt	—	2455	Domazenod	
2376	Coliny	—	2456	Deplace	
2377	Depierre	—	2457	De Migot	
2378	Milliet	—	2458	Voynant	5 oct. 1836
2379	Maupetit	—	2459	Cœur de L'Etang	17 oct. 1835
2380	Desporte	18 oct. 1834	2460	Serpette	
2381	Cargouet	17 oct. 1835	2461	Fournier	
2382	Leblanc	—	2462	Demaupeou	
2383	Lafaverge	18 oct. 1834	2463	Morisot	
2384	De Gondrecourt	—	2464	Caubert	
2385	De Lartigue	—	2465	Pequignot	
2386	Debridieu	20 nov. 1835	2466	Brepson	
2387	De Vanel	18 oct. 1834	2467	Molet	
2388	Petit	—	2468	Desfontaines	
2389	Larrouy d'Orion	—	2469	Sinson de Proclère	
2390	Galinier	—	2470	Gengoult	
2391	Dubos	—	2471	Enlart de Grandval	17 oct. 1835
2392	Saulnier de Pringy	17 oct. 1835	2472	Lebrun	
2393	Rolinat	—	2473	Biot	1 nov. 1837
2394	Trouillebert	18 oct. 1834	2474	Leroy de Mericourt	17 oct. 1835
2395	Ferret	—	2475	Ganzin	
2396	Melcion d'Arc	—	2476	Peudefer	
2397	Jourdain	—	2477	Derivaux	
2398	Ferradou	17 oct. 1835	2478	Rossi	
2399	Devaux de Foletier	18 oct. 1834	2479	Bouvet	
2400	Desens dit Morsans	—	2480	Couppel Dulude	
2401	Guyot	—	2481	Dupuy	
2402	Duhousset	18 oct. 1834	2482	De Paillot	
2403	Tantabel	—	2483	Fanton	
2404	Lapasse	—	2484	Vata	5 oct. 1836
2405	De Labastide	—	2485	Clausener	17 oct. 1835
2406	Lacour	17 oct. 1835	2486	Boulon	—
2407	Ganzin	18 oct. 1834	2487	Boulon	—
2408	Airolles	—	2488	Peitavin	—
2409	Simond	—	2489	Derousse	—
2410	Beraud	—	2490	Espinasse	—
2411	Guyon	—	2491	De Méjanès	—
2412	Truc Larregui	17 oct. 1835	2492	Guillot de la Poterie	—
2413	Dupas	18 oct. 1834	2493	Raoult	—
2414	Villatte	—	2494	Etienne	—
2415	Forsans	17 oct. 1835	2495	Jaubert de Passa	—
2416	De Rostaing	—	2496	Laslandes	—
2417	De Bernis de Pierre	18 oct. 1834	2497	Fontanilhes	—
2418	Ducasse	—	2498	Bonet	—
2419	Laffaille	17 oct. 1835	2499	Terson de Paleville	—
2420	Guignard	18 oct. 1834	2500	Lelong	—

N° MATRIC.	NOMS DES ÉLÈVES.	DATE DE LA SORTIE DE L'ÉCOLE.	N° MATRIC.	NOMS DES ÉLÈVES.	DATE DE LA SORTIE DE L'ÉCOLE.
2501	Cheguillaume	5 oct. 1836	2581	Pastoors	1 nov. 1857
2502	Albert	—	2582	Vaissier	—
2503	Soitoux	1 oct. 1835	2583	Lourde	—
2504	Debrettes	17 oct. 1835	2584	Desmé de Lisle	—
2505	Muyart de Vouglans		2585	Simonet de Coulmiers	—
2506	Dupeyrat de Thouron	—	2586	Bénit	—
2507	Poterin Dumotel		2587	Bigault de Grandrut	31 oct. 1838
2508	Nayral	—	2588	Maillefer	1 nov. 1837
2509	Bouelle	—	2589	Blin	—
2510	Geoffroy	—	2590	Monrival	—
2511	Barthomivat Delabesse		2591	Chopin	—
2512	Lamothe	—	2592	Charles	—
2513	Portet	—	2593	Juncker	—
2514	Harmand	—	2594	Fonrouge	—
2515	Colonna de Léca		2595	Callier	—
2516	Tristan le Gros	—	2596	Callier	1 nov. 1837
2517	Rey	—	2597	Cordier de Ribeauville	—
2518	Dadre	—	2598	Devouge	31 oct. 1838
2519	Magenet	—	2599	Martenot	1 nov. 1837
2520	Prouvier	28 janv. 1835	2600	Adrien	—
2521	Hurvoy	17 oct. 1835	2601	Dargenton	—
2522	Baroncelli Javon	—	2602	De Guyon de Beaucorps	—
2523	Barry	—	2603	Desmarest	31 oct. 1838
2524	De Chappedelaine	—	2604	Waternau	—
2525	De la Noue	—	2605	Behr	1 nov. 1837
2526	Gaucher	—	2606	Fraboulet de Ker-loadec	—
2527	Robineau d'Ennemont	—	2607	Joba	—
2528	Richard	—	2608	Ducrot	—
2529	Richard	—	2609	Durand	14 oct. 1837
2530	Daguerre	—	2610	Mennessier	1 nov. 1837
2531	Fonfrède	—	2611	Daillé	—
2532	Boris	—	2612	Pech	—
2533	Thouvenel		2613	Collet	—
2534	Delabarre	17 oct. 1835	2614	Gabard	—
2535	Dupont	—	2615	Archinard	—
2536	Dupont	—	2616	Lambert	—
2537	Guérin	—	2617	Lecomte	—
2538	Omalley	—	2618	Richard	—
2539	Brame	—	2619	Delacour	31 oct. 1838
2540	De Mauvise	—	2620	Débordes	—
2541	Du Moulin		2621	De Crecy	—
2542	Clopin de Bessey	5 oct. 1836	2622	Babin	1 nov. 1837
2543	Huot de Nouvier	—	2623	Levisse de Montigny	—
2544	Morin	—	2624	Giraud	—
2545	Gadois	—	2625	Gayault de Naubranches	—
2546	Bourbaki	—	2626	Cellier de Starner	—
2547	David	—	2627	De Toulongeon	—
2548	Duplessis	1 nov. 1837	2628	Duguen	—
2549	De Montagu	5 oct. 1836	2629	Moulin la Blanchère	—
2550	De Bonnefoux	1 oct. 1836	2630	Maissner	1 nov. 1837
2551	Conseillant	5 oct. 1836	2631	Boyer de Rebeval	—
2552	Léger	—	2632	Susbielle	1 nov. 1837
2553	Giraud	—	2633	Aveline	1 oct. 1836
2554	Amadieu	—	2634	De Sainthillier	1 nov. 1837
2555	Bataille	—	2635	Turnier	—
2556	Genty	—	2636	O'Sullivan	—
2557	Roque	1 nov. 1837	2637	Masse	1 oct. 1836
2558	Du Bourguet	5 oct. 1836	2638	Kadot de Sebeville	1 nov. 1837
2559	De Morgan	—	2639	Dulyon de Rochefort	—
2560	Cambriels	—	2640	De Maillé	25 nov. 1837
2561	De Vautré	1 nov 1837	2641	Cassaigne	1 nov. 1837
2562	Bolot	—	2642	De Bonnevin	—
2563	Duchochois	—	2643	De Varèse	1 nov. 1837
2564	Griset	—	2644	Lapasset	—
2565	Mancel	—	2645	Pradier	...
2566	D'Alton	—	2646	Floyd	31 oct. 1838
2567	Lion	—	2647	Baudouin	1 nov. 1837
2568	Lion	—	2648	Bruils	23 oct. 1837
2569	Imbert	5 oct. 1836	2649	Leroy	1 nov. 1837
2570	Beleguic	24 août 1837	2650	Desrousseaux	14 mai 1837
2571	Margerie	1 nov. 1837	2651	Chastenet	15 nov. 1837
2572	Gillet	—	2652	Deguilly	1 nov. 1837
2573	Pelard	31 oct. 1838	2653	Peschart de Mairey	.
2574	Nicot	1 nov. 1837	2654	Ris	—
2575	Deslyons	—	2655	Fustier	—
2576	Bron	—	2656	Veyron Lacroix	14 oct. 1837
2577	De Larochebrochard	14 oct. 1836	2657	Rebilliard	1 nov. 1837
2578	Miron	1 nov. 1837	2658	Rehm	5 oct. 1836
2579	Caillot	—	2659	Durand de Villée	1 nov. 1837
2580	Péchin	—	2660	De Platel du Plateaux	—

Nº MATRIC.	NOMS DES ÉLÈVES.	DATE DE LA SORTIE DE L'ÉCOLE.	Nº MATRIC.	NOMS DES ÉLÈVES.	DATE DE LA SORTIE DE L'ÉCOLE.
2661	Bernard........................	31 oct. 1838	2741	Renard........................	31 oct. 1838
3662	Henry.........................	1 nov. 1837	2742	Dutrochet.....................	10 oct. 1839
2663	Gérard........................	—	2743	Levy..........................	31 oct. 1838
2664	Trochu........................	—	2744	De Vassoigne	10 oct. 1839
2665	Boyer.........................	—	2745	Curcier.......................	31 oct. 1838
2666	De Vassinhac d'Imécourt.......	—	2746	Hazard........................	—
2667	Rolle.........................	—	2747	De Vathaire de Guerchy........	—
2668	Guillaumont...................	—	2748	De Bellanger..................	—
2669	Boissie	—	2749	Thiriot	—
2670	Dauphin	—	2750	Roubier.......................	20 janv. 1839
2671	De Bienassis de Cauluzon	—	2751	Tirant de Bury................	31 oct. —
2672	Oemichen......................	—	2752	Barois........................	—
2673	Chable	—	2753	Friant........................	—
2674	Briquet	31 oct. 1838	2754	De Beaumont	1 nov. 1838
2675	De Goazre de Toulgoët.........	1 nov. 1837	2755	Bordier.......................	31 oct. 1838
2676	Deschiens.....................	—	2756	Montaudon.....................	—
2677	Bonet.........................	—	2757	Comdamain.....................	—
2678	Sanson de Sansal	—	2758	Dauvergne	—
2679	Reinaud Fouvert...............	—	2759	Porquet.......................	—
2680	Compeyrot	14 oct. 1837	2760	Du Pasquier de Dommartin......	—
2681	Sassary.......................	31 oct. 1838	2761	Hutin.........................	—
2682	Duboë Doucet	1 nov. 1837	2762	Ponsard.......................	—
2683	Guiomar	—	2763	Devaisse Roquebrunne..........	—
2684	Farine	—	2764	Coupel Dulude.................	—
2685	Thouand	—	2765	Wattelin......................	—
2686	Homps.........................	—	2766	Merle de Labrugière	10 oct. 1838
2687	Filhol de Camas...............	1 oct. 1836	2767	Petitgand	31 oct. 1838
2688	De Séganville	1 nov. 1837	2768	Appert........................	—
2689	De Calonne	—	2769	De Maussion...................	—
2690	Birot.........................	23 oct. 1837	2770	De Serionne	—
2691	Leroy	1 nov. 1837	2771	Allix.........................	—
2692	Moreau	—	2772	Desfaudais	—
2693	Taupiac	—	2773	D'Harcourt....................	—
2694	Bigot.........................	—	2774	Lamoureux de la Genetière.....	—
2695	Jauffrot......................	—	2775	De la Marque..................	—
2696	Bobillier	—	2776	Massienne.....................	31 oct. 1838
2697	Paillard	—	2777	Lacoste de Laval..............	—
2698	Rousseau......................	31 oct. 1838	2778	Faulte de Vonteaux	—
2699	Guichard......................	—	2779	De Béral de Seduiges..........	—
2700	Minard........................	—	2780	Nicolas	31 oct. 1838
2701	Renson........................	—	2781	Pujol.........................	—
2702	De Lisle de Fulcon............	—	2782	Michel	—
2703	Adelward......................	—	2783	Fririon.......................	—
2704	Mitaut........................	—	2784	Peysard.......................	—
2705	Roger.........................	—	2785	Le Rebours....................	—
2706	Smet..........................	—	2786	Cousin........................	—
2707	De Reyniac	—	2787	Kléber	31 oct. 1838
2708	Parant dit Dukermont..........	—	2788	Clemeur.......................	—
2709	Pissonnet de Bellefonds	—	2789	Green de Saint-Marsault.......	—
2710	Bilange.......................	—	2790	Vallier.......................	—
2711	D'Arbaud......................	—	2791	De Gentils de Saint-Romain....	—
2712	Godine........................	—	2792	Berlier.......................	—
2713	Taconnet......................	—	2793	Cartault......................	—
2714	Dubois........................	—	2794	De la Coste de Belcastel......	—
2715	Billet	—	2795	Bôcher........................	—
2716	De Loverdo	—	2796	Mousseron.....................	—
2717	Caillard d'Aillière	—	2797	Du Boys de Riocour............	—
2718	Noël..........................	—	2798	Michel	—
2719	Poncet........................	17 oct. 1837	2799	Laplanche.....................	—
2720	Leroy.........................	31 oct. 1838	2800	Bréger........................	—
2721	Paturel.......................	—	2801	D'Imbert......................	—
2722	De Lacroix	—	2802	Dupressoir....................	—
2723	De Cayrol	—	2803	Bignon........................	—
2724	Huyn de Verneville	—	2804	De Solignac...................	—
2725	De Tinseau	—	2805	Domenech-Diegs................	—
2726	Beurmann......................	—	2806	Poulin........................	—
2727	D'Aigremont...................	—	2807	Defontanges de Couzan.........	—
2728	Berlié	—	2808	Tilliard......................	—
2729	Carbonel......................	31 oct. 1838	2809	Menouvrier de Fresne..........	—
2730	Hezard........................	—	2810	Fourchault....................	—
2731	Souville......................	—	2811	Arnaud de Saint-Sauveur.......	—
2732	Belin de Chantemêle...........	—	2812	Gaboriaud.....................	—
2733	Osmont........................	—	2813	Lombardeau....................	—
2734	Hemard	—	2814	Passot........................	—
2735	Boulet........................	—	2815	Munizenberg de Cambry.........	10 oct. 1839
2736	Feillet Pilatre...............	—	2816	Paulin........................	—
2737	Champeaux.....................	—	2817	Mengin........................	—
2738	Sanglé-Ferrière...............	—	2818	Gouillaud	—
2739	Vieville......................	—	2819	De Bony.......................	—
2740	De la Roche-Aymon.............	—	2820	Louaillier....................	10 oct. 1839

Nº MATRIC.	NOMS DES ÉLÈVES.	DATE DE LA SORTIE DE L'ÉCOLE.	Nº MATRIC.	NOMS DES ÉLÈVES.	DATE DE LA SORTIE DE L'ÉCOLE.
2821	Colombani	10 oct. 1839	2901	De la Martinière	21 janv. 1839
2822	Clappier	—	2902	Janin	10 oct. 1839
2823	Folloppe	—	2903	Aurel	
2824	Marsaux	—	2904	Lazarotti	10 oct. 1839
2825	Delahuppe		2905	De Montalembert	
2826	Decazes		2906	Delahaye	20 jan. 1839
2827	Le Maire	10 oct. 1839	2907	Borel	10 oct. 1839
2828	Lallemand		2908	Valette	—
2829	Dupuis		2909	Delort	
2830	Forestier		2910	Chousserie	
2831	De Renusson d'Hauteville		2911	De Muchèze	
2832	Canel		2912	Poncelin de Raucourt	
2833	Séroka		2913	Rolland d'Erceville	1 oct. 1840
2834	De Latouche	1 oct. 1840	2914	Dulong de Rosnay	20 janv. 1839
2835	De Latouche	10 oct. 1839	2915	Rozier	
2836	Delorme	—	2916	Bocher	
2837	Le Mouel	—	2917	Grémion	10 oct. 1839
2838	Doit		2918	Laouénan	—
2839	Lemière		2919	Psalmon	—
2840	Harduin		2920	Campenon	
2841	Barthès	14 juin 1840	2921	Olivier	
2842	Tricault		2922	De Bonnefoux	10 oct. 1839
2843	Larivière	10 oct. 1839	2923	De Lupel	
2844	Mocquery		2924	Tillion	10 oct. 1839
2845	Maritz	10 oct. 1839	2925	Lhériller	
2846	Alpy	—	2926	De Leau	
2847	Sautereau	—	2927	De Chappedelaine	
2848	Pruvost	—	2928	Ghéneser	10 oct. 1839
2849	Blanvillain	—	2929	Cottret	—
2850	Doyer	—	2930	Lotherie	—
2851	De Laüs	—	2931	Delmas	—
2852	D' Régel	—	2932	Filippi	—
2853	De Lacottière		2933	Barbelet	
2854	Deligny	10 oct. 1839	2934	Scellier	
2855	Troyon	—	2935	Boessel Dubuisson	
2856	Poursain	—	2936	Martène	10 oct. 1839
2857	Conté		2937	Martin	—
2858	Belenet		2938	Mieulet de Ricaumont	—
2859	Guichaud		2939	Michel	—
2860	Seignan de Sère	10 oct. 1839	2940	Boucher d'Argis de Guillerville	—
2861	Roux		2941	De Collasseau	—
2862	François	10 oct. 1839	2942	Rogier	—
2863	Duran		2943	Muller	—
2864	Panot	1 oct. 1840	2944	Debonne	—
2865	Paris	10 oct. 1839	2945	Andrieux	—
2866	De Boyer de Fous Colombe	—	2946	Lecomte	—
2867	Grandjean	—	2947	Filhol de Camas	—
2868	Tiersonnier	1 oct. 1840	2948	Dardier	—
2869	Fressinet		2949	Munche	—
2870	Verbigier de Saint-Paul		2950	Gengoult	10 oct. 1839
2871	Martin de Bellerive	10 oct. 1839	2951	Wirbel	—
2872	Paulon	—	2952	Lefilleul	—
2873	De Sarcus		2953	Dandigné	—
2874	De Briche	10 oct. 1839	2954	Mécusson	10 oct. 1839
2875	De Caulaincourt		2955	Dumont	—
2876	D'Aiteyrac		2956	Ackermann	—
2877	De Coëls		2957	Godine	10 oct. 1839
2878	Lagroy de Croute	28 sept. 1838	2958	Demange	—
2879	Lion		2959	Marichal	—
2880	Lemasson		2960	Laurent	—
2881	De Labelinaye	6 nov. 1838	2961	De Barrin	—
2882	Dumoulin		2962	Berthaut	10 oct. 1839
2883	De Tucé	10 oct. 1837	2963	Henrion Bertier	1 oct. 1840
2884	Ricard	1 oct. 1840	2964	Sumpt	—
2885	Des Roys	10 oct. 1839	2965	Fery	2 nov. 1838
2886	Beaudouin	—	2966	Heuillet	
2887	Dein		2967	Bitard Desportes	10 oct. 1839
2888	Delabarre Nanteuil	10 oct. 1839	2968	Dubousset	—
2889	Nicolas		2969	Mesmer	
2890	Decaux	—	2970	Thevenet	1 oct. 1840
2891	Cantrez	—	2971	De Gramont de Guiche	—
2892	Clicquot	—	2972	Bain-Boudonville	—
2893	Vesco	—	2973	De Vallier-Hamilton	—
2894	Delacroix	6 nov. 1838	2974	Bardin	—
2895	Delatheulade	1 oct. 1840	2975	Giordani	—
2896	Letors de Crecy	10 oct. 1839	2976	Foucault des Bigottières	—
2897	Oudinot	1 oct. 1840	2977	Médoc	—
2898	Durand	10 oct. 1839	2978	Caizac	1 oct. 1840
2899	De Conny de Lafay		2979	Suisse de Sainte-Claire	—
2900	Fabre	2 nov. 1838	2980	Deplanque	—

Nº MATRIC.	NOMS DES ÉLÈVES.	DATE DE LA SORTIE DE L'ÉCOLE	Nº MATRIC.	NOMS DES ÉLÈVES.	DATE DE LA SORTIE DE L'ÉCOLE
2981	Desfaudais	1 oct. 1840	3061	Vallerand	1 oct. 1840
2982	Le Forestier de Vendeuvre	—	3062	Chatillon	—
2983	De Bucy	—	3063	Desforges de Vassens	—
2984	Lesieur	10 janv. 1840	3064	Goetzmann	—
2985	Galle	1 oct. 1840	3065	Renault	—
2986	Le Mordan	—	3066	Ramand	—
2987	Mercier	—	3067	Questel	—
2988	Lonté	—	3068	Stock	—
2989	Noëc	—	3069	Coupvent des Bois	—
2990	Pailhès	—	3070	Girard	—
2991	Vigneron	—	3071	Esmez	—
2992	Puisoye	—	3072	Maguin	—
2993	Delasalle	—	3073	Ducoin	—
2994	D'Arriule	—	3074	De Belenet	—
2995	De Cormette	—	3075	Deschamps	—
2996	Duroux	—	3076	Gouzil	—
2997	Gosselin	—	3077	Comdamin	—
2998	De Monterby	1 oct. 1840	3078	Zentz	—
2999	Le Breton	—	3079	Laligne	—
3000	Jegou	—	3080	Fonrouge	—
3001	Hulot	—	3081	Ghins	—
3002	Strolz	—	3082	Fliniaux	—
3003	Bonvoust	—	3083	Mena	—
3004	Foucher	—	3084	Goybenne	—
3005	Carré	—	3085	Vittot	—
3006	Sisco	—	3086	Mathieu de Dombasle	—
3007	De Foucauld	—	3087	Liam	—
3008	Martineau-Dechesnez	—	3088	Melin	—
3009	Thirat de Saint-Agnan	4 oct. 1839	3089	Niel	—
3010	De Rattazzi	1 oct. 1840	3090	De Labarthe	—
3011	Archambault de Beaune	—	3091	De Lambot de Gourville	1 oct. 1840
3012	Sauvereau	—	3092	Companyrot	—
3013	Gillet	—	3093	De Bernard de Seigneurens	—
3014	Martin	—	3094	Zglinicki	—
3015	Boursier	—	3095	De Saint-Priest	—
3016	Billot	—	3096	Laflolie	—
3017	Delabarre	—	3097	Borel	—
3018	Bartel	—	3098	Juri	—
3019	De Formy de la Blanchette	—	3099	Deshorties	—
3020	Dousinelle	—	3100	Martin	—
3021	Cerfon	—	3101	Manent	—
3022	Schmitz	1 oct. 1840	3102	Dorsène	—
3023	Lepesant de Bois-Guilbert	—	3103	Grebus	—
3024	Aymard	1 oct. 1840	3104	Arnal de Serres	—
3025	Sautereau Dupart	—	3105	Marcellin	—
3026	Halligon	—	3106	Veyron-Lacroy	—
3027	Breton	—	3107	Marty	—
3028	Letourneur	—	3108	Vuillemot	—
3029	Cloux	—	3109	Daries	—
3030	Desmerliers de Longueville	—	3110	D'Encausse de Labatut	—
3031	De Vinolz de la Chaumette	—	3111	Giovannoni	—
3032	Cazalot	1 oct. 1840	3112	Lemaître	—
3033	Meslon	—	3113	Claude	—
3034	Gandouard de Magny	—	3114	Goubet	—
3035	Sezille de Marteville	—	3115	Mercier Sainte-Croix	—
3036	Gobe	—	3116	Lion	—
3037	Videau	—	3117	Roubier	—
3038	Poussielgue	—	3118	Menche	—
3039	Champion de Nansouty	—	3119	Delahaye	—
3040	Röckel	—	3120	Tricault	—
3041	Depardieu	—	3121	Colombani de Niolo	—
3042	Dorré	—	3122	Roux	—
3043	Copmartin	—	3123	Bourckoltz dit Fleury	1 oct. 1841
3044	Ducrot	—	3124	Dumoulin	—
3045	Brice Deville	—	3125	Fressinet	1 oct. 1840
3046	Levylier	—	3126	De Sarcus	—
3047	Degrasse	—	3127	Scellier	—
3048	Bessières de la Jonquière	—	3128	Decazes	—
3049	Millou	—	3129	De Belenet	—
3050	Brice	—	3130	Campenon	—
3051	Grundler	—	3131	Aurel	—
3052	De la Rochebrochard	—	3132	De Montalembert	—
3053	Decorbie	—	3133	Bocher	—
3054	Delamariouse	1 oct. 1840	3134	Mérat	1 oct. 1841
3055	Barillier	—	3135	Carré	—
3056	Lefaivre	—	3136	Bussière	—
3057	Parent	—	3137	Rozier	20 nov. 1840
3058	De Taverne	—	3138	Dupeyre	1 oct. 1841
3059	Dejatte	—	3139	De Potier	—
3060	Balland	—	3140	Le Compasseur de Courtivron	—

N° MATRIC.	NOMS DES ÉLÈVES.	DATE DE LA SORTIE DE L'ÉCOLE.	N° MATRIC.	NOMS DES ÉLÈVES.	DATE DE LA SORTIE DE L'ÉCOLE.
3141	Verbigier de Saint-Paul............		3221	Schlosser................	1 oct. 1841
3142	Heuillet..........................	1 oct. 1840	3222	Canelle de la Lobbe............	—
3143	Vanheulle........................	1 oct. 1841	3223	Poncet...........	—
3144	Bartasd..........................	—	3224	Vidal de Verneix............	—
3145	Duprez..........................	—	3225	Faure...................	—
3146	Serra............	—	3226	Dauriac............	—
3147	Hartung..........................	—	3227	Barbarin............	—
3148	Lherbette........................	—	3228	Hanrion............	—
3149	Grandjean........................	—	3229	Chabanne............	—
3150	Clinchant........................	—	3230	Defeydeau............	—
3151	Armand..........................	—	3231	Baume............	—
3152	Pingeon..........................	—	3232	Nicot............	—
3153	Morin...........................	—	3233	Roux............	—
3154	Macaire..........................	—	3234	Haca............	—
3155	Mille...........................	—	3235	Vertray............	—
3156	Du Preuil........................	—	3236	Marlier............	—
3157	Benoit..........................	—	3237	Azan............	—
3158	Cousin......	—	3238	Tournal............	—
3159	Bessières........................	—	3239	Gourlier............	—
3160	Chanon..........................	—	3240	Colson............	—
3161	Vichery..........................	—	3241	Maganza............	—
3162	Caminade........................	—	3242	Fillias............	—
3163	De la Soujeole...................	—	3243	Damei............	—
3164	Foreau..........................	—	3244	Moujon............	—
3165	Boucher de Morlaincourt.........	—	3245	Nugues............	—
3166	Bourgeois........................	—	3246	Limayrac............	—
3167	Lamy............................	—	3247	Boudes............	—
3168	Forgemol........................	—	3248	Michel............	1 oct. 1840
3169	Vanche..........................	—	3249	Alleaume............	1 oct. 1841
3170	Pernot..........................	—	3250	Fourchault............	1 oct. 1840
3171	Leclerc..........................		3251	Joly............	1 oct. 1841
3172	Masse	1 oct. 1841	3252	Huck............	—
3173	Chauchar........................	—	3253	Duran............	1 oct. 1842
3174	Petitdidier.......................		3254	Pingault............	—
3175	Pigeard..........................	—	3255	Fombert de Villers............	1 oct. 1842
3176	Donnéa..........................	—	3256	Lesieur............	1 oct. 1841
3177	Chagrin de Saint-Hilaire	—	3257	Galinier............	1 oct. 1842
3178	Fauvelle..........................	—	3258	Kieffer............	—
3179	Lamy............................	—	3259	Vincent............	—
3180	Fernier..........................	—	3260	De Villardi de Montlaur............	—
3181	Guizol..........................	—	3261	De Saint-Géniès............	—
3182	Boyer...........................	—	3262	Duhamel............	—
3183	Gaubier..........................	—	3263	De Coëtlogon............	—
3184	Courier..........................		3264	Vial............	1 oct. 1842
3185	Déguilly..........................	—	3265	Blassel............	—
3186	Perrot...........................		3266	Tanquerel des Abatans............	—
3187	Geille...........................	1 oct. 1841	3267	De Percin-Northumberland............	—
3188	Belot............................	—	3268	De Percin-Northumberland............	1 oct. 1842
3189	Lefebvre.........................	—	3269	Rolland............	—
3190	D'Assier.........................	—	3270	Pothin de Vauvineux............	—
3191	De Maisonneuve..................	—	3271	Stockly............	—
3192	Baraner Lannurien................	1 oct. 1841	3272	Romagnési............	—
3193	Le Miniby........................	—	3273	Guyot de Lisle............	—
3194	Ducos de Lahitte.................	—	3274	Lemaitre............	—
3195	Chesnon de Champmorin...........	—	3275	Abel............	—
3196	Pitoux...........................	—	3276	Beuzelin............	1 oct. 1842
3197	Conigliano.......................	—	3277	Toupet............	—
3198	Forceville........................	—	3278	Quentin de Champlost............	—
3199	Gruard...........................		3279	Devilleneuve............	1 oct. 1843
3200	Doineau..........................	—	3280	Le François de Drionville............	—
3201	Daret-Derville....................	—	3281	Dulong de Rosnay............	1 oct. 1841
3202	Boissière-Larroche...............	—	3282	Robillard	1 oct. 1842
3203	De Maigret.......................		3283	Oudinot............	—
3204	Olivier...........................	1 oct. 1840	3284	Richard............	—
3205	Mousseron.......................	—	3285	Lejeune............	1 oct. 1842
3206	Lemerle de Beaufond..............	—	3286	De la Salle............	—
3207	Hervé...........................	—	3287	Mas Saint-Maurice............	—
3208	De Symony......................	—	3288	Beaudouin............	—
3209	Despessailles....................	—	3289	De Crespin de Billy............	—
3210	Petit............................	—	3290	Letheux............	—
3211	Maguin..........................	—	3291	Delavau............	—
3212	Brontta..........................	—	3292	Desmé de Lisle............	—
3213	Ruillier	—	3293	De Foucault	—
3214	Alègre...........................	—	3294	Roubaud	—
3215	Mérin...........................	—	3295	Philippe............	—
3216	Rihl.............................	—	3296	Duran............	—
3217	Loignon..........................		3297	Remy............	—
3218	Miron de Lespinay................	1 oct. 1841	3298	Roche............	—
3219	Vigouroux........................	—	3299	Dufour............	—
3220	Larché..........................	—	3300	De Virieu............	1 oct. 1842

19

No MATRIC.	NOMS DES ÉLÈVES.	DATE DE LA SORTIE DE L'ÉCOLE.	No MATRIC.	NOMS DES ÉLÈVES.	DATE DE LA SORTIE DE L'ÉCOLE.
3301	Morin	1 oct. 1842	3381	Deplanque	1 oct. 1842
3302	Mathieu de Fossey	—	3382	Remy	—
3303	Tripier	—	3383	Assant	—
3304	Desportes de Limière	—	3384	Hue	—
3305	De Lespinasse	—	3385	De Bonnevie de Pogniat	—
3306	Gaillande	—	3386	Audot	—
3307	D'Ornant	1 oct. 1842	3387	Dupuy de Podio	—
3308	Arnoux	—	3388	Pothion	—
3309	Chanteclair	—	3389	Delettre	—
3310	Lavrut	—	3390	Brucelle	—
3311	Doléac	—	3391	Boullard	—
3312	Antoine	—	3392	D'Amedor de Molans	—
3313	Denaix	—	3393	Bersy de la Guerrivière	—
3314	Philpin de Piépape	—	3394	Bartel	1 oct. 1842
3315	Foache	—	3395	Raillard	—
3316	Lebrun de Rabot	1 avril 1843	3396	Lamy	—
3317	Raymond Saint-Germain	1 oct. 1842	3397	Textor	—
3318	Botta	—	3398	Clavel	—
3319	Menet	—	3399	Morel	—
3320	Martin de la Bastide	—	3400	Goguel	—
3321	Boquet-Liancourt	—	3401	Logeais	—
3322	Brun	—	3402	Chicoineau	—
3323	Gaffiot	—	3403	Robardey	—
3324	Letellier	—	3404	D'Andigné	—
3325	Vivent	—	3405	De Laleyère	—
3326	D'Hailly	—	3406	Couté	1 oct. 1841
3327	Pesseau	—	3407	Berger de Nomazy	1 oct. 1842
3328	Barbault	1 oct. 1842	3408	Clément	—
3329	Delognes d'Autroche	—	3409	Pichot-Duclos	—
3330	De Rouot	—	3410	Martin de Lagarde	—
3331	D'Avrange du Kermont	—	3411	Boulade	—
3332	Quégain	—	3412	Girgois	—
3333	Levylier	—	3413	Lacrotelle	—
3334	Galbois	—	3414	Hautz	—
3335	Courtois	—	3415	Maignion	—
3336	Maillard de Landreville	1 oct. 1842	3416	Cornulier Lucinière	—
3337	Wolbert	—	3417	De Koënigsegg	—
3338	Martin de la Bastide	—	3418	Tartrat	1 oct. 1842
3339	Du Port de Poncharra de Bannes	—	3419	L'Ange de Ferrière	—
3340	Salle	—	3420	Laurent	—
3341	Bauduin	—	3421	Brico	—
3342	Combini	—	3422	Claudel	1 oct. 1842
3343	Grandcour	—	3423	Le Bienvenu	—
3344	Lacouster	—	3424	Delaguette	—
3345	Fourn	—	3425	Bonnet	—
3346	Thoumini de la Haulle	—	3426	Seé	—
3347	Kampf	—	3427	De Bigot	—
3348	Coudere	—	3428	Gruizard	—
3349	Woilard	t.	3429	Maupoint de Vandeul	—
3350	Lecour de Béru	1 oct. 1842	3430	Vilmette	—
3351	Parlier	—	3431	Guerneaux	—
3352	Nicolas	—	3432	Lemétayer de Ker-daniel	—
3353	Chauffard	—	3433	Le Breton	—
3354	Chauffard	—	3434	Delandes	—
3355	Dumoulin	—	3435	Dubosquet	—
3356	Marchais de Laberge	—	3436	De Fredern	—
3357	Martène	—	3437	D'Hautpoul	1 oct. 1842
3358	Peychaud	1 oct. 1842	3438	Devillebichot	—
3359	Lamboley	—	3439	De Planchot Ginestet	—
3360	Passant	—	3440	Collignon	—
3361	Maré	—	3441	Macors	—
3362	Massa	—	3442	Lacarcet	—
3363	Lorrillard	—	3443	Chanlaire	—
3364	Depasse	—	3444	Philippe	—
3365	Hantson	—	3445	Gervais	—
3366	Bourgonnier	—	3446	Denuc	—
3367	Tiletie de Clermont-Tonnerre de T.	—	3447	Letailleur Delaunay	—
3368	Tireau de L'Emarière	—	3448	Senac	—
3369	François	—	3449	De Soulages	—
3370	De Gastebois de Marignac	—	3450	D'Amade	—
3381	Longeaud Chabroulaud Lagrange	1 oct. 1842	3451	Lavirotte	—
3372	Rouillard	—	3452	Masse	—
3373	Cassanac	—	3453	Dancourt	—
3374	De Lamonneraye	—	3454	Laporte	—
3375	Peydière	—	3455	Gaillhard	—
3376	Georgel	—	3456	Tersonde Palleville	1 avril 1843
3377	Parisot	—	3457	Lemosy	1 oct. 1842
3378	Brice	—	3458	Decheppe	—
3379	Stahl	—	3459	Puissant du Lédo	—
3380	Ranjard	—	3460	Gobe	—

Nº MATRIC.	NOMS DES ÉLÈVES.	DATE DE LA SORTIE DE L'ÉCOLE.	Nº MATRIC.	NOMS DES ÉLÈVES.	DATE DE LA SORTIE DE L'ÉCOLE.
3461	Mallet	1 oct. 1842	3541	Duvergier	—
3462	Gerder	—	3542	Picard du Chambon	1 avril 1843
3463	Haffner	—	3543	Rozier	1 oct. 1842
3464	De Castellane	—	3544	Peragallo	1 oct. 1843
3465	Thelesphor	1 oct. 1842	3545	De Brunier	1 avril 1843
3466	Fougerousse	—	3546	De Dreux-Nancré	—
3467	Triadou	—	3547	Isnard	—
3468	Ferron Duguengo	—	3548	Clairin	—
3469	Guillot de la Poterie	—	3549	Boubée	—
3470	Marcotte	—	3550	Debeaufranchet de la Chapelle	—
3471	Leroy	1 oct. 1842	3551	Balland	—
3472	Le Guilloux	—	3552	Charpy	—
3473	Rouverie de Cabrières	—	3553	Mackintoch	—
3474	Ducrest	—	3554	Dublancq-Laborde	—
3475	Dabo	—	3555	Jardin	1 avril 1843
3476	Dangibeaud	—	3556	De L'Espée	—
3477	D'Albaret	—	3557	Bache	—
3478	Martineau	—	3558	Espanet	—
3479	Salimbeni	—	3559	Chauvej	—
3480	Plan	—	3560	Rouber	—
3481	Bruguière	—	3561	Augeraud	—
3482	Gravier	—	3562	Dumont	—
3483	Bouyn	—	3563	D'Aure	—
3484	D'Aguel-Bourbon	—	3564	De Traynel	—
3485	Mercié	—	3565	Liais	—
3486	Tailhades	—	3566	Koch	—
3487	Martin	—	3567	Debout	—
3488	De Bonnet de Mareilhan de Polhes	—	3568	Carrelet	—
3489	Minard	—	3569	Bonneau de Beaufort	—
3490	Brenier	—	3570	Duval de Dampierre	—
3491	Lupel	—	3571	Bonie	—
3492	Favre	—	3572	Godin	—
3493	Lecler de Juigné de Lassigny	1 oct. 1842	3573	De Nervaux	—
3494	Colavier d'Albici	—	3574	Grangez	—
3495	Fremont	—	3575	Cluseret	—
3496	Crépy	—	3576	Paon	—
3497	Peyre	—	3577	Poilleux	—
3498	De Roquefeuil	—	3578	Billard	—
3499	Escarfait	—	3579	Vacquier	—
3500	Renusson d'Hauteville	—	3580	Erhard	1 oct. 1844
3501	Melon	—	3581	Hurault de Gondrecourt	—
3502	Chateauneuf	—	3582	Trinité	1 avril 1843
3503	Delacottière	—	3583	Fortin	—
3504	Décugis	1 avril 1843	3584	Guillaume de Priel	—
3505	Devert	1 oct. 1842	3585	Doussot	—
3506	Mirchur	—	3586	Koëlsch	—
3507	Rey	—	3587	De Villette	—
3508	Léris	1 oct. 1842	3588	Meuziau	—
3509	Ponté	—	3589	Brackers d'Hugo	—
3510	Séroka	1 oct. 1841	3590	Loret	—
3511	Loliot	1 oct. 1842	3591	Fontaine	—
3512	Medoc	—	3592	Mangin	—
3513	Bobillier	—	3593	Duval	—
3514	Barbé	—	3594	Thibaudin	—
3515	Ravel	—	3595	Foutier	—
3516	André	—	3596	Desfontaines d'Azincourt	1 oct. 1844
3517	Huot	—	3597	Esselin	1 avril 1843
3518	Champion	—	3598	Morhain	—
3519	Vallet	—	3599	Morhain	—
3520	De Friess	—	3600	Chapel	—
3521	Cousinard	—	3601	Des-Periers	—
3522	Dulac	1 oct. 1842	3602	Rolin	—
3523	Gaduel	—	3603	Lessard	—
3524	Leroy	1 oct. 1843	3604	Faré	—
3525	Ardoin	1 avril 1844	3605	Guillemin	—
3526	Saint-Amand	—	3606	Mangin	—
3527	De Blondeau	—	3607	Cartry	—
3528	De la Fortelle	—	3608	De Braunech	—
3529	Hardy	—	3609	Lourde la Place	—
3530	De Kloeckler	—	3610	Du Bouëxic	—
3531	Allain	—	3611	Marún de Belle-Rive	1 oct. 1842
3532	Ducimetière-Monod	1 avril 1843	3612	Demons	1 avril 1843
3533	De Laporte	—	3613	Decroyer	—
3534	Péigné	—	3614	Senot	—
3535	Cordier	—	3615	Boré-Verrier	—
3536	Chevallier	—	3616	Chataigner	—
3537	Mariande	—	3617	De Lignieres	—
3538	Fourès	—	3618	Kléber	—
3539	Chastagner	—	3619	Jobey	—
3540	Puffeney	1 avril 1843	3620	Lacretelle	—

N° MATRIC.	NOMS DES ÉLÈVES.	DATE DE LA SORTIE DE L'ÉCOLE.	N° MATRIC.	NOMS DES ÉLÈVES.	DATE DE LA SORTIE DE L'ÉCOLE.
3621	Wolff....	1 avril 1843	3701	Offret....	1 avril 1843
3622	Didelot....	—	3702	Pretet....	1 avril 1843
3623	Barrère....	—	3703	Coudre....	1 avril 1843
3624	Friant....	—	3704	Dodille....	—
3625	Noguès....	—	3705	Féline....	—
3626	Poupardin....	—	3706	Pascal....	—
3627	Marchal....	—	3707	Marmontel....	—
3628	Lecomte....	—	3708	De Ginestous....	—
3629	De Coëtlogon....	—	3709	Girard....	—
3630	Martin....	—	3710	De Barthez de la Pérouse....	—
3631	Guérin....	—	3711	Chapot....	—
3632	Prud'homme la Boussinière....	—	3712	Deschamps....	—
3633	Mongelas....	1 avril 1843	3713	Pallarès....	—
3634	Brethous....	—	3714	Curet....	—
3635	Baudouin....	—	3715	Valgalier....	—
3636	Génin....	—	3716	Février....	—
3637	Sériziat....	—	3717	Lamorlette....	—
3638	Carteret–Trecourt....	—	3718	Dumanoir Lepelley....	—
3639	Dubessey de Contenson....	—	3719	Béral de Sédaiges....	—
3640	Lewal....	—	3720	Delmas....	—
3641	De Geslin....	—	3721	Alphant....	1 avril 1843
3642	Lecorbeiller....	—	3722	Mizerin....	—
3643	Guillaumé....	—	3723	Duchet....	—
3644	De Beausire....	—	3724	Tillet....	—
3645	Brincourt....	—	3725	Gatumeau....	1 avril 1843
3646	Roussel....	—	3726	Benoist....	—
3647	Genot de la Vergne....	—	3727	Gruard....	—
3648	Adolphy....	—	3728	Bonneau....	—
3649	Gayard....	—	3729	Broussolle....	—
3650	Boutet....	—	3730	Eymard....	—
3651	Pettelot....	—	3731	Jacquet....	—
3652	D'Esménard....	—	3732	Hugonnet....	—
3653	Jacquot....	—	3733	L'Huillier....	—
3654	Frantz....	—	3734	Crappi....	—
3655	Taisson....	—	3735	Gagelin....	1 avril 1843
3656	Forel....	—	3736	D'Abzac....	—
3657	Moufflet....	—	3737	Ringot....	10 nov. 1844
3658	Billot....	—	3738	Matis....	1 avril 1843
3659	Mamony....	—	3739	Gutie....	—
3660	Chevals....	—	3740	Bouneton....	—
3661	Viville....	—	3741	Martineaud....	—
3662	Huyn-de-Verneville....	—	3742	Drouet....	—
3663	Clinchant....	—	3743	Jardet....	—
3664	Prud'homme....	1 avril 1843	3744	Bergès....	—
3665	Mathieu....	—	3745	Hucher....	—
3666	Welter....	—	3746	Dupont....	—
3667	Malet....	—	3747	Koch....	—
3668	Curnet....	—	3748	Legendre....	—
3669	De Julien de Mons....	—	3749	Arnaud....	—
3670	Berthelot....	—	3750	Bouvard....	—
3671	De Momigny....	—	3751	De Coëtlogon....	—
3672	De Mauduit....	—	3752	Lubet....	—
3673	Lemouel....	—	3753	Mennessier....	—
3674	Gaulier de la Grandière....	—	3754	Martin des Pallières....	—
3675	Avril....	—	3755	Bohn....	—
3676	Brignon....	—	3756	Delacombe....	—
3677	Manceron....	1 nov. 1843	3757	De Faret de Fourès....	1 oct. 1843
3678	Verdun....	1 avril 1843	3758	Sommeillier....	—
3679	Versigny....	—	3759	Billard....	—
3680	Richard....	—	3760	Minart....	—
3681	Pelte....	—	3761	Darbois....	—
3682	Eriau....	—	3762	Conti....	—
3683	Horric....	—	3763	Orsini....	—
3684	D'Adhémar....	1 avril 1843	3764	De Germain....	—
3685	Pelletier de Voillemont....	—	3765	Cabarrus....	—
3686	Hueber....	—	3766	Doulcet de Pontécoulant....	1 oct. 1844
3687	Bardin....	—	3767	Molière....	1 oct. 1843
3688	Petit....	—	3768	De Salignac Fénélon....	—
3689	Le Tourneur....	—	3769	De Laurens-Hercular....	—
3690	De Kermel....	—	3770	De Vouges de Chanteclair....	—
3691	Latour....	—	3771	Pottier....	—
3692	De Sallier Dupin....	—	3772	Villette....	—
3693	De la Jaille....	—	3773	De Jouffroy d'Albans....	—
3694	Pottier....	—	3774	De Berny....	—
3695	Testard-Ducoesquer....	1 oct. 1844	3775	Dulac....	—
3696	Roy....	1 avril 1843	3776	D'Audebard de Férussac....	1 oct. 1843
3697	Samson....	—	3777	Tascher de la Pagerie....	—
3698	Genta....	—	3778	Vergnes....	—
3699	Dauvais....	—	3779	De Tailfumir de Saint-Mexent....	—
3700	Hazard....	—	3780	Darguesse....	—

Nº MATRIC.	NOMS DES ÉLÈVES.	DATE DE LA SORTIE DE L'ÉCOLE.	Nº MATRIC.	NOMS DES ÉLÈVES.	DATE DE LA SORTIE DE L'ÉCOLE.
3781	Brisson.....................	1 oct. 1843	3861	Pémolié de Saint-Martin............	1 oct. 1843
3782	De la Chevardière de la Grandville.	—	3862	De Traynel.....................	—
3783	De la Chevardière de la Grandville.	—	3863	Casseirol.....................	—
3784	Brissy...	—	3864	D'Herbais.....................	—
3785	Rousset.....................	—	3865	Duplessis Lemotheux	—
3786	De Mutrecy	—	3866	Boyer de Fonscolombe..........	—
3787	Astor.....................	—	3867	De Saint-Jean de Pointis.......	—
3788	De Plazanet.....................	—	3868	Auchier.....................	—
3789	Mallet de la Chevallerie	—	3869	Cahen.....................	—
3790	Cartier.....................	—	3870	Asselin de Crèvecœur..........	—
2791	Gargam.....................	—	3871	Boulant.....................	—
3792	Conte	—	3872	Dousinelle	1 oct. 1844
3793	Guys.....................	—	3873	Minerel.....................	—
3794	Sobet.....................	—	3874	Delafolie.....................	—
3795	Rodet.....................	—	3875	Bosquillon de Frescheville	—
3796	Rivet.....................	—	3876	Foutain.....................	—
3797	Gouvilliez.....................	—	3877	Boncourt.....................	—
3798	Nicolas.....................	1 oct. 1843	3878	De Reculot	—
3799	Derroja.....................	—	3879	Thiénot	—
3300	Bounoure	—	3880	Chéry de Bellecouche..........	—
3801	Saget.....................	—	3881	Leroy.....................	—
3802	Grandin.....................	—	3882	Gallot.....................	—
3803	Taffin.....................	—	3883	Ardant du Picq.....................	—
3804	Raynaud	—	3884	Bluem.....................	—
3805	Verjus.....................	—	3885	Pichon.....................	—
3806	Renusson d'Hauteville	—	3886	Alexandre.....................	—
3807	Chatelain.....................	—	3887	De Trentinian.....................	—
3808	Colomb d'Ecotay..........	—	3888	Marantini.....................	1 oct. 1844
3809	Landais.....................	—	3889	Pécoud	—
3810	Le Borgne de la Tour	—	3890	Farges	1 oct. 1844
3811	Choiselat.....................	—	3891	Oberkampf	—
3812	Finck.....................	—	3892	Durey de Noinville.....................	—
3813	Brincourt.....................	—	3893	Barboille	—
3814	Poquet de Livonnière	—	3894	Leroux.....................	—
3815	O'Brien	—	3895	De Mainville.....................	—
3816	Godet.....................	—	3896	Duhousset.....................	—
3817	Simonin.....................	—	3897	Gounon Loubens.....................	—
3818	Lambert.....................	—	3898	Mathelin	—
3819	Chardot.....................	—	3899	Delastre Deval Dufresne..........	—
3820	Bazaille	—	3900	Laman	—
3821	Gayraud	—	3901	Brissaud de Maillet.....................	—
3822	Henriet.....................	—	3902	Davenet.....................	—
3823	Duchesne de Denant..........	—	3903	Gaudrée Boileau.....................	—
3824	Sorel.....................	—	3904	Bonnecaze.....................	—
3825	Poirier.....................	—	3905	Hanrion.....................	—
3826	Vernet.....................	—	3906	Gombaud Séréville..........	—
3827	Noirot.....................	—	3907	De Bernard de Seigneurens.......	—
3828	Le Compasseur de Courtivron......	1 oct. 1843	3908	Lecouteulx.....................	—
3829	Bolot.....................	—	3909	Menot.....................	—
3830	De Ravinel	—	3910	Chassagne	—
3831	Magnin	—	3911	Mosneron Dupin	—
3832	Malet.....................	—	3912	De Salignac-Fénélon	—
3833	Javary.....................	—	3913	De Boerio	—
3834	Chanzy.....................	—	3914	Thoma	—
3835	Thierry.....................	—	3915	Joppé..."..	—
3836	Blondy.....................	—	3916	Foutry.....................	—
3837	Verdeil	—	3917	Gerbore.....................	1 oct. 1845
3838	Saint-Raimond.....................	—	3918	Corraze.....................	1 oct. 1844
3839	Bobet.....................	—	3919	Macqnaire.....................	—
3840	Le Gentil de Rosmorduc..........	—	3920	Demouchy.....................	—
3841	Doineau	—	3921	Groût de Saint-Puër	—
3842	Freppel	—	3922	Duhamel Grandprey..........	—
3843	Godet.....................	—	3923	Friant.....................	—
3844	Bodin de Digeon..........	—	3924	Pouthier	—
3845	Duchatel.....................	—	3925	Sahuqué.....................	—
3846	Lamy.....................	1 oct. 1843	3926	Masse.....................	—
3847	Courty.....................	—	3927	De Maintenant.....................	—
3848	Deschamps.....................	—	3928	De Tailfumyr de Saint-Maxent...	—
3849	De Sainte-Marie	1 oct. 1844	3929	Devanlay...	—
3850	Deville.....................	1 oct. 1843	3930	Mergé.....................	—
3851	Rigaud.....................	—	3931	Lecauchois Féraud	—
3852	Wathier.....................	—	3932	De la Barre	—
3853	Rogier	—	3933	Dailly.....................	—
3854	Montels	—	3934	Villiers.....................	—
3855	Hugues.....................	—	3935	Oreille.....................	—
3856	De Saint-Priest.....................	—	3936	Poyet.....................	—
3857	Vizerie.....................	—	3937	Duchochois.....................	—
3858	Chardin.....................	—	3938	Du Val de Dampierre..........	—
3859	Bourgeois.....................	—	3939	De Barbançois.....................	—
3860	Carret.....................	—	3940	Perrinon	—

N° MATRIC.	NOMS DES ÉLÈVES.	DATE DE LA SORTIE DE L'ÉCOLE.	N° MATRIC.	NOMS DES ÉLÈVES.	DATE DE LA SORTIE DE L'ÉCOLE.
3941	Husson	1 oct. 1844	4021	Thomas de Dancourt	1 oct. 1844
3942	Cassicourt	—	4022	Carré de Busserolle	—
3943	Guilhon	—	4023	Blot	—
3944	Sourdeaux	—	4024	Warin	—
3945	D'Andlau	—	4025	Dusan	—
3946	De Chaumont-Quitry	18 déc. 1844	4026	Martin	—
3947	De Pierres	1 oct. 1844	4027	Saint-Martin	—
3948	Desportes Delinière	—	4028	Cristiani de Ravaran	—
3949	David	—	4029	Bardet	—
3950	Deglesne	—	4030	Tilly Ker-veno	—
3951	Boissonnet	—	4031	De Bourgoing	—
3952	Etoc Latouche	—	4032	De Montagu	—
3953	Gasselin	—	4033	D'Astis	—
3954	Lacassaigne	—	4034	Granthil	—
3955	Lonclas	—	4035	De Boisboissel	—
3956	Not	—	4036	Dagorn	—
3957	De Moré de Pontgibaud	—	4037	Mallet de Mailly	—
3958	Lescop	—	4038	Bonnemain	—
3959	Martenot	—	4039	Martin	—
3960	Despans de Cubières	—	4040	Guntz	—
3961	Brian	—	4041	Florant	—
3962	Normand Duñé	—	4042	Lemaître	—
3963	Adenet	—	4043	De Lacroix	—
3964	Derancourt	—	4044	Verchère de Reffye	—
3965	Brun	—	4045	Paris	—
3966	Gandon	—	4046	Law de Lauriston	—
3967	Lagrange	—	4047	Valessie	—
3968	Pierre	—	4048	Kienlin	—
3969	Bertrand	—	4049	De Reinach	—
3970	Jacquillat	—	4050	Receveur	—
3971	Sébastien	—	4051	De Gail	—
3972	De la Moussay	—	4052	Richard	—
3973	Rigonaud	—	4053	Wachter	—
3974	Parron	—	4054	Chauveau	—
3975	Hutet	—	4055	Deny	—
3976	Marquiand	—	4056	De Colomb	—
3977	D'Ivernois	—	4057	Ropper	—
3978	De Castellane	—	4058	Piolaine	—
3979	Lametz	1 oct. 1844	4059	Délauzon	—
3980	David de Beaufort	—	4060	Berger de Nomazy	—
3981	Gaillard	—	4061	Logerot	—
3982	Marthe	—	4062	Commerçon	—
3983	Bigault de Maisonneuve	—	4063	Marceille	—
3984	Petitjean	—	4064	Vidal	—
3985	Ollivier	—	4065	Bertrand	—
3986	Sautéreau	—	4066	Gélis	—
3987	Cousinard	—	4067	Scholer	—
3988	Demesmay	—	4068	Chazot	—
3989	Kupper	—	4069	Santy	—
3990	Compagnie	—	4070	Hugon	—
3991	Lechesne	—	4071	Brillouet	—
3992	Warmé Janville	—	4072	Le Camus	—
3993	Poirot de Scellier	—	4073	Follin	—
3994	De Lachapelle Morion	—	4074	Penaud Delagarlière	—
3995	Desgodins	—	4075	Zeller	—
3996	De Wazières	—	4076	De Jouffroy d'Abbans	—
3997	De Louvencourt	—	4077	Gadel	—
3998	Valdruche de Montremy	—	4078	Pichon	—
3999	Regley	—	4079	Boisson	—
4000	D'Hautefort	—	4080	Thomas	—
4001	De Bailliencourt dit Courcol	—	4081	Thil	—
4002	De Franchessin	—	4082	Jamais	—
4003	Leclere	—	4083	Lallemand	—
4004	Herbé	—	4084	Grezier	—
4005	Coquet	—	4085	Volf	—
4006	Delatasse	—	4086	Suisse	—
4007	Fornier de Violet	—	4087	Genolhac	—
4008	Daumas	—	4088	Connet	—
4009	Gaspard Michel	—	4089	Doridant	—
4010	Cassaigne	—	4090	Lemotheux Duplessis	—
4011	Julienne	—	4091	Polinière	—
4012	Caron	—	4092	Eysartel	—
4013	Simonnot	—	4093	Broyé	—
4014	Ducrest de Villeneuve	—	4094	Hisson	—
4015	De Chérisey	—	4095	Collasse	—
4016	Du Boisberranger	—	4096	Bauduin	—
4017	Larquet	—	4097	Ritter	—
4018	De Foucault	—	4098	Sarette	—
4019	Leclerc	1 oct. 1844	4099	Laroche	—
4020	De Billy	—	4100	Maréchal	—

Nº MATRIC.	NOMS DES ÉLÈVES.	DATE DE LA SORTIE DE L'ÉCOLE.	Nº MATRIC.	NOMS DES ÉLÈVES.	DATE DE LA SORTIE DE L'ÉCOLE.
4101	Bob...	1 oct. 1844	4181	Perrot de Chezelle	1 oct. 1845
4102	Lambert Deschamps de Morel	—	4182	Estave de Vulsery...............	—
4103	Amyot Dunesnil Gaillard..........	—	4183	Minot................	—
4104	Gayraud...	—	4184	Raison...............	—
4105	Deparseval Deschènes............	—	4185	Saint-Germain Partarrieu	—
4106	Piaud Planty	—	4186	Sanguinetti................	—
4107	De Blair......................	—	4187	Dormoy.............	—
4108	Heff........................	—	4188	Bertrand................	—
4109	Limayrac....................	1 oct. 1843	4189	Vaudescal................	—
4110	Lebon Desmottes............	1 oct. 1844	4190	Dufour d'Antist	—
4111	Charpentier................	—	4191	De Gournay...............	—
4112	L'Hotte	—	4192	Gisquet...............	—
4113	Baille	—	4193	Bertrand	—
4114	Gailly	—	4194	Rousseau	—
4115	De Crousmilhon	—	4195	Devathaire	—
4116	Leclaire....................	—	4196	Guétat	—
4117	De Gressot.................	—	4197	Néo Devaux	—
4118	Miquel-Riu.................	—	4198	Laloux	—
4119	Richard....................	—	4199	Tardy	—
4120	Tiersonnier................	—	4200	Simon................	—
4121	De Sers....................	—	4201	Hattingais	—
4122	Zegowitz...................	—	4202	Courtois	1 oct. 1845
4123	Terral....................	—	4203	Cadet	—
4124	Dumont....................	—	4204	Durouchet	—
4125	Vesco.....................	—	4205	Guyot................	—
4126	Versigny..................	—	4206	Campora de Pozzena	1 oct. 1846
4127	Gobert....................	—	4207	Guyon de Montlivault	1 oct. 1845
4128	Pagès	—	4208	Palliès	—
4129	Delpoux	—	4209	Destenay.............	—
4130	Quégain...................	—	4210	Davillier	—
4131	Monfalcon.................	—	4211	Roy Roux	—
4132	Du Peloux	—	4212	Ducheyron Dupavillon	—
4133	Maly	—	4213	De Foucauld............	—
4134	Carayon Latour	—	4214	Spir...............	—
4135	Daumas...................	—	4215	Chuffart.............	—
4136	Limozin...................	—	4216	Chauvot de Beauchêne	—
4137	Parmentier................	—	4217	De Laburthe ...,............	—
4138	Fourgues..................	—	4218	Renucci................	1 oct. 1845
4139	Sirié	—	4219	Joanin	—
4140	Péan	—	3220	Bouttier................	—
4141	De Pineau	—	4221	Beaudouin	—
4142	Petitjean.................	—	4222	De Chastenet de Puységur	—
4143	Reboulet..................	—	4223	Merchier.............	—
4144	De Drée...................	—	4224	Delamotte.............	—
4145	Clet......................	—	4225	De Perthuis de Laillevault........	—
4146	Ader......................	—	4226	De Montessuy............	—
4147	De Brem	—	4227	De Berranger	—
4148	De Bavre..................	—	4228	Giraudet de Sainte-Agathe	—
4149	Merle	—	4229	Guillain	—
4150	Lalanne	—	4230	Droisy	—
4151	Champion.................	—	4231	Petiet................	—
4152	De Roverier de Cabrières.........	—	4232	De Masin	—
4153	Roche	—	4233	Pagart	—
4154	Arnoux....................	—	4234	Grillet	—
4155	Perrier...................	—	4235	Le Danoys de Tourville	—
4156	Moret	—	4236	Delapierre	—
4157	Ameller...................	—	4237	De Mauret	—
4158	Comte	—	4238	Tabaud Fontenel	—
4159	Huck	—	4239	Colomb	—
4160	Abel	—	4240	Mathieu	—
4161	Raffaelli	—	4241	Jacminot................	1 oct. 1845
4162	De Laroque	—	4242	Blot................	—
4163	Delort....................	1 oct. 1843	4243	Colin................	—
4164	Cecille...................	1 oct. 1844	4244	Gaffiot................	—
4165	Deforceville	—	4245	Vaquette.............	—
4166	Borgeron	—	4246	Dufay	—
4167	Dehoudetot	—	4247	Bethune	1 oct. 1845
4168	Du Bouëxic de Guichon..........	—	4248	Alzon................	—
4169	Fradin de Linière............	1 oct. 1845	4249	Lasnier	—
4170	Blanquart de Bailleul	—	4250	Dubois................	—
4171	Estassin..................	—	4251	Wandlaincourt	1 oct. 1845
4172	Rozier de Linage	—	4252	Lieutaud ,.............	—
4173	Couturier de Saint-Clair..........	1 oct. 1846	4253	Collin................	—
4174	Codieu....................	1 oct. 1845	4254	Willerwal	—
4175	De Gramont...............	—	4255	Lesur	—
4176	Dedieu.	—	4256	Grisy	—
4177	Trubert	—	4257	Le Noble................	—
4178	De Barbançois.............	—	4258	Maréchal................	—
4179	Thornton..................	—	4259	Clarinval................	—
4180	Laboria	—	4260	Bossant................	—

Nº MATRIC.	NOMS DES ÉLÈVES.	DATE DE LA SORTIE DE L'ÉCOLE	Nº MATRIC.	NOMS DES ÉLÈVES.	DATE DE LA SORTIE DE L'ÉCOLE
4261	De Reviers de Mauny...........	1 oct. 1845	4341	Keraval	1 oct. 1845
4262	Robert d'Hurcourt...........	7 déc. 1845	4342	Chemain	—
4263	Gondallier de Jugny...........	—	4343	Bouissot...........	—
4264	Labatut.................	1 oct. 1845	4344	Goly...............	—
4265	Rampillon.............	—	4345	Lambert...........	—
4266	De Bonnière	—	4346	Rohrbacher...........	—
4267	Pussin	—	4347	Fitili...............	1 oct. 1845
4268	Million	—	4348	Samson	—
4269	Muel	—	4349	Guillemin	—
4270	De Carrière Brimont...........	—	4350	Carcanade...........	—
4271	Cercelet.............	1 oct. 1845	4351	Bourlet...........	—
4272	Lepage des Lonchamps	—	4352	Perrotin...........	—
4273	Morand.................	—	4353	Fitau...........	—
4274	Le Cacher de Bonneville........	—	4354	Marx...........	—
4275	De la Vaissière.............	—	4355	Bréart...........	—
4276	François.............	—	4356	Grivet...........	—
4277	Keiser.............	—	4357	Aurran...........	—
4278	Pesme.............	—	4358	Klein de Kleinenberg	—
4279	Catberin.............	—	4359	Rouanet...........	—
4280	Prévost Pellene	1 oct. 1845	4360	Camguilhem de Carmentrau........	—
4281	Flogny	—	4361	Randon...........	—
4282	Thérin	—	4362	Genestel de Planhol........	—
4283	De Curten.............	—	4363	Gay...........	—
4284	Richard-Molard...........	—	4364	Servel...........	—
4285	Journel.............	—	4365	Duval...........	—
4286	Chatelin.............	—	4366	Dolebecque...........	—
4287	Follacci.............	30 juill. 1844	4367	Poteau...........	—
4288	Bonne.............	1 oct. 1845	4368	Duboisberranger...........	—
4289	De Lanty.............	30 sept. 1845	4369	Chapelot...........	—
4290	Guiliani dit Julien	1 oct. 1845	4370	Mayer...........	—
4291	Truchy.............	—	4371	Legrand-Dusaulle	—
4292	Moyse.............	—	4372	Monnier de Savignac...........	—
4293	Chapuzet.............	—	4373	Momal...........	—
4294	Latour.............	—	4374	Roch...........	—
4295	De Tessières.............	13 janv. 1845	4375	Sicco...........	—
4296	Francey.............	1 oct. 1845	4376	Thiery...........	—
4297	Delherbe.............	—	4377	Valière...........	—
4298	Jodosius.............	—	4378	De Brem...........	—
4299	Mathieu.............	—	4379	Rigny...........	—
4300	Gasser.............	—	4380	Baumal...........	—
4301	Otter.............	—	4381	De Févelas...........	—
4302	Brunet.............	—	4382	Tarayre...........	1 oct. 1845
4303	De Perthuis.............	30 sept. 1845	4383	D'Autecourt...........	—
4304	Tourrel.............	1 oct. 1845	4384	Collignon...........	—
4305	Charmes.............	—	4385	Barutel...........	—
4306	Gouriez Delamotte...........	—	4386	Bailly...........	—
4307	Dufay.............	—	4387	Nau...........	—
4308	Villaret de Joyeuse...........	—	4388	Bignon...........	—
4309	Joly.............	—	4389	De Larminat...........	—
4310	Vallée.............	—	4390	Chatel...........	—
4311	Deshorties.............	—	4391	Azaïs...........	—
4312	De Chérisey.............	—	4392	Dehau de Staplande...........	—
4313	Botreau Roussel-Boneterre.....	—	4393	De Berthou...........	—
4314	Mercier.............	.	4394	Georges de Lemud	—
4315	Pierret.............	1 oct. 1845	4395	Nauroy...........	—
4316	Bariel.............	—	4396	Paquy...........	1 oct. 1845
4317	Suchel.............	—	4397	Viroux...........	—
4318	Legendre.............	—	4398	Develey...........	—
4319	De Suchy de Sourdinay...........	—	4399	Tonnelier...........	—
4320	Boutard.............	1 oct. 1845	4400	Richard Villiers...........	—
4321	Cullet.............	—	4401	Peschart de Maizet...........	—
4322	Luron de Maré.............	—	4402	Mony...........	—
4323	Guevel.............	—	4403	Bernard...........	—
4324	Calmeies Vallès...........	—	4404	Burtin...........	—
4325	Chardigny.............	—	4405	Alary...........	30 sept. 1845
4326	Thomassin.............	—	4406	Parquez...........	1 oct. 1845
4327	Gay de Vernon...........	—	4407	Maujean...........	—
4328	Lochner.............	—	4408	Dijols...........	—
4329	Garnier.............	—	4409	Canel...........	—
4330	Berdelle de Goudourville........	—	4410	Fraboulet de Kléadec...........	—
4331	Aussillous.............	—	4411	Altmayer...........	—
4332	Guillaumet.............	—	4412	Burtel...........	—
4333	D'Anselme.............	—	4413	Gauthier...........	—
4334	De Labarrière...........	1 oct. 1845	4414	Noirot...........	1 oct. 1844
4335	Jaures.............	—	4415	Passé...........	1 oct. 1845
4336	Lespinasse.............	—	4416	Laporte...........	—
4337	Vestomer.............	—	4417	Cervoni...........	—
4338	Robert	—	4418	Fricker...........	1 oct. 1845
4339	Dupuis.............	—	4419	Rey...........	—
4340	Dassas	17 janv. 1844	4420	Josse...........	—

N° MATRIC.	NOMS DES ÉLÈVES.	DATE DE LA SORTIE DE L'ÉCOLE.	N° MATRIC.	NOMS DES ÉLÈVES.	DATE DE LA SORTIE DE L'ÉCOLE.
4421	Baligand............	1 oct. 1845	4501	De Laporte............	1 oct. 1846
4422	Rouvelut Cussac..............	—	4502	Ligier............	—
4423	Villermain	—	4503	Hochstetter............	—
4424	Appay............	—	4504	Rivière de la Mure............	—
4425	Cheminant............	—	4505	Guillier de Souance	1 oct. 1846
4426	Baille............	—	4506	Frère............	—
4427	Prieur............	—	4507	De Grasse............	—
4428	Dugrenot............	—	4508	Millot............	—
4429	Darbour............	—	4509	Cremieux............	—
4430	Grieb............	—	4510	Hulleu............	—
4431	Gerder............	—	4511	Languille............	—
4432	Pero............	—	4512	Delacoux Marivault............	—
4433	Neltner	—	4513	Balencie............	—
4434	Bouvier............	—	4514	Gérard............	—
4435	De Biré	—	4515	Duverney............	—
4436	Seligmann Lui............	—	4516	Lestorey............	—
4437	Levy............	—	4517	Bequet............	—
4438	Dubois............	—	4518	Moutié	—
4439	Deflorenne............	—	4519	Murville............	—
4440	De Kersauzon Kerjean............	—	4520	Desnos............	—
4441	Dommanget............	1 oct. 1845	4521	Delpech............	—
4442	Louet............	—	4522	Regnault............	—
4443	Cahart............	—	4523	Roussel de Courcy............	—
4444	Couthaud............	—	4524	De Joybert............	—
4445	Droz............	—	4525	Bernard	—
4446	Desprels............	—	4526	Maguin............	—
4447	Courtois............	—	4527	Castets............	8 nov. 1845
4448	Chandezon............	—	4528	Amiot du Mesnil-Gaillard	1 oct. 1845
4449	Geuy............	—	4529	Fronhofer............	—
4450	Bertrand............	—	4530	De Pelet Lautrec............	—
4451	Délon............	—	4531	De Bouchman............	—
4452	Faussemagne............	—	4532	Delecey de Récourt............	—
4453	Cornier............	—	4533	Boucherot............	—
4454	Geoffroy............	—	4534	De Peyronnet............	—
4455	Fischer	—	4535	Pécoud............	1 oct. 1846
4456	De Labaume	—	4536	D'Arnaudin............	1 oct. 1847
4457	Desmoulins	—	4537	Lecouteulx de Canteleu............	1 oct. 1846
4458	Fremond de la Merveillère............	—	4538	Régnier............	—
4459	Barilles............	—	4539	Vimard............	—
4460	Guichou............	—	4540	Quivy de Létang............	1 oct. 1846
4461	Lempereur............	—	4541	Lota............	—
4462	Vidal de Lausun............	1 oct. 1845	4542	Marcille............	—
4463	Santin............	—	4543	Archambault............	—
4464	Gand............	—	4544	Canat............	—
4465	Daniel de Vauguion............	—	4545	Boulet............	—
4466	Bompar............	—	4546	Constant d'Yanville............	—
4467	Blavier............	—	4547	Marrast............	—
4468	Germain............	—	4548	Carreyron............	—
4469	Martin de Beurnonville............	1 oct. 1846	4549	De Bouillé	—
4470	Fremiot............	—	4550	Ferey............	—
4471	Barrachin............	—	4551	D'Andigné............	17 juill. 1845
4472	Faure-Beaulieu............	—	4552	Roux............	1 oct. 1846
4473	Brun	—	4553	De Saint-Phalle............	—
4474	Bousson............	—	4554	Primaut............	—
4475	Deschars............	—	4555	Bernard	—
4476	D'Orléans............	—	4556	Debauldry Debellengreville............	1 oct. 1846
4477	Joly............	—	4557	Debauldry Debellengreville............	—
4478	Hocédé............	—	4558	Roze............	—
4479	Japy............	—	4559	Choppin............	—
4480	Kiffer............	—	4560	De Frémaudan............	—
4481	Le Luyer	—	4561	Prax............	—
4482	Poisalolle de Nanteuil............	—	4562	Ragiot............	—
4483	Beranger............	1 oct. 1846	4563	Besse............	—
4484	Reverchon............	—	4564	Lescot............	—
4485	Guyot............	—	4565	Prévost............	—
4486	Nicod............	—	4566	Mennessier............	—
4487	Roche	—	4567	Bouraiche............	—
4488	Jaluzot............	—	4568	Martel............	—
4489	Vata............	—	4569	Urvoy de Portzamparc............	—
4490	Rouillé	—	4570	Bionard............	—
4491	Bourdillon............	—	4571	Le Jannic............	—
4492	Caujol............	—	4572	Pinet	—
4493	Roud	1 oct. 1846	4573	Cassin de Kainlis............	—
4494	Lafosse............	—	4574	Jarret............	—
4495	Champy............	—	4575	De Roquefeuil............	—
4496	Marguerie............	1 oct. 1846	4576	Jouanne Beaulieu............	—
4497	D'André............	—	4577	Deidier............	—
4498	Malher............	1 oct. 1846	4578	Rogé............	—
4499	Godefroy............	—	4579	De Rostang	—
4500	Jacob............	—	4580	Christin............	—

20

Nº MATRIC.	NOMS DES ÉLÈVES.	DATE DE LA SORTIE DE L'ÉCOLE.	Nº MATRIC.	NOMS DES ÉLÈVES.	DATE DE LA SORTIE DE L'ÉCOLE.
4581	Deguerif................	1 oct. 1846	4661	Farenc................	1 oct. 1846
4582	Hubert de Lahayrie........	—	4662	Ganidel...............	—
4583	Hubert de Lahayrie........	—	4663	Polti.................	—
4584	Bourgeois..............	—	4664	De Contades de Gizeux.....	—
4585	Regnier...............	—	4665	Louvot................	1 oct. 1846
4586	Grenier...............	—	4666	Borne................	—
4587	Hecquet...............	—	4667	Chenut...............	—
4588	Rentz................	—	4668	Gaume................	—
4589	Siochan de Ker-sabiec......	—	4669	Denise................	—
4590	Pierens...............	—	4670	De Liniers.............	—
4591	Brayer................	—	4671	Eynard...............	—
4592	Gouvilliez.............	—	4672	Séré.................	—
4593	Jacob................	—	4673	Rossignol.............	—
4594	Marchand..............	—	4674	Gouland..............	—
4595	Deberly...............	—	4675	Allié................	—
4596	Ramarony..............	1 oct. 1846	4676	Legallais..............	—
4597	Cahen................	—	4677	De Lacvivier...........	—
4598	Sanglé Ferrière..........	—	4678	Pelletier..............	—
4599	Canat................	—	4679	Haffner...............	—
4600	Cartier d'Aure..........	—	4680	Caillaud..............	—
4601	Brossard..............	—	4681	Fischer...............	—
4602	Hébert................	—	4682	Isnard de Sainte-Lorette...	1 oct. 1846
4603	Marie................	—	4683	Boudet...............	—
4604	Bernard...............	1 oct. 1846	4684	Guilhour dit Derives......	—
4605	Bernard de Montessus.....	—	4685	Péran................	—
4606	Signard...............	1 oct. 1846	4686	Herrenschmidt..........	—
4607	Fontaine..............	—	4687	Piquemal..............	1 oct. 1846
4608	Parant...............	—	4688	De Labrousse...........	—
4609	Coutelle..............	—	4689	Sarrand'..............	—
4610	Rauzant..............	—	4690	Doumenjou............	—
4611	Petit................	—	4691	Bernot de Charant.......	—
4612	Molle................	—	4692	Chapplain.............	—
4613	Machant..............	—	4693	Guichard..............	—
4614	De Laboissière.........	—	4694	De Laus..............	—
4615	De la Moussaye.........	—	4695	De Cazes..............	—
4616	Batier................	—	4696	Conquère de Monbrison....	—
4617	Duédal...............	—	4697	Bonnet...............	—
4618	Garcin...............	—	4698	Cormouls..............	—
4619	Grasland..............	—	4699	Boune................	—
4620	Pierron...............	—	4700	Allavène..............	—
4621	Dagout...............	—	4701	D'Argiot de la Ferrière....	—
4622	Carré................	—	4702	Baunes...............	—
4623	Ligier................	—	4703	Birouste..........on....	—
4624	Coty................	—	4704	Gilbert de Gourville......	—
4625	Bourgeois..............	—	4705	De Lamarcodie.........	—
4626	Lapeyre..............	—	4706	Bonnot...............	—
4627	Alleyron..............	—	4707	Gaillard de Lavaldène.....	—
4628	Rigault...............	—	4708	Lestapis..............	—
4629	Ramel................	—	4709	Latapy...............	—
4630	Masson...............	1 oct. 1846	4710	Duburqua.............	1 oct. 1846
4631	De Faret de Fournès.....	—	4711	Pellet................	—
4632	Bouthier..............	1 oct. 1846	4712	Marin................	—
4633	Gérard...............	—	4713	Dupeloux.............	—
4634	Rembert..............	—	4714	Girard...............	—
4635	Fistié................	—	4715	Tourre...............	—
4636	Dubedout.............	—	4716	Balete................	—
4637	Normand Duffié.......	—	4717	Motas................	—
4638	Bellegarrigue..........	—	4718	Jean.................	—
4639	Dupuy de Podio........	—	4719	De Ferry Fontnouvelle....	—
4640	De Poul..............	—	4720	Parlier...............	—
4641	Pannetier.............	—	4721	Lafouge...............	—
4642	Vincent...............	—	4722	Bezard...............	—
4643	Castaigne.............	—	4723	Le Milloch.............	—
4644	Duclaud..............	—	4724	Pé-dé-Arros de Masnon....	—
4645	Robillot..............	—	4725	Dillon...............	—
4646	Claverie..............	—	4726	D'Auderic.............	1 oct. 1846
4647	Coty................	—	4727	Villette...............	—
4648	De Bruc..............	—	4728	De Sonis..............	—
4649	Barbier...............	1 oct. 1846	4729	Hermieu..............	—
4650	Labbe................	—	4730	Bonnard..............	—
4651	Pujade...............	—	4731	Lebrun de Rabot........	30 sept. 1845
4652	De Vallier de By........	—	4732	Messager..............	1 oct. 1846
4653	Person...............	1 oct. 1846	4733	Mathieu..............	—
4654	Brice................	—	4734	Laporte...............	—
4655	Martin...............	—	4735	De Waldner............	—
4656	De Lachevardière de Lagrandville.	1 oct. 1846	4736	Dupeyron.............	—
4657	Valette...............	—	4737	Goujon...............	1 oct. 1886
4658	De Fuschamberg........	—	4738	Tissier...............	—
4659	Thomas...............	—	4739	Gautier...............	—
4660	Solon................	—	4740	Peyrot...............	—

Nº MATRIC.	NOMS DES ÉLÈVES.	DATE DE LA SORTIE DE L'ÉCOLE.	Nº MATRIC.	NOMS DES ÉLÈVES.	DATE DE LA SORTIE DE L'ÉCOLE.
4741	Desnos	1 oct. 1846	4821	Durdilly	1 oct. 1847
4742	Guyot de Leuchey	—	4822	Horcat	—
4743	Lamouroux	—	4823	Gomichon	—
4744	Aubry	—	4824	Boucher	—
4745	Deschesnes	—	4825	Martin de la Bastide	—
4746	Stahl	—	4826	Dumesnil	—
4747	Ogier de Baulny	—	4827	Pineton de Chambrun	—
4748	Fleurent	—	4828	Dubus	—
4749	Espanet	—	4829	Coquille	—
4750	Delattre	—	4830	Renaud	21 sept 1847
4751	De Guizelin	—	4831	De l'Église	1 oct. 1847
4752	Bouttevillain Grand-Pré	—	4832	Cotty de Brecourt	—
4753	De Cugnon d'Alincourt	1 oct. 1847	4833	Robinet	—
4754	De Trentinian	1 oct. 1846	4834	Vallet de Lubriat	—
4755	Coindon	—	4835	Demonchy	—
4756	Philippot	—	4836	De Moucheron	—
4757	Vidal de Lauzun	—	4837	Chenu de Mangou	—
4758	Innocenti	—	4838	Morel	—
4759	Lenoir	—	4839	Dumont	—
4760	Danos	—	4840	Limayrac	—
4761	Favand	—	4841	Sasias	—
4762	Thiéry	—	4842	Richard	—
4763	Bousquet	—	4843	De la Goublaye de Menorval	—
4764	Rominger	—	4844	Bazelis	—
4765	Étienne	—	4845	Roux	—
4766	Lacombe	—	4846	Longuet	—
4767	Caron	—	4847	Bresson	—
4768	Doulcet Pontécoulant	1 oct. 1846	4848	Gondallier de Tugny	—
4769	De Roquefeuil	—	4849	Paris	—
4770	Hugonneau Beaufot	—	4850	Coquebert de Montbret	—
4771	Roby de la Chapelle	—	4851	Quintin	—
4772	Chrétien de Treveneuc	—	4852	Bourceret	—
4773	Piétri	—	4853	Mareau	—
4774	Dervilles	—	4854	Masson	—
4775	Delaubier	1 oct. 1847	4855	Geoffroy	—
4776	Donnat	—	4856	Lepy	—
4777	Reboul	—	4857	Le Rouxeau de Saint-Dridan	—
4778	Roslin	—	4858	De Poilloue de Saint-Mars	—
4779	Simonin	—	4859	Jacquemont	—
4780	Lefort	—	4860	Mallat	—
4781	De Cools	—	4861	Schobert	—
4782	De Loyac	—	4862	Melin	—
4783	D'Audiffred	—	4863	Mercier	—
4784	Degola	—	4864	Courtot	—
4785	Viroux	—	4865	Berthier	—
4786	Soye	—	4866	Gauvain	—
4787	Velleret	—	4867	De la Goublaye de Nantois	—
4788	De Bletterie	—	4868	Chomereau de Saint-André	—
4789	Rocquancourt	—	4869	Loizillon	—
4790	Brière de l'Isle	—	4870	Durand	—
4791	Germain	—	4871	Cournet	1 oct. 1847
4792	Marquet de Norvins de Montbreton	—	4872	Behague	—
4793	Kesner	—	4873	Durut	—
4794	Brethous	1 oct. 1847	4874	Pasquier	—
4795	Simon de la Mortière	—	4875	Roussel	—
4796	De Mauduit	—	4876	Buisset	—
4797	Joleaud	—	4877	Guillemain	—
4798	Legout Gerard	—	4878	Courtois	—
4799	Faure	—	4879	Fay	—
4800	Lambert	—	4880	Deshauchamps	—
4801	Poissonnier	—	4881	Poute	—
4802	De Bardin	—	4882	Delagarde	—
4803	Huguet	—	4883	Clauzel	—
4804	Valet	—	4884	Chauvin	—
4805	Chapuis	—	4885	Marais	—
4806	Michau	—	4886	Baudouin	—
4807	Gaillard	—	4887	Quoniam	—
4808	Dhébrard	—	4888	Gerhardt	—
4809	Jaquin	—	4889	Ligneau	—
4810	Lavollée	—	4890	Paris	—
4811	Termelet	—	4891	Loysel	—
4812	Certain de Bellozanne	—	4892	Bugnot	—
4813	De Dion	1 oct. 1847	4893	Vesco	—
4814	Morand	—	4894	Delacombe	—
4815	Bobet	—	4895	De Romance	—
4816	Saillard	—	4896	De Beaufort	—
4817	Conti	1 oct. 1847	4897	Thoreau	—
4818	Le Pippre	—	4898	Grémion	—
4819	Graval d'Hauteville	—	4899	Pagès	—
4820	Gerard	—	4900	De Launay	—

N° MATRIC.	NOMS DES ÉLÈVES.	DATE DE LA SORTIE DE L'ÉCOLE	N° MATRIC.	NOMS DES ÉLÈVES.	DATE DE LA SORTIE DE L'ÉCOLE
4901	Hervé		4981	Baillaud	1 oct. 1847
4902	Lemaire	1 oct. 1847	4982	Jacquot	21 sept. 1847
4903	Caffarel	—	4983	De Frémy d'Argillierre	—
4904	Henry	—	4984	Reynaud	—
4905	Seguier	—	4985	Guignard	9 juin 1848
4906	Allard	—	4986	Joly	1 oct. 1847
4907	Bignon	—	4987	Dubarot	—
4908	Buffenoir	—	4988	Le Days	—
4909	Cartillier	—	4989	Cravin	—
4910	Rottée	—	4990	Hausser	—
4911	Lambrigot	—	4991	Jouneau	—
4912	Suize	—	4992	Mauss	—
4913	Bailly	—	4993	Sée	—
4914	Bergeret	21 sept. 1847	4994	Gueytal	—
4915	Tarrillon	1 oct. 1847	4995	De Talhouët de Boisorhand	—
4916	Mayer	—	4996	Chandellier	—
4917	Munier	1 oct. 1847	4997	Demay	—
4918	Bigourie	—	4998	Garet	—
4919	Vanderbach	—	4999	Eury	—
4920	Gueden	—	5000	Schwendt	—
4921	Chaudière	—	5001	Steiner	—
4922	Duron	—	5002	Meric	—
4923	Thibaut de Menonville	—	5003	Pradal	—
4924	Dinnat	—	5004	Gabriac	—
4925	Pierron	—	5005	Ducluzaux	—
2926	Thomas	—	5006	Foncegrives	1 oct. 1847
4927	Bauvieux	—	5007	Lavillatte	—
4928	Humbert	—	5008	Séveno	—
4929	Loupe	—	5009	Amat	—
4930	Lecluze	—	5010	De Boisdemements	—
4931	Destieux	—	5011	De Lailhacar	—
4932	Delondes	—	5012	Labretoigne du Mazel	—
4933	Grandjean	—	5013	Rampillon	—
4934	Etienne	—	5014	Godo	—
4935	Besson	—	5015	De Turckheim	—
4936	Castaigne	—	5016	Gremillet	—
4937	De Bonaffos de la Tour	—	5017	Becqué	—
4938	Vast Vimeux	—	5018	Rustant	—
4939	Butsch	—	5019	De Latour d'Auvergne Lauragais	—
4940	Frémicourt	—	5020	Bressolles	—
4941	Ducroux	—	5021	Levallois	—
4942	Verdelet	—	5022	Londy	—
4943	Thomassin	9 déc. 1847	5023	De Bonne	—
4944	Ferry	1 oct. 1847	5024	D'Hugues	—
4945	Lemoing	—	5025	Heilmann	—
4946	Bachelu	—	5026	Heilmann	—
4947	De Lattaignant de Ledinghen	—	5027	Juvin	—
4948	Derome	—	5028	Pinochet	—
4949	Trouttet	—	5029	Cadet	—
4950	Lalouette	—	5030	D'Hausen	—
4951	Alexandre	—	5031	Masquelez	—
4952	Froidevaux	—	5032	Charbaut	28 mai 1848
4953	De Roquefeuil	—	5033	De Tuault	21 sept. 1847
4954	De Bainville	—	5034	Cabanes	1 oct. 1847
4955	Schneegans	—	5035	Ladroitte	—
4956	De Chastenet Puységur	—	5036	Roques	—
4957	Hervé	—	5037	Bourgades	—
4958	Lanier	—	5038	Palanque	—
4959	Lefebvre	—	5039	Martin	—
4960	Durand	—	5040	Robert	—
4961	De Curel	—	5041	Saffrey	—
4962	De Lallement	—	5042	Noyer	—
4963	Beaugeois	—	5043	D'Anselme	—
4964	Moyet	—	5044	Lobstein	—
4965	Grenot	1 oct. 1847	5045	Nauroy	—
4966	Lulé-Dejardin	—	5046	Ryembault	—
4967	Trève	—	5047	Lamotte	—
4968	Courtois	—	5048	Montagnié	—
4969	Algan	—	5049	Icard	—
4970	Royer	—	5050	Millet	—
4971	Thiéry	—	5051	Gendre	—
4972	Lambert	—	5052	Bidot	—
4973	Jacques	—	5053	De Huitmuids	—
4974	Grandjacquet	—	5054	Durbec	—
4975	Roux	—	5055	Dabry	—
4976	Dupont	—	5056	Dauvergne	—
4977	Barry	—	5057	Baduel	—
4978	Veingartner	—	5058	De Drée	1 oct. 1847
4979	Simonin	—	5059	Colonna d'Istria	—
4980	Rouby	—	5060	Chambeau	—

Nº MATRIC.	NOMS DES ÉLÈVES.	DATE DE LA SORTIE DE L'ÉCOLE.	Nº MATRIC.	NOMS DES ÉLÈVES.	DATE DE LA SORTIE DE L'ÉCOLE.
5061	Bataillez de Saint-Jean-Lherm.....	I oct. 1847	5141	Merle..........................	9 juin 1848
5062	Meynier......................	—	5142	Dubosq.......................	—
5063	Liébert.......................	—	5143	Chemet.......................	—
5064	Champcommunal...............	—	5144	Bossan.......................	—
5065	Pourtois......................	—	5145	Huguin.......................	—
5066	De Casabianca................	—	5146	Dubuquoy....................	—
5067	Dumas.......................	—	5147	Blondet......................	—
5068	Pasquet de Labroue	—	5148	Vincellet....................	—
5069	Donneve......................	—	5149	Deloffre.....................	—
5070	Vesque.......................	—	5150	Luiset.......................	—
5071	Charpine.....................	—	5151	Chesneau....................	—
5072	Massy........................	—	5152	Pattier......................	—
5073	Seigland	—	5153	Marcq.......................	—
5074	Lecourt	—	5154	Deaddé......................	—
5075	Santoline.....................	—	5155	Clère........................	—
5076	Delaris Cambell	9 juin 1848	5156	Philebert....................	—
5077	Fournier	1 oct. 1847	5157	Molard	—
5078	Vareillaud....................	—	5158	Gibert.......................	—
5079	Lecène.......................	—	5159	Mantelet.....................	—
5080	Perrot	9 juin 1848	5160	De Rességuier................	—
5081	De la Monneraye..............	—	5161	Thibaud.....................	—
5082	Lachaise	1 oct. 1849	5162	Véroudart...................	—
5083	De Choiseul Daillecourt.......	9 juin 1848	5163	Delatour.....................	—
5084	Saunier......................	—	5164	De Lacauve..................	—
5085	De Berthois..................	—	5165	Dudon.......................	—
5086	Delavau......................	—	5166	Bonamy.....................	—
5087	Gangler......................	—	5167	Jouaust......................	—
5088	De Beaufremont..............	—	5168	Despetits de la Salle.........	—
5089	Gervais......................	—	5169	Prévost de la Boutelière......	—
5090	Painchaud...................	—	5170	Grandvalet..................	—
5091	Belfroid.....................	—	5171	Brugière de Laverchèse.......	—
5092	Goyer de Sennecourt.........	—	5172	Kienlin......................	—
5093	De Bar de Lagarde	—	5173	Dupré.......................	—
5094	Pinard.......................	—	5174	Escoffier....................	—
5095	De Bermingham..............	—	5175	Carbonnier..................	—
5096	Simon........................	—	5176	Loysel.......................	—
5097	Robert.......................	—	5177	Routier......................	—
5098	De Tessières.................	1 oct. 1847	5178	Pansiot......................	—
5099	De Lignières	9 juin 1848	5179	De Mauvise..................	—
5100	David........................	—	5180	Dufrenil.....................	—
5101	Duchatel.....................	—	5181	Steiner......................	—
5102	Gachet.......................	—	5182	Cauvin......................	—
5103	Villeroy......................	—	5183	Randon de Saint-Martin.	—
5104	Mutel........................	21 sept. 1847	5184	Renard.......................	—
5105	Bourdon de Vatry	9 juin 1848	5185	Perrault de la Motte de Montrevost.	—
5106	Bergère......................	—	5186	Thiévard.....................	—
5107	Dumoulin....................	—	5187	Fournier.....................	—
5108	Binos de Pombarat	—	5188	De Villeneuve...............	—
5109	Danière de Veigy.............	—	5189	Lamouroux..................	—
5110	D'Espinassi de Fontanelle......	—	5190	Prévost de la Boutelière......	—
5111	Lucas........................	9 juin 1848	5191	Ferrier......................	—
5112	Gilg.........................	—	5192	De Nettancourt..............	—
5113	Galland......................	—	5193	Lecer de Pillieux.............	—
5114	Quès.........................	—	5194	De Perthuis..................	1 oct. 1847
5115	Grégoire.....................	—	5195	Simon.......................	9 juin 1848
5116	De Grateloup.................	—	5196	De Paillot...................	—
5117	De Beaulaincourt.............	—	5197	Guyot du Tremble............	—
5118	Angeron.....................	—	5198	Daniel Laganerie............	—
5119	De la Martinière..............	—	5199	Colin........................	—
5120	De Contades.................	1 oct. 1849	5200	Jarret.......................	—
5121	Ponsardin	9 juin 1848	5201	De Courtivron...............	—
5122	Ritter........................	—	5202	Arnous Rivière..............	—
5123	Dunot de Saint-Maclou	—	5203	Molard......................	—
5124	De Bonnechose...............	9 juin 1848	5204	Lambert.....................	—
5125	Pierret.......................	—	5205	Pernot.......................	21 sept 1847
5126	Hémart de la Charmoye.......	—	5206	Hulot........................	9 juin 1848
5127	Declerck.....................	—	5207	Desmouliés..................	—
5128	Commine de Marsilly..........	—	5208	Dumontet....................	—
5129	Trinité.......................	—	5209	Thomas.....................	—
5130	Daoust.......................	—	5210	Auzières.....................	—
5131	Pepin........................	—	5211	Miot.........................	—
5132	Gravis.......................	—	5212	Kreitzer.....................	—
5133	Mignot.......................	—	5213	Cassin Klainlis...............	—
5134	Tillette de Clermont-Tonnerre de T.	—	5214	Croix........................	—
5135	Couthaud....................	—	5215	Cordier......................	—
5136	Guyhou de Montlevaux........	—	5216	Luc.........................	—
5137	Aubry.......................	—	5217	Bascher......................	—
5138	Pavel de Courteille...........	—	5218	Bonnard Dubanlay...........	—
5139	Bossaut......................	—	5219	Thibault.....................	—
5140	Dumont......................	—	5220	Juin.........................	—

No MATRIC.	NOMS DES ÉLÈVES.	DATE DE LA SORTIE DE L'ÉCOLE.	No MATRIC.	NOMS DES ÉLÈVES.	DATE DE LA SORTIE DE L'ÉCOLE.
5221	D'Ussel......................	9 juin 1848	5301	Thouvenin....................	9 juin 1848
5222	Petit........................	—	5302	Thomas......................	—
5223	Pinot........................	—	5303	De Castellane...............	—
5224	Ollivier.....................	—	5304	Angey-Dufresse..............	—
5225	Laferrière...................	—	5305	Verninac....................	—
5226	Lapasset.....................	1 oct. 1849	5306	Gatine......................	—
5227	Furft........................	9 juin 1848	5307	Marie.......................	—
5228	Gauvriet.....................	—	5308	Colomb......................	—
5229	Dubreuil.....................	—	5309	Roux........................	—
5230	Bohin.......................	—	5310	Senouillet..................	—
5231	Foerster....................	—	5311	De Laboissière..............	—
5232	Duquiny.....................	—	5312	Joly de Cabanous............	—
5233	Pastre du Bousquet..........	—	5313	Lefranc de Pompignan........	—
5234	Barrillier Beaupré..........	—	5314	Sauret......................	—
5235	De Montarby.................	—	5315	Grivet......................	—
5236	Humblot.....................	—	5316	Grivet......................	—
5237	Mariani.....................	—	5317	Frenet......................	—
5238	Berthelot Grandmaison.......	—	5318	Laurens.....................	—
5239	Pelletier de Chambure.......	—	5319	Garnier de Lavillesbret.....	—
5240	Malinjoud...................	—	5320	Mangin......................	—
5241	Boislard....................	—	5321	De Mallaret.................	—
5242	Petyst de Morcourt.........	—	5322	Dardenne....................	—
5243	Anthoine....................	—	5323	Dupeloux....................	—
5244	Breton......................	—	5324	Waille......................	—
5245	Bigot.......................	—	5325	De Pommereau................	—
5246	Mathiot.....................	—	5326	Lacrampe....................	9 juin 1848
5247	Sengelin....................	—	5327	D'Abadie de Nodrest.........	—
5248	Berthier....................	—	5328	Poulot......................	—
5249	De Boisdenemett.............	—	5329	Camille.....................	—
5250	Cahen.......................	—	5330	Anduze Saint-Thomas.........	—
5251	Véniard.....................	—	5331	De Bechevel.................	—
5252	Aubert......................	—	5332	Debussac....................	—
5253	Wagrez......................	—	5333	Capdevielle.................	—
5254	Gilbert.....................	—	5334	Guèze.......................	—
5255	De Rochechouart.............	—	5335	Bertrand....................	—
5256	Heintz......................	—	5336	Planas......................	—
5257	Rollet......................	—	5337	Bullès......................	—
5258	Remy........................	—	5338	Bourric....................	—
5259	Boubée de Gramont...........	—	5339	Piedanna....................	9 juin 1848
5260	Martin de Labastide.........	—	5340	Vernet......................	—
5261	Letoullec...................	—	5341	Lion........................	—
5262	De Barrin...................	—	5342	Albonys.....................	—
5263	Poitevin....................	—	5343	De Saizieu..................	—
5264	Grenier.....................	—	5344	Drappeau....................	—
5265	Ligier......................	—	5345	Côte........................	—
5266	Duvernois...................	—	5346	De Kerouartz................	—
5267	Deveny Darbouse.............	—	5347	Sol.........................	—
5268	Fleuriot Delangle...........	—	5348	Direr.......................	—
5269	Moreaux.....................	—	5349	Monthégut...................	—
5270	Munier......................	9 juin 1848	5350	De Laburgade Belmon.........	—
5271	Bugnot......................	—	5351	Sayn........................	—
5272	D'André.....................	—	5352	Castagnier..................	—
5273	Duval.......................	—	5353	Herclat.....................	—
5274	Pariset.....................	—	5354	Bertrand....................	9 juin 1848
5275	Alliez......................	—	5355	Sarrat......................	—
5276	Faye........................	—	5356	Maniel......................	1 oct. 1850
5277	Carrière....................	—	5357	Jalabert....................	—
5278	Depoulpiquet................	—	5358	Jacquet.....................	—
5279	Cullet......................	—	5359	Mesrine.....................	—
5280	Boulligny...................	—	5360	Terrin......................	—
5281	Rodet.......................	—	5361	Sornin......................	—
5282	Mesny.......................	—	5362	Lavenèze-Lahont.............	—
5283	Boutault de Russy...........	—	5363	Martinon....................	—
5284	Chevillard..................	—	5364	Orliac......................	—
5285	Martin......................	—	5365	Laurens.....................	—
5286	Poudrel.....................	—	5366	Montarsolo..................	—
5287	Cottin......................	—	5367	Ganiac......................	—
5288	Chevroulet..................	—	5368	Berenger....................	9 juin 1848
5289	Barré.......................	—	5369	Salicéti....................	—
5290	Wertz.......................	—	5370	Hogenbill...................	—
5291	Reboul......................	—	5371	Malbos......................	—
5292	Algan.......................	—	5372	De Mallevaud................	—
5293	Benoist de Lostende.........	—	5373	D'Escrienne.................	—
5294	Bouvyez de Lamotte-Gondreville...	—	5374	Hatterer....................	—
5295	Grébus......................	—	5375	Dupré.......................	—
5296	Bal.........................	—	5376	Decosni.....................	—
5297	Legros......................	—	5377	Desroches...................	—
5298	Gombaud de Séréville........	—	5378	Bellissent..................	—
5299	Ligniville..................	—	5379	Marque......................	—
5300	Maisse......................	—	5380	Lehir.......................	—

Nº MATRIC.	NOMS DES ÉLÈVES.	DATE DE LA SORTIE DE L'ÉCOLE.	Nº MATRIC.	NOMS DES ÉLÈVES.	DATE DE LA SORTIE DE L'ÉCOLE
5381	Druilhet.................	9 juin 1848	5461	Dablain.................	1 oct. 1850
5382	Horric de Beaucaire...........	—	5462	Viau...................	1 oct. 1849
5383	Gautrelet...............	—	5463	Dombrat...............	—
5384	Grangent...............	—	5464	Garric................	—
5385	Canal.................	—	5465	Retault...............	—
5386	Couderc...............	—	5466	Ginisty...............	1 oct. 1850
5387	Figarol...............	1 oct. 1849	5467	Guyot................	1 oct. 1849
5388	Thévenin..............	—	5468	Delavau..............	—
5389	Vuillemot.............	—	5469	Boulland.............	26 oct. 1848
5390	Gerrido...............	—	5470	Chezeil de la Rivière......	—
5391	Vial..................	—	5471	Anger de Kernisan........	1 oct. 1849
5392	Adorno de Tscharner.........	—	5472	Soret de Boisbrunet........	—
5393	Détalle...............	—	5473	Pesme................	—
5394	Billot................	—	5474	Millot................	—
5395	Lacazedieu............	—	5475	Houdart..............	—
5396	De Fevelas............	—	5476	Ledouble.............	1 oct. 1850
5397	Dehau de Staplande.......	—	5477	Ducloux..............	—
5398	Rénier...............	—	5478	De Montbel de Tomassin......	—
5399	Hazon de Saint-Firmin.....	—	5479	Potton...............	—
5400	Fix..................	—	5480	Fornier..............	1 oct. 1849
5401	Taillandier............	—	5481	Demard..............	1 oct. 1850
5402	Bartet...............	—	5482	De Roquefeuil du Bousquet...	1 oct. 1849
5403	Saint-Martin..........	—	5483	Maurand.............	—
5404	Ferrus...............	—	5484	Pariset..............	—
5405	Cauvigny.............	—	5485	Gamet de Saint-Germain	—
5406	Allard...............	—	5486	De Rossi.............	—
5407	Gaurichon............	—	5487	D'Albis de Belbèze........	1 oct. 1850
5408	Voilquin.............	—	5488	Romain..............	1 oct. 1849
5409	Cazin................	—	5489	Corrard..............	—
5410	Battioni.............	—	5490	Delachâsse de Vérigny......	—
5411	Lodoyer.............	—	5491	Sequin de Lassalle.......	—
5412	Denis...............	—	5492	Boutin...............	—
5413	Cabossel............	—	5493	De Flue..............	—
5414	Bouquet de Jolinière.....	—	5494	Destut d'Assay........	—
5415	Chrestien............	—	5495	Landousy............	—
5416	Gaulier..............	1 oct. 1849	5496	Cassan..............	—
5417	Dabaret.............	—	5497	Corsy...............	—
5418	Désandré............	—	5498	De Vilers............	—
5419	Raimon.............	1 oct. 1850	5499	De Gaye.............	1 oct. 1850
5420	De Blic.............	1 oct. 1849	5500	De Gourcy...........	1 oct. 1849
5421	Seriziat.............	—	5501	De Buinville.........	—
5422	Vigneaud............	—	5502	Lecomte.............	—
5423	Bohard..............	—	5503	Meusnier............	—
5424	Coste...............	—	5504	Bruneau.............	—
5425	Millot de Boulmay......	—	5505	De Beurmann.........	—
5426	Ritter..............	—	5506	Desbarats...........	—
5427	Bruneau............	1 oct. 1849	5507	Charmes............	—
5428	Haillot.............	—	5508	Pagès..............	1 oct. 1850
5429	Bonie..............	—	5509	Adeline Duquesnay.....	1 oct. 1849
5430	De Lascours.........	—	5510	Bisson.............	—
5431	Gossin.............	—	5511	Falières............	—
5432	Blunche............	—	5512	Séré...............	1 oct. 1850
5433	De Valence.........	—	5513	Ternand............	1 oct. 1849
5434	Astier.............	—	5514	Tarnier............	—
5435	Collonnier.........	—	5515	Joly...............	—
5436	Davout............	—	5516	Simonin de Vermondans...	—
5437	De Fayet..........	—	5517	Delebois...........	1 oct. 1850
5438	Dubreton..........	—	5518	Grodvolle..........	1 oct. 1849
5439	Normand..........	—	5519	Fabry.............	—
5440	De Malherbe.......	—	5520	Frank.............	1 oct. 1850
5441	Tisseau...........	20 mars 1850	5521	Lesur.............	1 oct. 1849
5442	Cullet............	1 oct. 1849	5522	Benoist...........	—
5443	Charpentier.......	—	5523	De Mecquenem......	1 oct. 1850
5444	Mancel...........	—	5524	Fayol.............	1 oct. 1849
5445	De Gislain........	—	5525	Rogon de Carcaradec....	—
5446	De Guerrif........	—	5526	Simon............	—
5447	Colin............	—	5527	Duhoux d'Hennecourt....	—
5448	Bourlon..........	—	5528	Taulier...........	1 oct. 1850
5449	De Lachevardière de Lagranville..	—	5529	Richard...........	1 oct. 1849
5450	De Rorthays-Monbail...	—	5530	Bastien...........	—
5451	Trion............	—	5531	Mercier de Sainte-Croix...	—
5452	De Vergès........	—	5531	D'Ollone..........	—
5453	Boquet...........	—	5533	Fontanilhes........	1 oct. 1850
5454	Dijols...........	—	5534	Chevreuil.........	1 oct. 1849
5455	Cloquié..........	—	5535	Thomas...........	—
5456	De Courtois......	—	5536	Barbier...........	—
5457	Boisseaud........	1 oct. 1850	5537	De Cugnon d'Alincourt...	—
5458	Debrinon........	1 oct. 1849	5538	Lequès...........	—
5459	Vever...........	1 oct. 1850	5539	Edoux...........	—
5460	Trionville.......	1 oct. 1849	5540	Landry...........	—

N° MATRIC.	NOMS DES ÉLÈVES.	DATE DE LA SORTIE DE L'ÉCOLE.	N° MATRIC.	NOMS DES ÉLÈVES.	DATE DE LA SORTIE DE L'ÉCOLE.
5541	Le Bouedec	1 oct. 1849	5621	Roland	1 oct. 1849
5542	Carmier	—	5622	Lourde Laplace	—
5543	Redel		5623	Ritter	—
5544	Boussenard		5624	Rouilly	—
5545	Lhoir		5625	Denille	—
5546	Doridand	1 oct. 1850	5626	De Strada	—
5547	Nicard	1 oct. 1849	5627	Mathieu	—
5548	Poulizac		5628	Jardel	—
5549	Moussu	1 oct. 1850	5629	Strauss	1 oct. 1850
5550	Durrmeyer	1 oct. 1849	5630	Kouhn	1 oct. 1849
5551	Fabre		5631	Lordon	—
5552	Rey		5632	Raymond	—
5553	Vuibert	1 oct. 1849	5633	Roch	—
5554	Delphin	—	5634	Tessier	—
5555	Warnet	—	5635	Rabot Desportes	—
5556	Lepy		5636	Ducheyron	—
5557	Birot	1 oct. 1850	5637	Danjou	—
5558	Jacob	1 oct. 1849	5638	Legendre	—
5559	Patier	—	5639	Hucher	—
5560	Hanset	—	5640	Liaud	—
5561	Perrin	—	5641	Begué	—
5562	Loiseau	—	5642	Maître Lacan	—
5563	Morin		5643	Pierredon	—
5564	De Pina	1 oct. 1849	5644	Bourson	1 oct. 1849
5565	De Geoffre de Chabrignac	—	5645	Hausrath	—
5566	Perigord Devillechenon	—	5646	Custex	—
5567	Moda	—	5647	Vuillemot	—
5568	Leconte	—	5648	Boulanger	—
5569	Adeler	1 oct. 1850	5649	Sciard	—
5570	Le Maitre	1 oct. 1849	5650	Mathieu	—
5571	De Musset	—	5651	De Commaque	—
5572	Gillet	—	5652	Lecouppey	—
5573	De Coulange	—	5653	De Verdière	—
5574	Le Breton	—	5654	Godin	—
5575	Giraud	—	5655	Lamy	—
5576	De Préaulx	—	5656	Colette	1 oct. 1850
5577	Du Cauzé de Nazelle	—	5657	De Foussières Fontenueille de Brian	1 oct. 1849
5578	Loizillon	—	5658	Raffin de la Raffinie	—
5579	Leclaire	—	5659	Geoffroy	—
5580	Henry	—	5660	Daubrian Delisle	—
5581	Le Doulcet Pontécoulant	1 oct. 1850	5661	Guèze	—
5582	Margaine	1 oct. 1849	5662	Normand	—
5583	De Trodion de Lantivy	—	5663	Coutaud	—
5584	Lucas	—	5664	Jacoveil	—
5585	Hergault	—	5665	De Legarde	1 oct. 1850
5586	Oudan	—	5666	Fages	—
5587	Nardin	—	5667	Guillemin	1 oct. 1849
5588	Puech	—	5668	Guillaume	—
5589	Four	1 oct. 1849	5669	Lange	—
5590	Manès	1 oct. 1850	5670	Borel	—
5591	Lebleu	1 oct. 1849	5671	Denis	1 oct. 1850
5592	Lari	—	5672	Gébé	—
5593	Hubert	—	5673	Frasseto	1 oct. 1849
5594	Lemains	—	5674	Mourrut	—
5595	Meyret		5675	Beyer	—
5596	Le Go	1 oct. 1850	5676	Davout	—
5597	Le Guern	1 oct. 1849	5677	Guilbert	—
5598	Le Febvre	1 oct. 1850	5678	Féline	1 oct. 1850
5599	Lespinasse	1 oct. 1849	5679	Du Dresney	1 oct. 1849
5600	Nouvelle	—	5680	Mayer	—
5601	Jouvenot	—	5681	Lefaivre	—
5602	De Corn	—	5682	Allain	—
5603	De Batz	—	5683	Andrieu	—
5604	Dussumier	—	5684	Paris	—
5605	Wagner	—	5685	Guille Desbuttes	—
5606	Loué	—	5686	Vétault	—
5607	Lachenal	—	5687	Sénaux	—
5608	Mas Mezeran	1 oct. 1850	5688	Chave	—
5609	Laubreaux	—	5689	Longuefosse	1 oct. 1850
5610	Martin	1 oct. 1849	5690	Herrenschmidt	9 juin 1848
5611	Meguin	—	5691	Clément	1 oct. 1849
5612	Carré		5692	Richaud	—
5613	Noyer		5693	Bibesko	—
5614	Keller		5694	Moraux	9 juin 1848
5615	Perrin de Saint-Aubin	26 déc. 1848	5695	Mutel	1 oct. 1849
5616	Lara de Narbonne	1 oct. 1849	5696	De Tuault	—
5617	Noret	—	5697	Lecène	1 oct. 1849
5618	Destor	—	5698	D'Espinassy de Fontanelle	—
5619	Pitté	—	5699	Pastre du Bousquet	—
5620	Chabert	—	5700	Castanier	—

Nº MATRIC.	NOMS DES ÉLÈVES.	DATE DE LA SORTIE DE L'ÉCOLE.	Nº MATRIC.	NOMS DES ÉLÈVES.	DATE DE LA SORTIE DE L'ÉCOLE.
5701	Pernot	1 oct. 1849	5781	Gaveau	1 oct. 1850
5702	Jacquot	—	5782	Humblot	—
5703	Thoreau	—	5783	Henry	—
5704	Renaud	—	5784	Gentil	—
5705	Hussein Kouly	—	5785	Péan	—
5706	Le Marchand de la Vieuville	1 oct. 1850	5786	Bontent	—
5707	De Sommyevre	—	5787	Durand	—
5708	De Baillou	—	5788	Lange de Ferrières	—
5709	De Langle de Beaumanoir	—	5789	Pignérolle	—
5710	Aubry	—	5790	Beau	—
5711	Gibon	—	5791	La Fontaine de Fontenay	1 oct. 1850
5712	Chadrin	—	5792	Garros	—
5713	Herbillon	—	5793	Gaillart de Blairville	—
5714	Lebeau	—	5794	Martin	—
5715	Mancel	—	5795	Duplan	—
5716	Anot	—	5796	Pierre	—
5717	De Grammont	—	5797	Saussier	—
5718	Cavenne	—	5798	Sourdrille	—
5719	Le Tanneur	—	5799	Choulet	—
5720	Lambert	—	5800	Bayard de la Vingtrie	—
5721	Deberly	1 oct. 1849	5801	Bayard de la Vingtrie	—
5722	Sement	—	5802	Perken	—
5723	De Saint-Martin	1 oct. 1850	5803	Lelièvre	—
5724	Blain Descormiers	—	5804	Petit	—
5725	Samuel	—	5805	Madin	—
5726	De Vathaire	—	5806	Gelyot	—
5727	Dantin	—	5807	Séjourné	—
5728	Bochet	—	5808	Bley	—
5729	Blaise	—	5809	Flamanchet	—
5730	Boussenard	—	5810	Maguin	—
5731	Barroy	—	5811	Girard	—
5732	Fauconnier	—	5812	Jeanroy	—
5733	Adam	—	5813	Billiont	—
5734	Schnell	—	5814	Alavoine	—
5735	Bernard	—	5815	Noël	—
5736	Kastus	—	5816	Baillard	—
5737	De l'Espée	—	5817	Lecompte	—
5738	Ozaneaux	—	5818	Boncourt	—
5739	Bigot de la Touanne	—	5819	Somer	—
5740	Cajard	—	5820	Chomereau de Brantigny	—
5741	Le Puillon de Boblaye	—	5821	De Sonis	—
5742	Casteran	—	5822	Debecdelièvre	—
5743	Tessié	—	5823	Haïs	1 oct. 1851
5744	Marigues	—	5824	Etienne	1 oct. 1850
5745	Koch	—	5825	Le Rebours	—
5746	Berchon des Essards	—	5826	Mounier	—
5747	Verillon	—	5827	Chauchard	—
5748	Lioré	—	5828	Pichon	—
5749	Duchambge	—	5829	Lefébure de St.-Ildephont et d'Ornn	—
5750	Vallet de Villeneuve	—	5830	Rouchaud	—
5751	La Rouvière	—	5831	Robert	—
5752	Fauveau	—	5832	Marion	—
5753	Delloy	—	5833	Roussel	—
5754	Poupard	—	5834	Bourguignon	—
5755	Bréchin	—	5835	Lautar	—
5756	Vidal	—	5836	Testarode	1 oct. 1850
5757	Guiollot	—	5837	Combray	—
5758	Flament	—	5838	Urguette	—
5759	Mazas	—	5839	Bocandé	—
5760	Coutant	—	5840	Blandin	—
5761	Desmorliers de Longueville	—	5841	Douent	—
5762	Ballue	—	5842	Laurent	—
5763	De Mornac	—	5843	Bernard	—
5764	De Mornac	—	5844	Baignol	—
5765	Voutey	—	5845	Pierron	—
5766	Rambaud	—	5846	Banzil	—
5767	Régnier	—	5847	Cadoret	—
5768	Bocquet	—	5848	Dugon	—
5769	Clicquot	—	5849	Bizouard de Montille	—
5770	Parmentier	—	5850	Kolly de Montgazon	—
5771	Potot	—	5851	Olivier	—
5772	Lamiraux	—	5852	De Vathaire du Fort	—
5773	Caffaro	—	5853	De Vathaire du Fort	—
5774	Charronnot	—	5854	Répécaud	—
5775	Decker	—	5855	Quégain	—
5776	Rollet	—	5856	Juin	—
5777	Huguet	—	5857	Gondallier de Tugny	—
5778	Regnier	—	5858	Fabre de Montvaillant	—
5779	Augier de la Jallet	—	5859	Stahl	—
5780	Burel	—	5860	Gelez	—

N° MATRIC.	NOMS DES ÉLÈVES.	DATE DE LA SORTIE DE L'ÉCOLE.	N° MATRIC.	NOMS DES ÉLÈVES.	DATE DE LA SORTIE DE L'ÉCOLE.
5861	Rothwiller	1 oct. 1850	5941	Seguin	
5862	Roidot	—	5942	Délandes	1 oct. 1850
5863	Charrier	—	5943	Affre	—
5864	Lebeytaillis	—	5944	Bonnefin	—
5865	Sabattier	—	5945	De Barbot	—
5866	Quillot	—	5946	Fischer	1 oct. 1849
5867	Laroche	—	5947	Segonne	—
5868	Martin	—	5948	Gnilles-Desbuttes	1 oct. 1850
5869	De Cointet	—	5949	Goranflaux de la Giraudière	—
5870	Rollet	—	5950	Larroque	—
5871	Sarvin Delarclause	—	5951	Lespieau	—
5872	Roswag	—	5952	De Lascous	—
5873	De Liguiville	—	5953	Segur	—
5874	Bué	—	5954	Astré	—
5875	Brincourt	—	5955	Beaux	—
5876	Rubinot de Barazia	—	5956	Bonnes	—
5877	Quirins	—	5957	Algay	—
5878	Lorquet	—	5958	De Rabaudy Montoussin	—
5879	De Viville	—	5959	Lefranc de Lacarry	—
5880	Labadie	—	5960	Fouque	—
5881	Jamais	—	5961	Bruel	—
5882	Boulangier	—	5962	Peyrellade	1 oct. 1850
5883	Dubois	1 oct. 1850	5963	De Regis de Gatimel	—
5884	Harent	—	5964	Rouet	—
5885	Fages	—	5965	Benielli	—
5886	Schenck	—	5966	Rolin	—
5887	Reymond	—	5967	Laverdure	—
5888	Levy	—	5968	Brocard	—
5889	De Poulpiquet de Brescanvel	—	5969	Rey	—
5890	Miorcec de Kerdanet	—	5970	Prouvost	—
5891	De Watrigant	—	5971	Léon	—
5892	Aubry	—	5972	Duvivier	—
5893	Pan-Lacroix	—	5973	Payelle	—
5894	Dubois de Saran	—	5974	Stutel	—
5895	Billaudel	—	5975	Mouly	—
5896	Verrye	—	5976	Révial	—
5897	De Beaumont	—	5977	Gontier	—
5898	Boscary	—	5978	Ortoli	—
5899	Charpine	—	5979	Orth	—
5900	Caillard	—	5980	Jacquelot de Moncet	—
5901	De Hay Durand	—	5981	Grosjean	—
5902	Cuttier	—	5982	Depierre	—
5903	De Nattes	—	5983	Barthès	—
5904	Chopiniet	—	5984	De Vernon de Bonneuil	—
5905	Simonneau	—	5985	Borie	—
5906	Déjean	—	5986	Brusley	—
5907	Le Guen	—	5987	Delpoulx	—
5908	Théaux	—	5988	Jeandot	—
5909	Hoffet	—	5989	Martin	—
5910	Apolis	—	5990	Duboscq	—
5911	De Parades	—	5991	Eisseu	—
5912	De Parseval	—	5992	Fantin	—
5913	De Gratet du Bouchage	—	5993	Rossignol	—
5914	Manès	—	5994	Guillot	—
5915	Lesaulnier	—	5995	Dupond	—
5916	Lajard	—	5996	Guédon	—
5917	Beloury	—	5997	Gérard	—
5918	Fischer	—	5998	De Boucherville	1 oct. 1851
5919	Klein	—	5999	Tamy	—
5920	Lenoir	—	6000	Durutte	—
5921	Barbaza	—	6001	Vanleemputten	—
5922	Mathelin	—	6002	Loyer	—
5923	Dorré	—	6003	Kiener	—
5924	Chaussade	—	6004	Mangon de Lalande	—
5925	Izar	—	6005	Millot	—
5926	Guèze	—	6006	De Bastard d'Estang	—
5927	Bureau	—	6007	D'Urbal	—
5928	Pujade	—	6008	Cholleton	—
5929	Capella	—	6009	Huot de Frasnois	—
5930	Lespinas	—	6010	Fariau	—
5931	Versin	—	6011	Dorville	—
5932	Beaujeois	—	6012	Gruchet	—
5933	Coulon	—	6013	D'Espagne de Venevelle	—
5934	Caffarel	—	6014	Boissier	—
5935	Tadieu	—	6015	Boissier	—
5936	Cristine	—	6016	Mequillet	—
5937	Jordy	—	6017	Lionnet	—
5938	Sermensan	—	6018	Massénat	—
5939	Begou	—	6019	De Langle	—
5940	Landrut	—	6020	Vagnez	—

N° MATRIC.	NOMS DES ÉLÈVES.	DATE DE LA SORTIE DE L'ÉCOLE.	N° MATRIC.	NOMS DES ÉLÈVES.	DATE DE LA SORTIE DE L'ÉCOLE.
6021	Bastide....................	1 oct. 1851	6101	Chevrier...................	1 oct. 1851
6022	Fain......................	—	6102	Lochner...................	—
6023	Tordeux...................	—	6103	Gariod....................	—
6024	Paulin....................	—	6104	Collot....................	—
6025	Launay Onfray	—	6105	Le Guern..................	—
6026	Leblanc...................	—	6106	De Gargan.................	—
6027	Baillod	—	6107	Tranchard.................	—
6028	Masson de Morfontaine......	—	6108	Landru....................	—
6029	Graeff....................	—	6109	Dommanget.................	—
6030	Druet.....................	—	6110	De Tinteniac..............	—
6031	Cholet....................	—	6111	Quenot....................	—
6032	Morin.....................	—	6112	Ducouëdic de Kérérant.....	—
6033	Benoist...................	—	6113	Schaeffer.................	—
6034	Vinet.....................	1 oct. 1851	6114	Jousseaume................	—
6035	Obry......................	—	6115	De Boubée de Lacouture	—
6036	Santerre dit des Bôves.....	—	6116	Liron.....................	—
6037	Tocque...................	—	6117	Prevost Sansac de Traversay.....	—
6038	De Poilloue de Saint-Mars..	—	6118	De Novion.................	—
6039	Pellegrin.................	—	6119	Louvel....................	—
6040	Guizot....................	—	6120	Busnout...................	—
6041	Ollivier..................	—	6121	Roustain..................	—
6042	Delgrange.................	—	6122	Rivière...................	—
6043	Dumas	—	6123	De Saint-Pern.............	—
6044	Jubault...................	—	6124	Michel....................	—
6045	Sousselier................	—	6125	Ferrieu...................	—
6046	Leclere	—	6126	Renouard..................	—
6047	Duclos....................	—	6127	Nassoy	—
6048	Villatte..................	—	6128	Pognon....................	—
6049	De Lacour.................	—	6129	Sonis.....................	—
6050	Dufaure du Bessol.........	—	6130	Goyé......................	—
6051	Moreau....................	—	6131	De Maynard................	—
6052	Baegert	1 oct. 1851	6132	Aubert de Trégomain.......	—
6053	Loyer.....................	—	6133	De Lambilly...............	—
6054	Vanson....................	—	6134	De Gourcy.................	—
6055	Danloux...................	—	6135	Prax......................	—
6056	Bonneton..................	—	6136	Leps	—
6057	Ligneau...................	—	6137	Saint-Germès..............	—
6058	Boniface..................	—	6138	Pech de Larclause.........	—
6059	Aubert....................	—	6139	Meunier...................	—
6060	Canart	—	6140	Cramezel de Kerhué........	—
6061	Saunière..................	—	6141	Cramezel de Kerhué........	—
6062	Schwartz..................	—	6142	Baudot....................	—
6063	Marcout...................	—	6143	Soret.....................	—
6064	Berthelin.................	—	6144	Michelon..................	—
6065	Desleonot.................	—	6145	Doublat...................	—
6066	Fayette...................	—	6146	Iratsoquy.................	—
6067	Cambeur	—	6147	Collasse..................	—
6068	Defodon...................	—	6148	Volf......................	—
6069	Lemaître..................	—	6149	Lainé.....................	—
6070	Daigremont................	—	6150	Béra......................	—
6071	Roussarie.................	—	6151	De Milhau Carlat..........	—
6072	Jobst.....................	—	6152	Maréchal..................	—
6073	Nicolas...................	—	6153	Bonnafous.................	—
6074	Nicolas...................	—	6154	Dartigues.................	—
6075	Lardenois	—	6155	Perrinelle Dumay..........	—
6076	De Balathier Lantage......	—	6156	Guilroy...................	—
6077	Visseq....................	—	6157	Vincent...................	—
6078	Chauvet...................	—	6158	Farré.....................	—
6079	Tison	—	6159	D'Angeville de Beaumont....	—
6080	Hita......................	—	6160	Ollivier Duchesnay........	—
6081	Dursus....................	—	6161	Morat.....................	1 oct. 1851
6082	Durand....................	—	6162	Blanc.....................	—
6083	Vigier du Gaston..........	—	6163	Berbegier.................	—
6084	D'Astorg	—	6164	Armand....................	—
6085	Lucas.....................	—	6165	Carricaburu...............	—
6086	Joba......................	—	6166	Mounier...................	—
6087	Christin	—	6167	Berthomier................	—
6088	Ruef......................	—	6168	De Chadois................	—
6089	Gaspard...................	—	6169	Brulin....................	—
6090	Sartor....................	—	6170	Pierrot...................	—
6091	Blondiaux.................	—	6171	Lignier...................	—
6092	Baudic....................	—	6172	Faivre....................	—
6093	Kosel	—	6173	Morlan....................	—
6094	Ballet....................	—	6174	De Batz...................	1 oct. 1851
6095	Cerf......................	—	6175	Bonnefont Pédufau.........	—
6096	Locherer..................	—	6176	De Trécesson..............	—
6097	Chevrel...................	—	6177	Bertrand..................	—
6098	Schneider.................	—	6178	Loysel....................	—
6099	Beillet...................	—	6179	Morhain...................	—
6100	Bourdon...................	—	6180	Dupont....................	—

N° MATRIC.	NOMS DES ÉLÈVES.	DATE DE LA SORTIE DE L'ÉCOLE.	N° MATRIC.	NOMS DES ÉLÈVES.	DATE DE LA SORTIE DE L'ÉCOLE.
6181	Albaret	1 oct. 1851	6261	Lagrange	1 oct. 1852
6182	Mowat dit Bedford	—	6262	Fabre	—
6183	De Cools	—	6263	Le Caron de Troussures	—
6184	Jourjon	—	6264	Le Caron de Troussures	—
6185	Damiron	—	6265	Legendre	—
6186	Deschamps Larivière	—	6266	Clerc	—
6187	Baboye Villeneuve	—	6267	Martigné	—
6188	Maurin	—	6268	Berneval Francheville	—
6189	Parent	—	6269	Dommanget	—
6190	Abraham	—	6270	Duhoux de Crefcœur	—
6191	De Berlier Tourtour	—	6271	Vernier	—
6192	Salamon	—	6272	Chatelot	—
6193	Soubiranne	—	6273	Nicot	—
6194	Lebas	—	6274	Ker-marquer	—
6195	Lavialle de Lameillère	—	6275	Besnard	—
6196	Pascal	—	6276	De Bourgoing	—
6197	Tinchant	—	6277	Chenin	—
6198	Combeaud	—	6278	Gatian de Clerambault	—
6199	Charme	—	6279	Amos	—
6200	Caillot	—	6280	Charretton	—
6201	Fischer	—	6281	Kaps	—
6202	Bernard	—	6282	Fresney	—
6203	Richard	—	6283	Gandin	—
6204	Moch	—	6284	Josset	—
6205	Séjal	—	6285	Goulden	—
6206	Gaffiot	—	6286	De la Chevardière de la Granville	—
6207	Lacroix	—	6287	Choinet de Saint-James	—
6208	Barral	—	6288	De Garnier des Garets	—
6209	Fossoyeux	—	6289	Marulaz	—
6210	Roux	—	6290	Guillet	—
6211	Didier	—	6291	Jeannerod	—
6212	Jeanjean	—	6292	De Hainault de Chantelou	—
6213	Guiringaud	—	6293	Hertz	—
6214	Tisserand	—	6294	Laveuve	—
6215	Titre	—	6295	Berthet	—
6216	Bilco	1 oct. 1852	6296	Renaut	—
6217	Lamotte	—	6297	Maltzer	—
6218	Laperrière	—	6298	De Sainte-Marie	—
6219	Lemoine	—	6299	Berguet	—
6220	Guillaut	—	6300	Wyts	—
6221	Hamot	—	6301	Duport	—
6222	Harang	—	6302	Blondlat	—
6223	De Sommyèvre	—	6303	De Viel d'Espeuilles	—
6224	De Joinville	—	6304	De Sceaulx	—
6225	Oget	—	6305	Faure	—
6226	Pécourt	—	6306	Petiteau	—
6227	Bourroul	—	6307	Goepp	—
6228	Hiver	—	6308	Roy	—
6229	Renaudot	—	6309	Bertrand Geslin	—
6230	Hardeman	—	6310	Thirion	—
6231	Thoni de Reinach	—	6311	Villaine	—
6232	Doë de Maindreville	—	6312	Hitschler	—
6233	Perrée de la Villestreux	—	6313	Agel	—
6234	Fournier	1 oct. 1852	6314	Lefebure dit Lefebvre	—
6235	Richaud	—	6315	Zeller	—
6236	Bec de Fouquière	—	6316	Méthé Fonrémis	—
6237	Ferrei	—	6317	Grandsaignes d'Hauterive	—
6238	Stefani	—	6318	Bonnarel	—
6239	Pommeret des Varennes	—	6319	Lejuste	—
6240	Rousset	—	6320	Malcor	—
6241	De Vaugiraud	—	6321	Tondon	—
6242	De la Bounnière de Beaumont	—	6322	Anot	—
6243	Delasson	—	6323	De Coatgoureden	—
6244	Perret	—	6324	Villain	—
6245	Sejournay	—	6325	Barbier	—
6246	De Vaugiraud	—	6326	Triouiller	—
6247	Baudelet de Livois	—	6327	Tortel	—
6248	Enfer	—	6328	Colle	—
6249	Gontier	—	6329	Swiney	—
6250	Gautier	—	6330	Muzeau	—
6251	Lémant	—	6331	Petitgand	—
6252	Rolland	—	6332	Terré	—
6253	Defranoux	—	6333	Goursaud	—
6254	Daclon	—	6334	Saillard	—
6255	Ferey	—	6335	Martin de Boulancy	—
6256	Kottbaur	—	6336	Donio	—
6257	Lahaussois	—	6337	Journel	—
6258	Deffis	—	6338	Salvage de Clavières	—
6259	Boppe	—	6339	De Bornier	—
6260	Girardeau	—	6340	Vienot	—

N° MATRIC.	NOMS DES ÉLÈVES.	DATE DE LA SORTIE DE L'ÉCOLE	N° MATRIC.	NOMS DES ÉLÈVES.	DATE DE LA SORTIE DE L'ÉCOLE
6341	Deshorties	1 oct. 1852	6421	Ouradou	1 oct. 1852
6342	Bonnet	—	6422	Desmadryl	—
6343	Gariot	—	6423	Ollivier	—
6344	Noyer	—	6424	Eudes	—
6345	Morin	—	6425	Marly	—
6346	Hacquart	1 oct. 1852	6426	De Fossa	—
6347	Rengade	—	6427	Morel	—
6348	Thomasi	—	6428	De Castillon de Saint-Victor	—
6349	Demont de Benque	1 oct. 1852	6429	Filippi	—
6350	Effantin	—	6430	Leperche	—
6351	Duringe	—	6431	Besson	—
6352	Gisbert	—	6432	Lautar	—
6353	De Barrin	—	6433	Cuveiller Fleury	—
6354	Duédal	—	6434	Manson	—
6355	Barthelémy	—	6435	Ropert	—
6356	Mathieu de Fossey	—	6436	Boscals de Réals	—
6357	Patizel	—	6437	Allemand de Montrigaud	—
6358	Fieron	—	6438	Avril	—
6359	Olinger	—	6439	Pérard	—
6360	Majou de la Debuterie	—	6440	Boisse	—
6361	Prax	—	6441	Grandin	—
6362	Prax	—	6442	De Beauchamp	—
6363	Faivre	—	6443	Patey	—
6364	Cyvoct	—	6444	Massot	—
6365	Hourdry	—	6445	Guigue	—
6366	Moulinier	—	6446	Darnaud	—
6367	Deker	—	6447	Fargue	—
6368	Carron	—	6448	Seguin	—
6369	Moreau Revel	—	6449	Segret	—
6370	De Toulongeon	—	6450	Denuc	—
6371	Rimoz de la Rochette	—	6451	Amet	—
6372	Puyou de Pouvourville	—	6452	Dessort	—
6373	De Trovelec	—	6453	Moriau	—
6374	Quesnay de Beaurepaire	—	6454	Marinot	—
6375	Duboux	—	6455	Guichenot	—
6376	Le Guen	—	6456	Marie	—
6377	Mauduit Duplessix	—	6457	Lambert	—
6378	De Boisguion	—	6458	Zeude	—
6379	Behic	—	6459	Blouzet	—
6380	Thierry	—	6460	Chaix-Bourbon	—
6381	Larroque	—	6461	D'Espagnet	—
6382	De Réneville	—	6462	Lyonnard de la Girennerie	—
6383	Daignan Fornier de Lachaux	—	6463	Cupdepont	—
6384	Lescure	—	6464	Frussotie	—
6385	Sonnois	—	6465	Walter	—
6386	Thomas	—	6466	Assier de Montferrier	—
6387	Frayermouth	—	6467	Bechet	—
6388	Mariande	—	6468	Marguier d'Aubonne	—
6389	Massip de Bouillargues	—	6469	De Virieu	—
6390	Denieport	—	6470	Fellens	—
6391	Leignardier	—	6471	Daguin	—
6392	Lemoyne	—	6472	Grandin	—
6393	Verdier	—	6473	Arnaud	—
6394	Des Roys	—	6474	Lucas	—
6395	Deville Chabrol	—	6475	Ker-dudo	—
6396	Briska	—	6476	Gaudon	—
6397	Roche	—	6477	Battioni	—
6398	Dufaud	—	6478	De Roquefeuil	—
6399	Egrot	—	6479	Sermage	—
6400	De Marqué	—	6480	Vialatte	—
6401	Dufou	—	6481	Tournant	—
6402	Babouin	—	6482	Surtel	—
6403	Balète	—	6483	Barthelemy	—
6404	Pothier	—	6484	Warnod	—
6405	Gonzy	—	6485	Rosenberg	1 oct. 1853
6406	Guillet	—	6486	Lot	—
6407	De Miribel	—	6487	Potier	—
6408	Cullet	—	6488	Etienne	—
6409	Lardenois	—	6489	Pellegrin	—
6410	Billot	—	6490	Duperrey	—
6411	Algan	—	6491	Lefaivre	—
6412	Martin	—	6492	Auvity	—
6413	Gambier	—	6493	Dulac	—
6414	Poinçon de la Blanchardière	—	6494	Baratier	—
6415	Cazes	—	6495	De Sibert Cornillon	—
6416	Carmignac Descombes	—	6496	Babut	—
6417	Ledemé	—	6497	Jouan de Ker-venoël	—
6418	Duny	—	6498	Bournhonet	—
6419	Dibart de Lavilletanet	—	6499	Grenon	—
6420	Cazes	—	6500	Hely d'Oissel	—

N° MATRIC.	NOMS DES ÉLÈVES.	DATE DE LA SORTIE DE L'ÉCOLE.	N° MATRIC.	NOMS DES ÉLÈVES.	DATE DE LA SORTIE DE L'ÉCOLE.
6501	Villeneuve	1 oct. 1853	6581	Avezard	1 oct. 1853
6502	De Saint-Simon de Carneville	—	6582	Ott	—
6503	Lenfumé de Lignières	—	6583	De Castillon Saint-Victor	—
6504	Fallet	—	6584	Poirelle	—
6505	Flatters	—	6585	Poupon	—
6506	Gossart	—	6586	Larue	—
6507	De Moreton de Chabrillan	—	6587	Jacques	—
6508	Boitard	—	6588	Ezemar	—
6509	Dutheil	—	6589	De Margeot	—
6510	Aubert Armand	—	6590	Delauzon	—
6511	Trudon des Ormes	—	6591	Madelor	—
6512	Migneret	—	6592	Dupotet	—
6513	Jung	—	6593	Duquesnay	—
6514	Antheaulme de Monville	—	6594	Algan	—
6515	Grandin	—	6595	Demiau	—
6516	Blanchard	—	6596	Schneegans	—
6517	Levin	—	6597	Oyselet de Chevroz	—
6518	Lasseray	—	6598	Dimoff	—
6519	Bureau	—	6599	Barberet	—
6520	Lemaitre	—	6600	Barberet	—
6521	Edmond d'Esclevin	—	6601	Cailliot	—
6522	Verchère	—	6602	Renault	—
6523	Roullet	—	6603	Quinemant	—
6524	Gelé	—	6604	Petit de l'Héraule	—
6525	Doyen	—	6605	Landois	—
6526	Delange	—	6606	Bizet	—
6527	De Valori	—	6607	Zappa	—
6528	Nouvellon	—	6608	Merlet	—
6529	Pereira	—	6609	Schœndarffer	—
6530	Verrier	—	6610	Clausset	—
6531	Michonet	—	6611	Baudet	—
6532	Le Sergeant d'Hendecourt	—	6612	Du Parc de Locmaria	—
6533	Van Gruiten	—	6613	Plouays de Chantelou	—
6534	De Bonneval	—	6614	Apchié	—
6535	Pariset	—	6615	Jeunehomme	—
6536	Bousquier	—	6616	Desaucherin	—
6537	Bouvier	—	6617	Crotier	—
6538	Saison	—	6618	Poumaroux	—
6539	De Creny	—	6619	Le Mintier de Saint-André	—
6540	Romieu	—	6620	Stellaye Baigneux de Courcival	—
6541	Krieger	—	6621	Besaucele	—
6542	Leps	—	6622	Gosse de Serlay	—
6543	Huet d'Arlon	—	6623	Mangin	—
6544	Gérard	—	6624	De Guillin d'Avenas	—
6545	Lucas	—	6625	Rosier	—
6546	Nollet	—	6626	Jacquemin	—
6547	Sampayo	—	6627	Losire	—
6548	Thillaye	—	6628	Lelorain	—
6549	Dufilhol	—	6629	Du Parc	—
6550	Simonin	—	6630	Marchal	—
6551	Gardarein	—	6631	Azan	—
6552	Moulin	—	6632	Henry	—
6553	Vignier	—	6633	Gyss	—
6554	Thouvenot	—	6634	Hartmann	—
6555	Macquin	—	6635	Goursaud de Merlis	—
6556	Dauphinot	—	6636	Demangeat	—
6557	Hugot	—	6637	Hepp	—
6558	Lahure	—	6638	Alexandre	—
6559	Bretegnier	—	6639	Destrumau	—
6560	Haillot	—	6640	De Mandat de Grancey	—
6561	De Maussion	—	6641	Saulnier	—
6562	Decosmi	—	6642	Bayard	—
6563	Lebrun	—	6643	Morand	—
6564	Klein	—	6644	Josse	—
6565	De la Ferronays	—	6645	Simard de Pitray	—
6566	Heintz	—	6646	Riff	—
6567	Bernard	—	6647	Bianquin	—
6568	Winter	—	6648	Mazier	—
6569	Belleville	—	6649	Bertrand	—
6570	De la Laurencie	—	6650	De Bèze	—
6571	Bertrand	—	6651	Matton	—
6572	Marmod	—	6652	Witz	—
6573	Gouté	—	6653	Razouls	—
6574	Garcin	—	6654	Lacoste de l'Isle	—
6575	De Foucher	—	6655	Bonneville	—
6576	Assier de Pompignan	—	6656	Passera de Lachapelle	—
6577	Clement	—	6657	Degroux	1 oct. 1853
6578	Kienlin	—	6658	Thouroude	—
6579	Delval	—	6659	Mercier	—
6580	Henckel	—	6660	De Bancarel	—

Nº MATRIC.	NOMS DES ÉLÈVES.	DATE DE LA SORTIE DE L'ÉCOLE.	Nº MATRIC.	NOMS DES ÉLÈVES.	DATE DE LA SORTIE DE L'ÉCOLE.
6661	Roques...................	1 oct. 1853	6741	Tumorel..................	1 oct. 1854
6662	Codet....................	—	6742	Lanjuinais...............	—
6663	De Lesguern.............	—	6743	Morin...................	—
6664	Bertrand................	—	6744	Aubry...................	—
6665	Durand..................	—	6745	Prieur...................	—
6666	Molard..................	—	6746	Clément.................	—
6667	De Grammont...........	—	6747	Des Ancherins...........	—
6668	De Briey................	—	6748	Travailleur..............	—
6669	Montet..................	—	6749	Chapuis.................	—
6670	Dupuy..................	—	6750	Abbadie.................	—
6671	Urtin...................	1 oct. 1853	6751	De la Tour-du-Pin Chambly......	—
6672	Dumarest...............	—	6752	De Garnier des Garest....	—
6673	Quarante................	—	6753	D'Auzolles..............	—
6674	Mocquard...............	—	6754	Jubault.................	—
6675	Letenneur..............	—	6755	Harty de Pierrebourg.....	—
6676	Pertusier...............	—	6756	Pacheran...............	—
6677	Alliot..................	1 oct. 1853	6757	Bineau.................	1 oct. 1854
6678	Quilbot.................	—	6758	Meny...................	—
6679	Desachy.................	—	6759	Donnay.................	—
6680	Guillobert..............	—	6760	Lagriffoul..............	—
6681	Berruyer...............	—	6761	Tournier...............	—
6682	Crouzet................	—	6762	Vanlerberghe...........	—
6683	Jullien.................	—	6763	Clément................	—
6684	Côte...................	—	6764	Populaire..............	—
6685	Leclerc.................	—	6765	Bernet.................	—
6686	Cavaillié...............	—	6766	Vésine-la-Rue...........	—
6687	De Chaudruc de Crazanes........	—	6767	Mesny..................	—
6688	Bonnefous..............	—	6768	Reille.................	—
6689	Béranger...............	—	6769	Dubreton..............	—
6690	Gallotti................	—	6770	Hennequin.............	—
6691	Champs.................	—	6771	De Labigne............	—
6692	Laurent................	—	6772	Chanoine..............	—
6693	Fournalez..............	—	6773	Varaigne du Bourg......	—
6694	Jouve..................	—	6774	Renaud................	—
6695	Durieu Dupradel.......	—	6775	Magnan................	—
6696	De France..............	—	6776	Anceaux...............	—
6697	Despuech..............	—	6777	Hudelot...............	—
6698	Dumas.................	—	6778	Bonn..................	—
6699	Oudouard..............	—	6779	Gobillard..............	—
6700	Minot..................	—	6780	Corps..................	—
6701	Laffont................	—	6781	De Bouvet.............	—
6702	Angliers...............	—	6782	Janson................	—
6703	De Geoffroy...........	—	6783	Duvivier..............	—
6704	Couronne..............	—	6784	De Coniac.............	—
6705	Belbeoch..............	—	6785	Cœuret de Saint-Georges........	—
6706	Landau................	—	6786	Bloch.................	—
6707	Colasson..............	—	6787	André Delafresnaye......	—
6708	Richard...............	—	6788	Crotel................	—
6709	Jayet.................	—	6789	Mottet................	—
6710	Marteville............	—	6790	Belvaux...............	—
6711	Graziani..............	—	6791	Rolland...............	—
6712	Baumès...............	—	6792	Kammerer.............	—
6713	Aulier................	—	6793	Vienne................	—
6714	Godefert..............	—	6794	Gergon................	—
6715	De Salles.............	1 oct. 1853	6795	Sick..................	—
6716	Simon................	—	6796	De France.............	—
6717	Hersant..............	1 oct. 1854	6797	Emmanuel.............	—
6718	Tiroux...............	—	6798	Dethieux..............	—
6719	Castillon Saint-Victor........	—	6799	Signard...............	—
6720	Chaplan..............	—	6800	D'Ollone..............	—
6721	Saphore..............	—	6801	Vaché.................	—
6722	Reufflet-Duhameau......	—	6802	Legouz de Saint-Seine...	—
6723	Jannin...............	—	6803	Garaud...............	—
6724	Jouanneau............	—	6804	De Jacquelot du Boisrouvray......	—
6725	Anot.................	—	6805	Tissot................	—
6726	De Massin............	—	6806	Letellier..............	—
6727	De Loynes............	—	6807	Mouchet..............	—
6728	Fisson-Jaubert........	—	6808	Thevenin.............	—
6729	Roussillon............	—	6809	Segérand.............	—
6730	Estienne.............	—	6810	Lambert..............	—
6731	Pandin de Narcillac........	—	6811	Boisgard..............	—
6732	Ducoroy..............	—	6812	Rougier...............	—
6733	Forget...............	—	6813	Barbier d'Aucourt......	—
6734	Simonin..............	—	6814	Sevestre..............	—
6735	Simon................	—	6815	Charles...............	—
6736	Fabien...............	—	6816	Pouilly...............	—
6737	Leplus...............	—	6817	De Perrinelle..........	—
6738	Worms...............	—	6818	Rochaix..............	—
6739	Ogier................	—	6819	De la Tour du Pin Chambly de la C.	—
6740	Ruel.................	—	6820	Lehénaff..............	—

Nº MATRIC.	NOMS DES ÉLÈVES.	DATE DE LA SORTIE DE L'ÉCOLE.	Nº MATRIC.	NOMS DES ÉLÈVES.	DATE DE LA SORTIE DE L'ÉCOLE.
6821	Legrontec	1 oct. 1854	6901	Masson	1 oct. 1854
6822	Fournier	—	6902	Trouvat	—
6823	Rapp	—	6903	Pouzols	—
6824	Guilbert	—	6904	Festu de Balincourt	—
6825	Lacroix	—	6905	Marc	—
6826	Paquette	—	6906	O'Brien	—
6827	Volfrom	—	6907	Dupond	—
6828	Cassin de Kainlis	—	6908	Hocquet	—
6829	Roser	—	6909	Le Roux	—
6830	Prioul	1 oct. 1854	6910	Haubt	—
6831	Guitard	—	6911	Hertrich	—
6832	Bibadieu	—	6912	Buffy	—
6833	La Rousse La Villette	1 oct. 1854	6913	Milhoua	—
6834	Watripon	—	6914	Forchet	—
6835	Larraut	—	6915	Lavoye	—
6836	Vince	—	6916	Pize	—
6837	Godard Desmarets	—	6917	Harroy	—
6838	Virlet	—	6918	Guillaume	—
6839	Contamin	—	6919	Lacoste de l'Isle	—
6840	Guioth	—	6920	Rispaud	—
6841	Blanc	—	6921	Bavilley	—
6842	Dodeman	—	6922	Horeau	—
6843	Huguenet	—	6923	Tranche Labausse de Labausse	—
6844	Hackspill	—	6924	Bacquelot	—
6845	Legrand	—	6925	Miron	—
6846	Larchey	—	6926	Grené	—
6847	Duchemin	—	6927	Simonnot	—
6848	Martin	—	6928	Carrière	—
6849	Nêtre	—	6929	Derrécagaix	—
6850	Mercier	—	6930	Jacquey	—
6851	Rosenwald	—	6931	Marmet	—
6852	Harscouet de Saint-George	—	6932	Pory-Pany	—
6853	Bernard	—	6933	Dupuy Montbrun	—
6854	Barbey	—	6934	Gouiran	—
6855	Guérin	—	6935	Bryon	—
6856	Blanc Tugnot de Lanoy	—	6936	Doreau	—
6857	Alexandre de Saint-Balmont	—	6937	De Neymet (Auguste)	—
6858	Mignot	—	6938	De Neymet (Henry)	—
6859	Luzeux	—	6939	Luigi	—
6860	Mahé	—	6940	Excoffon	—
6861	Clement	—	6941	Bousson	—
6862	Cazac	—	6942	De Lachevardière	—
6863	Robillard	—	6943	De Querhoënt	—
6864	D'Aubigny	—	6944	Fauconneau Dufresne	—
6865	Costa	—	6945	Bertrand	—
6866	Fourquemin	—	6946	Periès	—
6867	Carlu	—	6947	D'Herbel	—
6868	Bac	—	6948	Raynal Fissonnière	—
6869	Coche	—	6949	Faffanel de Lajonquière	—
6870	Chaigneau	—	6950	Lafage	—
6871	De Gibon	—	6951	Prévost	—
6872	Lamorelle	—	6952	Tourrette	—
6873	Martin	—	6953	Doquin de Saint-Preux	—
6874	Lecomte	—	6954	Clausse	—
6875	Simon	—	6955	Louis	—
6876	Charbonnel	—	6956	Isar	1 oct. 1854
6877	Fourniel d'Arthel	—	6957	Dario	—
6878	Rathelot	—	6958	Huot de Frasnois	—
6879	Collet	—	6959	Heegmann	—
6880	Ronel	—	6960	Duranton	—
6881	Aubert	—	6961	Cord	—
6882	Cary	—	6962	Couriès	—
6883	Deprez	—	6963	Cornillon	—
6884	Guiot	—	6964	De Sainte-Phalle	—
6885	James	—	6965	Sancéry (Jules)	—
6886	Huas	—	6966	Saucéry (François)	—
6887	Duverger Deluy	—	6967	Jariez	—
6888	Bugeaud de Lapiconnerie	—	6968	Jégu	—
6889	Guyétant	—	6969	Montagné	—
6890	Laurent	—	6970	Dolley	—
6891	Chedeville	—	6971	Truchy	—
6892	Gouye	—	6972	Monin	—
6893	Dofoy	—	6973	Tadieu	—
6894	Royer	—	6974	Perrossier	—
6895	Celler	—	6975	Mieulet	—
6896	Levier	—	6976	Thibault	—
6897	Lionnet	—	6977	Foucher	—
6898	De Malherbe	—	6978	Motas	—
6899	Sicard	—	6979	Riel	—
6900	Caris	—	6980	Trinquier	—

N° MATRIC.	NOMS DES ÉLÈVES.	DATE DE LA SORTIE DE L'ÉCOLE.	N° MATRIC.	NOMS DES ÉLÈVES.	DATE DE LA SORTIE DE L'ÉCOLE.
6981	Poli-Marchetti............	1 oct. 1854	7061	Grenier........	1 oct. 1855
6982	Zimber............	—	7062	Ruff de Pontevez Gevaudan.......	31 janv.1855
6983	Austry............	—	7063	Ganot............	—
6984	Houlès........	—	7064	Mercier............	—
6985	Delmas........	—	7065	Elie........	1 oct. 1855
6986	Abeilhé........	—	7066	Anthoine Prélard........	31 janv.1855
6987	Bossan........	—	7067	Sassot........	1 oct. 1855
6988	Philibert........	—	7068	Coville........	31 janv.1855
6989	Davilié........	1 oct. 1854	7069	Edon........	—
6990	Leclerc........	—	7070	Linet........	1 oct. 1855
6991	Bouët........	—	7071	Rouette de Monforand...........	31 janv.1855
6992	De Moracin de Ramouzens	—	7072	De Bertoult d'Hantecloque.......	1 oct. 1855
6993	Desgrées Dulou	—	7073	De Brye........	—
6994	Ville............	—	7074	Mallay............	31 janv.1855
6995	André............	—	7075	Jacquard............	—
6996	Abrial............	—	7076	Roussel de Courcy...........	1 oct. 1855
6997	Bonnet............	—	7077	Poirel............	31 janv.1855
6998	Barrat............	—	7078	Lahalle............	1 oct. 1855
6999	Delorme............	—	7079	Leroy............	—
7000	Letellier	—	7080	Defaucamberge	31 janv.1855
7001	Lebaron............	31 janv. 1855	7081	Casadavant............	1 oct. 1855
7002	Paillard de Chenay	1 oct. 1854	7082	Ballue............	31 janv.1855
7003	Kallergi............	—	7083	Bohy............	—
7004	Destabenrath............	1 oct. 1855	7084	Biauson............	1 oct. 1855
7005	Salom............	31 janv.1855	7085	Fossoyeux............	31 janv.1855
7006	Blondeau............	—	7086	Duhamel de Breuil........	1 oct. 1855
7007	Noirel............	1 oct. 1855	7087	Dubesme............	—
7008	Lemoyne............	—	7088	Deulneau............	31 janv.1855
7009	Delaire............	31 janv. 1855	7089	Tisserant............	1 oct. 1855
7010	De Louvencourt ,.......	1 oct. 1855	7090	D'Harcourt............	31 janv.1855
7011	Fontaine de Cramayel	—	7091	Baudier............	—
7012	Livet............	31 janv. 1855	7092	Barbié............	—
7013	Job............	—	7093	Maffré de Verdts	—
7014	Humann............	1 oct. 1855	7094	Jacquemart............	1 oct. 1855
7015	Delmas de Grammont.......	31 janv. 1855	7095	De Vigneral............	—
7016	Pellerin............	—	7096	Péron............	31 janv.1855
7017	De Chabannes la Palice......	1 oct. 1855	7097	Baudouin............	—
7018	Roziez............	31 janv.1855	7098	Levesque Durostu........	1 oct. 1855
7019	Delasson............	—	7099	Pol............	31 janv.1855
7020	Manigant............	1 oct. 1855	7100	Petit de la Thuillerie........	—
7021	Blayn............	—	7101	Prudhomme............	—
7022	Guinard............	31 janv. 1855	7102	François............	1 oct. 1855
7023	Destable............	—	7103	Malher............	31 janv.1855
7024	Cotillon............	—	7104	Regnier............	—
7025	Moreau............	1 oct. 1855	7105	Sassier............	—
7026	D'Hugues............	—	7106	De Seré............	—
7027	Chatard............	31 janv. 1855	7107	De Liabé............	—
7028	Grandperrier.......:	—	7108	Bourdais............	—
7029	Villot............	—	7109	Jubier............	—
7030	Deschamps............	—	7110	De Metz Noblat............	—
7031	Martin de Bourgon............	—	7111	Celle Duby............	—
7032	Marie............	—	7112	Pernet............	—
7033	Carraud............	—	7113	Pennet............	1 oct. 1855
7034	Péricaud de Gravillon........	1 oct. 1855	7114	Harel............	—
7035	Franc............	31 janv. 1855	7115	Dalbiat............	31 janv.1855
7036	Baum............	—	7116	Blechet............	—
7037	Floury............	—	7117	Dutroy............	—
7038	Poisson............	—	7118	Baudechon............	—
7039	Colombier............	31 janv. 1855	7119	Puyon de Pouvourville............	—
7040	Tastayre............	—	7120	Testart............	—
7041	Lecq............	—	7121	Pottier............	—
7042	Chambert............	1 oct. 1855	7122	De Suremain............	1 oct. 1855
7043	Bourdin............	31 janv. 1855	7123	David............	31 janv.1855
7044	Anner............	1 oct. 1855	7124	Lapeyre............	—
7045	Bonté............	31 janv. 1855	7125	Varroquier............	1 oct. 1855
7046	Leplus............	1 oct. 1855	7126	Girard............	31 janv.1855
7047	Champy............	31 janv. 1855	7127	Jeanjean............	—
7048	Bouteiller............	—	7128	Walter............	1 oct. 1855
7049	Hun............	1 oct. 1855	7199	Martenot............	31 janv.1855
7050	Harouard de Suarez d'Aulan......	1 oct. 1856	7130	Tardieu de Maleissye........	1 oct. 1855
7051	Strohl............	31 janv. 1855	7131	Charin............	31 janv.1855
7052	Dartein............	—	7132	De la Roque............	1 oct. 1855
7053	Jardin............	—	7133	Faulte de Vanteaux	31 janv.1855
7054	Arago............	—	7134	Guérin d'Agon............	—
7055	Rolin............	1 oct. 1855	7135	Davesiès de Pontès............	—
7056	Faure............	31 janv. 1855	7136	Herbart............	—
7057	Perron............	1 oct. 1855	7137	Beraud d'Arimont	—
7058	Debeine............	—	7138	De Prudhomme............	—
7059	Lonclas............	31 janv. 1855	7139	Dumoulin............	1 oct. 1855
7060	Dendeleux............	—	7140	Decharmes............	—

22

N° MATRIC.	NOMS DES ÉLÈVES.	DATE DE LA SORTIE DE L'ÉCOLE.	N° MATRIC.	NOMS DES ÉLÈVES.	DATE DE LA SORTIE DE L'ÉCOLE.
7141	Nieger	31 janv.1855	7221	Ganot	1 oct. 1855
7142	Bruyère	1 oct. 1855	7222	Bellon de Chassy	31 janv.1855
7143	Boll	31 janv.1855	7223	Lajousse	1 oct. 1855
7144	Belot	—	7224	Forest	31 janv.1855
7145	Dibart	—	7225	Auriol	—
7146	Vincent	1 oct. 1855	7226	O'Gorman	—
7147	Jobit	—	7227	Royer	—
7148	Robert	—	7228	Archidet	1 oct. 1855
7149	Mabille	31 janv.1855	7229	Henry	31 janv.1855
7150	Forest de Faye	—	7230	Mirandol Couture	—
7151	Picard	—	7231	Chalret	—
7152	Suilliot	—	7232	De Piolenc	31 janv.1855
7153	Imbourg	1 oct. 1855	7233	Barot	—
7154	Verny	31 janv.1855	7234	De Jessé	1 oct. 1855
7155	Baudesson de Richebourg	—	7235	Audouard	31 janv.1855
7156	Prétrel	—	7236	Huot	—
7157	Lasartigue	1 oct. 1855	7237	Martin	—
7158	Gauché	31 janv.1855	7238	Champs	—
7159	Tramond	—	7239	Vigier	—
7160	Royet	—	7240	Compagny	1 oct. 1855
7161	D'Angleville Courtilloles	1 oct. 1855	7241	Delapierre	31 janv.1855
7162	Guyon	—	7242	Raffin	—
7163	Noël	—	7243	Bécat	1 oct. 1855
7164	De la Fontaine Solare	1 oct. 1855	7244	Augier	31 janv.1855
7165	Chabaille d'Auvigny	—	7245	Forot	—
7166	Aldebert	31 janv.1855	7246	Bernard	—
7167	Gautier	—	7247	Carrière	—
7168	Guillo du Bodan	—	7248	Cassignol	—
7169	Potelleret	—	7249	De Brossard	—
7170	Tisserand Delange	—	7250	Roussan	31 janv.1855
7171	Joly	—	7251	Henneton	1 oct. 1855
7172	Morel	1 oct. 1855	7252	Coulombeix	31 janv.1855
7173	Guérin	—	7253	Chartier	—
7174	Carriol	31 janv.1855	7254	Jarry	1 oct. 1855
7175	Du Maisniel de Saveuse	—	7255	Maffre du Bousquet	—
7176	Boullieu	31 janv.1855	7256	Cabrié	—
7177	Chereil de la Rivière	—	7257	Guy Latour d'Affaure	31 janv.1855
7178	Descemet	1 oct. 1855	7258	Bousset	—
7179	Chaillier	31 janv.1855	7259	Cicéron	—
7180	Juillet	1 oct. 1855	7260	Bounin	—
7181	Le François des Courtis	—	7261	Rouff	1 oct. 1855
7182	Maurel	31 janv.1855	7262	Coulon	31 janv.1855
7183	Goullet de Rugy	1 oct. 1855	7263	De Lavigne	1 oct. 1855
7184	Laffaille	—	7264	Roche	31 janv.1855
7185	Verdun	—	7265	Vallat	—
7186	Delataste	31 janv.1855	7266	Vidal	—
7187	Pottier	1 oct. 1855	7267	Goedorp	—
7188	Desmazes	31 janv.1855	7268	Chauffeur	—
7189	Donnier	—	7269	Amadis	—
7190	D'Estienne de Chaussegros de Lioux	1 oct. 1855	7270	Avon	—
7191	Grosmaitre	31 janv.1855	7271	Lavril	1 oct. 1855
7192	De Cabrières	1 oct. 1855	7272	Mettrier	31 janv.1855
7193	Breuez	31 janv.1855	7273	Jouanne de Saint-Martin	—
7194	Monjol	—	7274	Voiry	1 oct. 1855
7195	Subtil	—	7275	Chauveau de Bourdon	—
7196	Georget La Chesnais	—	7276	D'Abadie de Nodrest	31 janv.1855
7197	De Lascases Beauvoir	1 oct. 1855	7277	Arnaud	1 oct. 1855
7198	De Monteynard	—	7278	Berger	—
7199	Heriot	31 janv.1855	7279	Coiffé	31 janv.1855
7200	De Villeneuve	—	7280	Clavel	—
7201	Avril	—	7281	Sauvage	—
7202	Nigote	1 oct. 1855	7282	Vidal de Lauzun	1 oct. 1855
7203	De Baral d'Arènes	31 janv.1855	7283	Sénac	31 janv.1855
7204	Moutz	1 oct. 1855	7284	Carle	—
7205	Vauthier	—	7285	D'Arbo	—
7206	Berville	—	7286	Anthoine de Saint-Joseph	—
7207	Belladen	31 janv.1855	7287	Ribetti	—
7208	Oneill	—	7288	De la Boulie	1 oct. 1855
7209	De Roll Montpellier	1 oct. 1855	7289	Mersié	—
7210	Hubert	31 janv.1855	7290	Ramond	—
7211	Chotard	—	7291	Marty	31 janv.1855
7212	Pitois	—	7292	Dercourt	—
7213	Gaillard	—	7293	Canonier	—
7214	Courtiel	1 oct. 1855	7294	Maillard	—
7215	Escourrou	31 janv.1855	7295	Omer Rey	—
7216	Samary	—	7296	Campionnet	1 oct. 1855
7217	Pioch	—	7297	Cochon de Lapparent	1 oct. 1856
7218	Daussier	—	7298	De Drée	—
7219	Fiéron	1 oct. 1855	7299	Sauvan	—
7220	Rozy de Bois d'Hautfût	—	7300	Bourboulon	—

Nº MATRIC.	NOMS DES ÉLÈVES	DATE DE LA SORTIE DE L'ÉCOLE.	Nº MATRIC.	NOMS DES ÉLÈVES.	DATE DE LA SORTIE DE L'ÉCOLE.
7301	Dutheillet de Lamothe............	1 oct. 1855	7381	Raimond	1 oct. 1856
7302	Letellier....................	1 oct. 1856	7382	Simon.....................	—
7303	Boigues....................	—	7383	Robin	—
7304	Dubeux....................	—	7384	Gally–Passebosc............	—
7305	Perrin de Bellune............	1 oct. 1855	7385	Lafosse....................	1 oct. 1855
7306	Gelin.....................	1 oct. 1856	7386	Maré.....................	—
7307	Noirot....................	—	7387	Matuszewiez	—
6308	Dordet....................	1 oct. 1855	7388	Zola-Lacroix	—
7309	Dumesnil..................	—	7389	Gailhouste.................	1 oct. 1856
7310	De Mornay................	1 oct. 1856	7390	De Lavaissière de Lavergne......	1 oct. 1855
7311	Lot.......................	—	7391	Thiénot....................	1 oct. 1856
7312	Callet	1 oct. 1855	7392	Barbier....................	—
7313	De Vogüé	1 oct. 1856	7393	Mennessier................	—
7314	Bouillard..................	1 oct. 1855	7394	Riston....................	1 oct. 1855
7315	Frely	1 oct. 1856	7395	Boutin	—
7316	De Lacroix.................	1 oct. 1855	7396	Mauflastre................	—
7317	Maunoury.................	—	7397	André	—
7318	Perrot....................	1 oct. 1856	7398	Faure.....................	—
7319	Javary....................	—	7399	Guerrier	—
7320	Renouard	1 oct. 1855	7400	Tulpin....................	—
7321	Belin.....................	—	7401	De Couët de Lorry	—
7322	Clapeyron.................	1 oct. 1856	7402	Senault....................	—
7323	Pernot....................	—	7403	De Santeul................	1 oct. 1856
7324	Martner	—	7404	Jacob.....................	1 oct. 1855
7325	De Lassone................	1 oct. 1855	7405	Gillot.....................	—
7326	Lespiau	—	7406	Durand....................	—
7327	Tirlet....................	1 oct. 1856	7407	Durand....................	—
7328	Bernard de la Fosse.........	—	7408	Lefébure de Sancy de Parabère....	1 oct. 1856
7329	Lavelaine Maubeuge.........	1 oct. 1855	7409	Haran	—
7330	Bourcart	—	7410	Trutié de Vaucresson........	1 oct. 1855
7331	Carron	1 oct. 1856	7411	Maiffredy de Robernier......	—
7332	Pallu.....................	1 oct. 1855	7412	Dillon....................	1 oct. 1856
7333	Etienne...................	1 oct. 1856	7413	Berthier de Viviers........	1 oct. 1855
7334	Lallemand................	—	7414	Blin......................	—
7335	Achet....................	1 oct. 1855	7415	Bennet	—
7336	Mozin....................	—	7416	Bourelly..................	—
7337	Burnel	—	7417	Aclocque..................	—
7338	Dumoutier	1 oct. 1855	7418	De Valentin...............	—
7339	Chandonné	1 oct. 1856	7419	Fremyn de Sapicourt.......	1 oct. 1856
7340	Vivès....................	—	7420	Thevenin..................	1 oct. 1855
7341	Morlôt de Wengi...........	—	7421	Herrewyn..................	1 oct. 1856
7342	Leblond	19 janv. 1857	7422	Baron.....................	—
7343	Moussette	1 oct. 1856	7423	Foucher...................	1 oct. 1855
7344	Sommesson................	1 oct. 1855	7424	Jacquot...................	—
7345	Cottin	1 oct. 1856	7425	Fresney	—
7346	Kottbaur	—	7426	Gilardin..................	—
7347	Sajous....................	—	7427	Blanchot	1 oct. 1856
7348	Roch.....................	1 oct. 1855	7428	Manceaux	1 oct. 1855
7349	Du Bois de Beauchesne.....	1 oct. 1856	7429	André....................	—
7350	Bonnet	—	7430	Masséna d'Essling de Rivoli.......	1 oct. 1856
7351	Joba.....................	—	7431	Journet...................	—
7352	De la Rue du Can..........	—	7432	Esselin	—
7353	Barrault..................	—	7433	Marin	—
7354	Goudard..................	1 oct. 1855	7434	Mairot	—
7355	Martin	1 oct. 1856	7435	Pierardt..................	1 oct. 1855
7356	Michel	—	7436	Henderson	1 oct. 1856
7357	Libermann	—	7437	Demouchy.................	—
7358	Barrey	1 oct. 1855	7438	Montignault	1 oct. 1855
7359	Pigeon	1 oct. 1856	7439	Duriez....................	—
7360	De Richemont de Lichardson.....	—	7440	Deville....................	—
7361	Lejéus....................	—	7441	Saglio....................	—
7362	Joos......................	—	7442	Buirette de Verrières.......	1 oct. 1856
7363	Renard	—	7443	De Fitz-James	—
7364	Boullet...................	1 oct. 1855	7444	Hirtz	—
7365	Delaunois.................	1 oct. 1856	7445	Pommier	—
7366	Pelée de Saint-Maurice......	1 oct. 1855	7446	Chabaille d'Auvigny........	—
7367	Arson	1 oct. 1856	7447	Bersy de la Guerrivière....	—
7368	Daguet....................	—	7448	Goujat dit Maillard	1 oct. 1855
7369	Prot......................	1 oct. 1855	7449	Babin de Grandmaison......	—
7370	Poulot....................	1 oct. 1856	7450	Plée......................	1 oct. 1856
7371	Triboudet.................	—	7451	Souviat...................	—
7372	Caillard..................	1 oct. 1855	7452	Bigot de la Touanne........	—
7373	Paoli.....................	—	7453	Lockhart	—
7374	Hébert....................	1 oct. 1856	7454	Letourneux...............	1 oct. 1855
7375	Durand...................	1 oct. 1855	7455	Parison...................	—
7376	Decker....................	1 oct. 1856	7456	Chemet...................	—
7377	Desfontaines de Preux......	—	7457	Pasquet	—
7378	Peteau...................	—	7458	Targe	—
7379	Potiron de Boisfleury......	—	7459	Zagolini..................	—
7380	Brossard de Ressenroy......	—	7460	De Bossoreille de Ribou.........	1 oct. 1856

N° MATRIC.	NOMS DES ÉLÈVES.	DATE DE LA SORTIE DE L'ÉCOLE.	N° MATRIC.	NOMS DES ÉLÈVES.	DATE DE LA SORTIE DE L'ÉCOLE.
7461	Lefort		7541	Jouglas	1 oct. 1855
7462	Challe	1 oct. 1855	7542	Pradon	1 oct. 1855
7463	Burat	1 oct. 1856	7543	Descours	1 oct. 1856
7464	Talbert	1 oct. 1855	7544	Lefroid	—
7465	Watremez	—	7545	Longuet	—
7466	Cailliot	1 oct. 1856	7546	Dedreuil Paulet	—
7467	Ravez	—	7547	Combarieu	—
7468	Richard de Beauchamp		7548	Brunet	1 oct. 1855
7469	Duchaplet	1 oct. 1855	7549	Gairaud	—
7470	Martin	—.	7550	Finot	1 oct. 1856
7471	Prudent		7551	Gay	—
7472	Algan		7552	Yvon	—
7473	Berruyer	—	7553	D'Assonvillez de Rougemont	—
7474	Pierson	—	7554	Hervé	1 oct. 1855
7475	Fernet	1 oct. 1856	7555	Collin	—
7476	Dubois		7556	De Müllenheim	24 janv.1857
7477	De Nègre du Clat	1 oct. 1855	7557	Le Bras	1 oct. 1855
7478	Bolle	—	7558	Briot	1 oct. 1856
7479	Carrier	1 oct. 1856	7559	De Sesmaisons	1 oct. 1855
7480	Thomas	1 oct. 1855	7560	Blanchot	—
7481	Marguier d'Aubonne	1 oct. 1856	7561	Lesbros	1 oct. 1856
7482	Vilbois		7562	Demasur	1 oct. 1855
7483	Le Creurer		7563	Guyho	1 oct. 1856
7484	Jeannerod	1 oct. 1855	7564	Duvallon	—
7485	Mazure	1 oct. 1856	7565	De Villars	1 oct. 1855
7486	Mathieu	—	7566	Boussat	1 oct. 1856
7487	Gouy		7567	De Lambertye	—
7488	Vasseur	1 oct. 1855	7568	Jouan de Kervenoël	1 oct. 1855
7489	Cleret	—	7569	Chazot	1 oct. 1856
7490	Scherer		7570	Charpille	—
7491	Birckel		7571	Bourlier	1 oct. 1855
7492	Leclerc		7572	Chevalier	—
7493	Mayer Samuel		7573	Ruffet	1 oct. 1856
7494	Muzac		7574	Nardin	—
7495	Moreau		7575	Passaquny	—
7496	Retournard	1 oct. 1856	7576	Labbe de Champigrand	—
7497	Ormancey	1 oct. 1855	7577	Tiret	—
7498	Gallet	—	7578	Paget Blanc	—
7499	Bocher		7579	Haillot	1 oct. 1855
7500	Tourgouilhet de Martray	1 oct. 1856	7580	Brissaud	1 oct. 1856
7501	Gressien	—	7581	De Montesquiou Fézensac	—
7502	Thibault de la Carte de la Ferté S..		7582	Fulgence de Pomyers	—
7503	Georgette du Buisson de la Boulaye	1 oct. 1855	7583	Laurence de Lalande	1 oct. 1855
7504	Montagnon	1 oct. 1856	7584	Hussonmorel	1 oct. 1856
7505	Amos	1 oct. 1855	7585	Lansac	1 oct. 1855
7506	Müller		7586	Colinet de Labeau	1 oct. 1856
7507	Jolivalt		7587	Boscals de Béals	1 oct. 1855
7508	Négrier		7588	Jouan	1 oct. 1856
7509	Roudaire		7589	Boué	1 oct. 1855
7510	Duguen	1 oct. 1856	7590	Joly	1 oct. 1856
7511	Crezeunet		7591	Foury	1 oct. 1855
7512	Arbelet		7592	Raynaud	1 oct. 1856
7513	Bigot de Morogues		7593	Naïl	1 oct. 1855
7514	De Lalande de Calan		7594	Aragon	1 oct. 1856
7515	Aubert de Tregomain		7595	Gazan de la Peyrière	—
7516	Gaigneron de Marolles		7596	Marquet	1 oct. 1855
7517	Leziart du Dezerseul		7597	Pied	—
7518	Pistollet de Saint-Ferjeux		7598	Chalamon	1 oct. 1856
7519	Réau	1 oct. 1855	7599	Devolz	—
7520	Guesle	1 oct. 1856	7600	Pujol	1 oct. 1855
7521	De Mondion	—	7601	Triou	—
7522	Lebreton de Vonne		7602	Chapuy	—
7523	Liger	1 oct. 1855	7603	Lachau	—
7524	Sciard	1 oct. 1856	7604	D'Anselme	—
7525	De Bange	—	7605	Foulquier	1 oct. 1856
7526	Cachoz	1 oct. 1855	7606	Girard	—
7527	Bertrand	—	7607	Arnous Rivière	—
7528	Robert	1 oct. 1856	7608	Caillo	1 oct. 1855
7529	Emonet	1 oct. 1855	7609	Rondot	—
7530	Reiss	—	7610	Lebrun	—
7531	Ozenne	1 oct. 1856	7611	Saléta	1 oct. 1856
7532	Berthe	—	7612	Varailhon	1 oct. 1855
7533	Fouilloux	—	7613	De Lostanges St.-Alvère (H.-C.-G.)	1 oct. 1856
7534	Pimpancau	—	7614	De Lostanges St.-Alvère (F.-G.-M.)	—
7535	Pernin	1 oct. 1855	7615	De la Fruglaye	—
7536	De Groulard	—	7616	Faveret de Kerbrech	1 oct. 1856
7537	Flosse	1 oct. 1856	7617	Durouigé	—
7538	Grandhaye	1 oct. 1855	7618	Bidot	1 oct. 1855
7539	Brouilhet	—	7619	Des Brulais (E.-A.-M.-O.)	—
7540	Hay	—	7620	Des Brulais (A.-M.-O.)	1 oct. 1856

N° MATRIC.	NOMS DES ÉLÈVES.	DATE DE LA SORTIE DE L'ÉCOLE.	N° MATRIC.	NOMS DES ÉLÈVES.	DATE DE LA SORTIE DE L'ÉCOLE.
7621	Bataille de Sévignac	1 oct. 1855	7701	Tamajo	1 oct. 1856
7622	Ducauzé de Nazelle	1 oct. 1856	7702	Linard	1 oct. 1857
7623	Goguet	1 oct. 1855	7703	Labordère	1 oct. 1856
7624	Boyer	1 oct. 1856	7704	Lambert	—
7625	Lacapelle	1 oct. 1855	7705	Delabrousse	—
7626	Costes	—	7706	De Chalendar	—
7627	Conor	—	7707	Verneuil	—
7628	Audibert	1 oct. 1856	7708	Jan	—
7629	Campion	1 oct. 1855	7709	De Vaudrimey-Davoust	—
7630	Arnaud	—	7710	Letouzé de Longuemar	—
7631	Viallet	1 oct. 1856	7711	Van Schalkwyck de Boisaubin	—
7632	Prax	—	7712	Malaper	—
7633	Reymond	1 oct. 1855	7713	Juffé	—
7634	Albouy	1 oct. 1856	7714	De Salette	—
7635	Gautier	—	7715	Grimard	—
7636	Chanvoux	1 oct. 1855	7716	Clausade	19 janv. 1857
7637	Cicéron	1 oct. 1856	7717	De Méritens	1 oct. 1855
7638	Luya	1 oct. 1855	7718	De Labarrière	1 oct. 1856
7639	Rozier de Linage	1 oct. 1856	7719	De Luppé	1 oct. 1855
7640	Dumas	—	7720	Camatte	1 oct. 1856
7641	Descoubès	—	7721	Kreiselmeyer	—
7642	Lesèble	1 oct. 1855	7722	Olivier	—
7643	Verdier	—	7723	Widenhorn	—
7644	Dougnac de Saint-Martin	1 oct. 1856	7724	Perin	—
7645	Nivière	1 oct. 1855	7725	Godfroy	1 oct. 1856
7646	Ernault	—	7726	Lorrin	—
7647	Simoneti	1 oct. 1856	7727	D'Adhémar de Cransac	—
7648	Ranchet	—	7728	Grison	—
7649	Grand	—	7729	Odoul	—
7650	Truchy	1 oct. 1855	7730	Braun	—
7651	Monck	—	7731	Colbert	—
7652	De Truchis de Lays	1 oct. 1856	7732	Ruffy de Pouleyès Gévaudan	—
7653	Paliard	1 oct. 1855	7733	Bergez	—
7654	Proust	—	7734	Bourcart	—
7655	Laboy	—	7735	Grillon des Chapelles	—
7656	Croze	1 oct. 1856	7736	De Lostau	—
7657	De Carrière	—	7737	Massicot	—
7658	Cazalens	1 oct. 1855	7738	Rastoul	—
7659	Andrieux Boissac	1 oct. 1856	7739	Picard	—
7660	Giraud	1 oct. 1855	7740	Simon	—
7661	Michelon	1 oct. 1856	7741	Gillot	—
7662	Royer de la Bastie	1 oct. 1855	7742	De Golstein	—
7663	Beaufumé		7743	Ducoroy	—
7664	Pacull	1 oct. 1856	7744	Deltour	—
7665	Seignobosc	—	7745	Renouard	—
7666	Barnave	—	7746	Chabord	—
7667	Gosse de Billy	—	7747	Dagon de Lacontrie	—
7668	Debord	1 oct. 1855	7748	De Laforest de Divonne	—
7669	Richard	—	7749	Bichot	19 janv. 1857
7670	Mas	1 oct. 1856	7750	Levy	1 oct. 1856
7671	Le Brièro	—	7751	Oudin	—
7672	Merlin	1 oct. 1855	7752	Emy	—
7673	Darré Libaros	—	7753	Martinet	—
7674	Tereygeol Cluzac	—	7754	Thiery	—
7675	Blanc	1 oct. 1856	7755	De Galard de Béarn	—
7676	Cartairade	—	7756	Folly	—
7677	Brochet	—	7757	Deschamps	—
7678	De Cantillon (Eugène-Ch.-Adolphe)	1 oct. 1855	7758	Bouly de Lesdain	—
7679	De Cantillon (Athénaïs-J.-Ph.-Aug.)	—	7759	Poncelet	—
7680	Ribière	—	7760	Julien	—
7681	Pessonneaux	1 oct. 1856	7761	Clet	—
7682	Bruneau	1 oct. 1855	7762	Bertheaume	—
7683	Faure	1 oct. 1856	7763	Chesneau de la Haugrenière	—
7684	Sabail	1 oct. 1855	7764	Allain	—
7685	Gasquet	—	7765	Nicolle	—
7686	Lioutaud	1 oct. 1856	7766	Riffault	—
7687	Creyton	—	7767	Des Ulmes	—
7688	Du Bouzet	—	7768	De Guillebon	—
7689	Alessandri	1 oct. 1855	7769	Pierre	—
7690	Biot	—	7770	Erambert	—
7691	Gabarrou	1 oct. 1856	7771	Gislain de Bontain	1 oct. 1856
7692	Douisset	1 oct. 1855	7772	Rouvière	—
7693	Beauchet	1 oct. 1856	7773	Forget	—
7694	Devaux	—	7774	Prieur de Lacomble	—
7695	Carbonel	1 oct. 1855	7775	Charvilhat	—
7696	Terrin	1 oct. 1856	7776	Couturier	—
7697	Nicolas	—	7777	Uffler	—
7698	André	—	7778	Delage	—
7699	De Laplagne	—	7779	Dudon	—
7700	D'Ozouville	—	7780	Ferré	—

N° MATRIC.	NOMS DES ÉLÈVES.	DATE DE LA SORTIE DE L'ÉCOLE.	N° MATRIC.	NOMS DES ÉLÈVES.	DATE DE LA SORTIE DE L'ÉCOLE.
7781	Hecquet	1 oct. 1856	7861	Cabuzac	1 oct. 1856
7782	Boulanger	—	7862	Grosperrin	—
7783	Tinard	—	7863	Leblanc de Serigny	—
7784	De Launay	—	7864	Sainte-Marie	—
7785	Brem	—	7865	Bougel	—
7786	Barthelemy	—	7866	Thierry	—
7787	Chedeville	—	7867	Barrière	—
7788	Gérard	—	7868	Roulin	—
7789	Brouillet	—	7869	Dereix	—
7790	Bertrand	—	7870	Cabuche	—
7791	Simon-Duneau	—	7871	Contesse	1 oct. 1857
7792	Belleville	—	7872	Berge	1 oct. 1856
7793	Brault	—	7873	Chapuis	—
7794	Dupont d'Aisy	19 janv.1857	7874	Dubousquet	—
7795	Carteret	1 oct. 1856	7875	Peyronet	—
7796	Mouton	—	7876	Rochas	—
7797	Chaignaud	—	7877	Ambroise	—
7798	Hoh	—	7878	Mourain de Sourdeval	—
7799	Blanchet	—	7879	Guillien	—
7800	Heilmann	—	7880	Dissard	—
7801	Darras	—	7881	Hesling	—
7802	Barbier	—	7882	Sartre	—
7803	Fondreton	—	7883	De Marsay	—
7804	Schasseré	—	7884	Déburaux	—
7805	Desfrançois de Ponchalon	—	7885	Amphoux	—
7806	Legroux	—	7886	Mazeyrac	—
7807	Jaudard	—	7887	Tardieu de Maleissye	—
7808	Jollivet	—	7888	Belot	1 oct. 1856
7809	Henry	—	7889	Audibert	—
7810	Margueritte	—	7890	Chassin de Kergommaux	—
7811	Bauldry de Breteuil	—	7891	Jeanbernat	—
7812	Gaillard de Saint-Germain	—	7892	De Losse	—
7813	Jacquet	—	7893	Junique	—
7814	Mavel	—	7894	Guillabert	19 janv.1857
7815	De Lambilly	—	7895	Rouget	1 oct. 1856
7816	Savin de Larclause	—	7896	Jean	—
7817	Paris de Bollardière	—	7897	Legrand	—
7818	Junck	—	7898	Le Gué	—
7819	De Combarel	—	7899	Desroziers	—
7820	Bégin	—	7900	Saget	—
7821	Portine	—	7901	Basset	—
7822	Lafond	1 oct. 1856	7902	Lavène	—
7823	Zéni	—	7903	Cabyaux	—
7824	Millet	—	7904	Berthonnaud	—
7825	Baudeui	—	7905	De Lagué de Salis	—
7826	Fabvier	—	7906	Duchemin	—
7827	Lannes de Montebello	—	7907	Gaillard	—
7828	Blachère	—	7908	D'Azemar	—
7829	Assenat	—	7909	Boutereau	—
7830	Serane	—	7910	Gass	—
7831	Jean	—	7911	Sénéchal dit Duval	1 oct. 1857
7832	Pognon	—	7912	Bibesco de Stirbey	—
7833	Archambault	—	7913	Clary	1 oct. 1857
7834	Simon	—	7914	Richy	—
7835	Delamarre	—	7915	De la Myre	—
7836	Holozet	—	7916	De Roquefeuil	—
7837	Dubuche	—	7917	Roslin	—
7838	Duclaux de l'Estoille	—	7918	Terris	—
7839	Foullioy	—	7919	Levasseur	—
7840	Thumas des Colombiers	—	7920	Delannoy	—
7841	Le Caron de Fleury	—	7921	Abria	—
7842	Froment	—	7922	Prevost	—
7843	De la Bigne	—	7923	Teillard	—
7844	Mareau	—	7924	Le Roy	—
7845	Chonchet	—	7925	Schusier	—
7846	Pascal	19 janv.1855	7926	Delmas de Grammont	—
7847	Michaut	1 oct. 1856	7927	Sergent	—
7848	Cottin	—	7928	Jacquot	—
7849	Tardy	—	7929	D'Andurain	—
7850	Lafontaine de Fontenay	—	7930	D'Oullembourg	—
7851	Jocob	—	7931	Lemeunier	—
7852	Amade	—	7932	Le Bouëdec	—
7853	Gaspard	—	9933	Mantrand	—
7854	Dumarché	—	7934	Méry	—
7855	Malet	—	7935	Hervieu	—
7856	Leroy	—	7936	Dufau	—
7857	Rosselin	—	7937	Boulart	—
7858	Pardieu	—	7938	Rougeot	1 oct. 1857
7859	Gisbert	—	7939	Bourgougnon	—
7860	Loigerot	—	7940	Tassin de Montaigu	—

N° MATRIC.	NOMS DES ÉLÈVES.	DATE DE LA SORTIE DE L'ÉCOLE	N° MATRIC.	NOMS DES ÉLÈVES.	DATE DE LA SORTIE DE L'ÉCOLE.
7941	Chênu.............................	1 oct. 1857	8021	Lebel.............................	1 oct. 1857
7942	Jeanniot..........................	—	8022	Migneret..........................	—
7943	Zédé..............................	—	8023	De Boissieu.......................	—
7944	D'Orémieux........................	—	8024	Coudeville........................	—
7945	Fourrier de Serre.................	—	8025	Santigny..........................	—
7946	Lebreton..........................	—	8026	Poirier...........................	—
7947	Tourangin.........................	—	8027	Ga	—
7948	Birot.............................	—	8028	Bourin............................	—
7949	Roussel...........................	—	8029	Poullet...........................	—
7950	Duval.............................	—	8030	Sauffrignon.......................	—
7951	Gavard............................	—	8031	Soumard de Villeneuve.............	—
7952	De Lastic.........................	—	8032	Beaupoil de Saint-Aulaire.........	—
7953	Recamier..........................	—	8033	Chardon...........................	—
7954	Bourseul..........................	—	8034	François..........................	—
7955	Vallée............................	—	8035	Hamant............................	—
7956	Lemaire...........................	—	8036	Adam..............................	—
7957	Aragonnès d'Orcet.................	—	8037	Delaroche Delaperrière............	—
7958	Chrétien..........................	—	8038	Robert............................	—
7959	Drappier..........................	—	8039	Jacquinod.........................	—
7960	Guerard de la Quesnerie...........	—	8040	Cabasse...........................	—
7961	Cléret............................	—	8041	Charié............................	—
7962	Gatineau..........................	—	8042	Bizouard de Montille..............	—
7963	Marilhat..........................	—	8043	Dromzée...........................	—
7964	Canonge...........................	—	8044	Buffet............................	—
7965	Robert-Houdin.....................	—	8045	Mercier...........................	—
7966	Lenglet...........................	—	8046	Louis	—
7967	Chambert..........................	—	8047	Marvy.............................	—
7968	Dineur d'Aymeries.................	—	8048	Noblot............................	—
7969	Blanc.............................	—	8049	Simon.............................	—
7970	Colonna...........................	—	8050	Larnac............................	—
7971	Roxard de la Salle................	—	8051	Cherbonnier.......................	—
7972	De Bouteiller.....................	—	8052	Vexiau............................	—
7973	De Laplane........................	—	8053	Platel............................	1 oct. 1858
7974	Doé de Maindreville...............	—	8054	Barbeyrac de Saint-Maurice........	1 oct. 1857
7975	Bourguignon.......................	—	8055	Delouis...........................	—
7976	Campion...........................	—	8056	Pissard...........................	—
7977	Vitard............................	—	8057	Rothé.............................	1 oct. 1857
7978	Robert............................	—	8058	Desmoutiers.......................	—
7979	Kinn..............................	—	8059	Clouet des Pesruches..............	—
7980	Billerey..........................	—	8060	De Campou.........................	—
7981	Margrey...........................	—	8061	Benoit............................	—
7982	Fournié...........................	—	8062	Caflin............................	—
7983	Lang..............................	—	8063	Le Coat...........................	—
7984	Olivier...........................	—	8064	Chamoin...........................	—
7985	Bataille..........................	—	8065	Toureng...........................	—
7986	Langlois..........................	—	8066	De Boisgueret de Lavallière.......	—
7987	Trinquand.........................	—	8067	Heurteux..........................	—
7988	Michotte..........................	—	8068	Rolin.............................	—
7989	De Faultrier......................	—	8069	Mouraux...........................	—
7990	Lasaulce..........................	—	8070	Duchesne..........................	—
7991	Debretonne........................	—	8071	Gaudin............................	—
7992	Caron.............................	—	8072	Gallimard.........................	—
7993	Fouquet...........................	—	8073	Huber.............................	—
7994	Nouguès...........................	—	8074	Planès............................	—
7995	Humbert...........................	—	8075	Berthier de Lasalle...............	—
7996	Rouff.............................	—	8076	Kessler...........................	—
7997	Gondar............................	—	8077	Ulm...............................	—
7998	De Guizelin.......................	—	8078	Chaumont..........................	—
7999	Grange............................	—	8079	De Sevin..........................	—
8000	Rauch.............................	—	8080	Buret.............................	—
8001	Ragot.............................	—	8081	Diehl.............................	—
8002	Schaeffer.........................	—	8082	Boilève...........................	—
8003	Auzépy............................	—	8083	Sauret............................	—
8004	Ferrière..........................	—	8084	Blanchot..........................	—
8005	Offroy............................	—	8085	Quarré de Verneuil................	—
8006	Plombat...........................	—	8086	Michaud...........................	—
8007	Robin.............................	—	8087	Galland	—
8008	Bovée.............................	—	8088	Guillemaut........................	—
8009	Wanhout...........................	—	8089	De l'Estoile......................	—
8010	Lebrun............................	—	8090	Galopin...........................	—
8011	Billaudel.........................	—	8091	Oesinger..........................	—
8012	Guerrier de Dumast................	—	8092	De Garnier des Garets.............	—
8013	Troussard.........................	—	8093	Baldit............................	—
8014	Clara.............................	—	8094	D'Albert..........................	—
8015	D'Hautefort.......................	—	8095	De Sparre.........................	—
8016	Wilbois...........................	—	8096	De Catardji.......................	—
8017	Dietrich..........................	—	8097	Lancrenon.........................	1 oct. 1857
8018	Grégoire	—	8098	Kien..............................	—
8019	D'Abel de Libran..................	1 oct. 1857	8099	Agry..............................	—
8020	Pellisson.........................	—	8100	Delachaise	—

N° MATRIC.	NOMS DES ÉLÈVES.	DATE DE LA SORTIE DE L'ÉCOLE.	N° MATRIC.	NOMS DES ÉLÈVES.	DATE DE LA SORTIE DE L'ÉCOLE.
8101	De Laforterie	1 oct. 1857	8181	Godard	1 oct. 1857
8102	Wissant	—	8182	Brunault	—
8103	Mathieu	—	8183	Abadie	—
8104	De Neverlée	—	8184	Martin	—
8105	Blot	—	8185	Traissac	—
8106	Mazoyer	—	8186	Desplagne	—
8107	Hulin	—	8187	Rouvière	—
8108	Gamelin	—	8188	Grimal	—
8109	Plaine	—	8189	Malifand	—
8110	Béguin	—	8190	Salvan	—
8111	D'Esclaibes d'Hust	—	8191	Estrabeau	—
8112	Gaultier de Migny	—	8192	De Dalmas	—
8113	Dutertre	—	8193	Morin	—
8114	Hurault de Vibraye	—	8194	Varloud	—
8115	Cornille	—	8195	Lamain	—
8116	Laroyenne	—	8196	Leschères	—
8117	De Latour Randon	—	8197	Lizambert	—
8118	Million	—	8198	Barazer	—
8119	Massiot	—	8199	Hariy de Pierre-Bourg	—
8120	Jaclot	—	8200	Pradelle	—
8121	Villot	—	8201	Larroque	—
8122	Bousigon	—	8202	Correard	—
8123	Androuin	—	8203	Gonon	—
8124	Anglade	—	8204	Duboucher	—
8125	Périnet	—	8205	Gaudeau Descarneaux	—
8126	De Livron	—	8206	Puyau	—
8127	Stanislas	—	8207	Duport de Loriol	—
8128	Ferbu	—	8208	Durand	—
8129	Chaufour	—	8209	Bruneau Lacaud	—
8130	Dumaigneaux de Lasalle	—	8210	Coudert de la Villatte	—
8131	Penot	—	8211	Orieulx	—
8132	Bibesko	—	8212	Leynia	—
8133	De Miol Deflavard	1 oct. 1857	8213	Arvers	—
8134	De Reinach de Werth	1 oct. 1858	8214	Gemier des Périchons	—
8135	De Royal	1 oct. 1857	8215	Perier de Lahitolle	—
8136	Begouen	—	8216	Couturier	—
8137	Meriel-Bussy	—	8217	De Boissière	—
8138	Doullé	—	8218	Picard	—
8139	Pinczon eu Sel	—	8219	Leroy	—
8140	Mourlan	—	8220	Faulcon	—
8141	Potiron de Boisfleury	1 oct. 1858	8221	Le Guay	—
8142	De Seguins-Pazzis	1 oct. 1857	8222	Bernès	—
8143	Caradeuc	—	8223	Carrere-Nabat	—
8144	Grasset	—	8224	Régnier	—
8145	Aubert de Vincelles	—	8225	Dougnac de Saint-Martin	—
8146	Roche	—	8226	Castaing	—
8147	De Cognac	—	8227	Noël	—
8148	Fontebride	—	8228	Chaynes	—
8149	Mille	—	8229	De Kersauson de Pennendreff	—
8150	Thiery	—	8230	Beret	—
8151	Boisot	—	8231	Vivensang	—
8152	Barbier	—	8232	D'Abadie	—
8153	Boullangier	—	8233	De Chauliac	—
8154	Delataste	—	8234	Carpentier	—
8155	Duverger de Cuy	—	8235	Letertre	—
8156	Plessis	1 oct. 1857	8236	De Salignac-Fénélon	—
8157	Carré	—	8237	Erny	—
8158	Freund	—	8238	Nouet	—
8159	Blanc de Lanautte d'Hauterive	—	8239	De Farcy	—
8160	Tomasi	—	8240	Allard	—
8161	Souchon	—	8241	Moreau de Saint-Martin	—
8162	Regnouf	—	8242	Tramond	—
8163	Dodeman	—	8243	De Toustain du Manoir	—
8164	Du Cheyron du Pavillon	—	8244	Borrelli de Serres	—
8165	Lafond	—	8245	Escollo	—
8166	Ducouëdic Ducasquer	—	8246	De Chastenet de Puységur	—
8167	Deferron	—	8247	Barthet	—
8168	Bailby	1 oct. 1858	8248	Paguc	—
8169	Masson	1 oct. 1857	8249	Reynaud	—
8170	Labrit	—	8250	Odon	—
8171	Vadon	—	8251	De Gavarret	—
8172	De Labarthe	—	8252	Cassé	—
8173	De Barrès	—	8253	Meunier	—
8174	Héliot	—	8254	De Saisy	—
8175	De Soyer	—	8255	Laurent	—
8176	De Boysson	—	8256	Guillomet	—
8177	Festugière	1 oct. 1858	8257	Beyney	—
8178	Balme	1 oct. 1857	8258	Corcelet	—
8179	De Boistel	—	8259	Greban	—
8180	Le Grand	—	8260	Deraity de Vittré	—

N° MATRIC.	NOMS DES ÉLÈVES.	DATE DE LA SORTIE DE L'ÉCOLE	N° MATRIC.	NOMS DES ÉLÈVES.	DATE DE LA SORTIE DE L'ÉCOLE
8261	D'Exéa	1 oct. 1857	8341	Blot	1 oct. 1858
8262	Roulliés	—	8342	Caillé	—
8263	Colonien	—	8343	Marcel	—
8264	De Comminges	—	8344	Jammes	—
8265	Font	—	8345	Thiebaut	—
8266	Cruchy	—	8346	Bessières de la Jonquière	—
8267	Cabanis	—	8347	Robert	—
8268	Duprat de Larroquette	—	8348	Combette	—
8269	Henry de Kermartin	—	8349	De Mun	—
8270	Boudon de Saint-Amans	—	8350	Cottiaux	—
8271	Roullet de la Bouillerie	—	8351	Du Hamel	—
8272	Benjamin	—	8352	Gillant	—
8273	De Outhoorn	—	8353	Pottier	—
8274	Donin de Rosière	—	8354	Lemaire	—
8275	Pierron	—	8355	Maurice	—
8276	Bourgougnon	—	8356	Dussourt	—
8277	Belloc	—	8357	Denis	—
8278	Guet	—	8358	Blondin de Saint-Hilaire	—
8279	Mattei	—	8359	Vaillant	—
8280	Pozzodiborgo	—	8360	Dherse	—
8281	De Battisti	—	8361	Larcher	—
8282	Giovanninelli	—	8362	Thomas	—
8283	De Sardi	—	8363	Martin de Marolles	—
8284	Dubois	—	8364	Lucour	—
8285	Guasco	—	8365	Ruyssen	—
8286	Lelorrain	—	8366	Troller	—
8287	Noiret	—	8367	Riston	—
8288	Duvallon	—	8368	Niox	—
8289	De Bossoreille de Ribou	—	8369	Marhem	—
8290	Bastidon	—	8370	De Montesquiou Fesensac	—
8291	Prévault	—	8371	Daney	—
8292	Grégoire	1 oct. 1858	8372	Angé	—
8293	Picot	—	8373	Dalien	—
8294	Monet	—	8374	Buat	—
8295	Müller	—	8375	Tiger de Rouffigny	—
8296	De Gand	—	8376	De Chabert de Boën	—
8297	D'Orthal	—	8377	Bernard	—
8298	Besson	—	8378	De Lafont	—
8299	De Chauvenet	—	8379	Parisot	—
8300	Joleaud	—	8380	Nogaret	—
8301	De Thoury	—	8381	Thomas	—
8302	Tournès	—	8382	Duverger de Cuy	—
8303	Soliliage	—	8383	Meignan	—
8304	Devot	1 oct. 1858	8384	Blanchot	—
8305	Bernard	—	8385	De Mascureau	—
8306	Beauchond	—	8386	Paisant	—
8307	De la Croix de Castries	—	8387	Brillet de Candé	—
8308	Leger	—	8388	Massiet	—
8309	Bouassier de Bernoüis	—	8389	Saglier	—
8310	De Préval	—	8390	Roussel de Courcy	—
8311	Courtot	—	8391	Behaghel	—
8312	Durand	—	8392	Roger	1 oct. 1858
8313	Gosse	—	8393	Ragaine	—
8314	Grellet	—	8394	Moreau	—
8315	Gonse	—	8395	Risbourg	—
8316	Roques	—	8396	Goulon	—
8317	Specht	—	8397	Devathaire	—
8318	Trouilloud	—	8398	Wolf	—
8319	Perrodon	—	8399	Bivert	—
8320	Adam	—	8400	Daigney	—
8321	Aoust de Rouvèze	—	8401	Lebreton	—
8322	Gillon	—	8402	Gaschet	—
8323	Muller	—	8403	Termonia	—
8324	Viénet	—	8404	Coulon	—
8325	Soudry	—	8405	Massing	—
8326	Dubard	—	8406	Joly	—
8327	De Lascases	—	8407	Prévost Sansac de Traversay	—
8328	De Piédoue d'Héritot	—	8408	Guiot du Repaire	—
8329	Louveau	—	8409	Chesneau de la Haugrenière	—
8330	Claudin	—	8410	Bernard Dutreil	—
8331	D'Andigier	—	8411	Pierre	—
8332	Blanc	—	8412	Mont-Louis	—
8333	Harmand	—	8413	Marlé	—
8334	Salaville	—	8414	De Marionnelz	—
8335	Colleau	—	8415	Raynaud	—
8336	Chevroton	—	8416	Revanger	—
8337	Gillet	—	8417	Dosse	—
8338	Dumont	—	8418	Fleur	—
8339	Marchand	—	8419	Boucherie	—
8340	Prévost	—	8420	Jardot	—

Nº MATRIC.	NOMS DES ÉLÈVES.	DATE DE LA SORTIE DE L'ÉCOLE.	Nº MATRIC.	NOMS DES ÉLÈVES.	DATE DE LA SORTIE DE L'ÉCOLE.
8421	Agut...............................	1 oct. 1858	8501	Pasquet...........................	1 oct. 1858
8422	Faule..............................	—	8502	Raffin............................	—
8423	De Schreiber......................	—	8503	Solomiac..........................	—
8424	Drouhet...........................	—	8504	Pont..............................	—
8425	Mouchet...........................	—	8505	Duplan............................	—
8426	Bigard............................	—	8506	Fontaine de Cramayel.............	—
8427	Burel.............................	—	8507	Nouël de Buzonnière..............	—
8428	Picot.............................	—	8508	De Passemar de Saint-André.....	—
8429	Bonjean...........................	—	8509	Redouly...........................	—
8430	Vayssière.........................	—	8510	Brisset de Morcour...............	—
8431	Simon.............................	—	8511	De Chamborant de Perissat.......	—
8432	Marchal...........................	—	8512	Flouvat...........................	—
8433	Gillet............................	—	8513	De Christen.......................	—
8434	Mignot............................	—	8514	Jenin des Prots...................	—
8435	Hardouin..........................	—	8515	Graff.............................	1 oct. 1858
8436	Bourdeau..........................	—	8516	Bugeaud...........................	—
8437	Lanes.............................	—	8517	Courcier..........................	—
8438	Marcel............................	—	8518	Faure Biguet......................	—
8439	Labbe de Champgrand...............	—	8519	Lapouge...........................	—
8440	Metay.............................	—	8520	Fauré.............................	—
8441	Castillon de Saint-Victor.........	—	8521	Toucas............................	—
8442	Colle.............................	—	8522	Le Proud'homme de Fontenoy.....	—
8443	Schilling.........................	—	8523	Pechpeiron Comminges de Guistaut.	—
8444	Lenormant de Kergré..............	—	8524	Gautier...........................	—
8445	Jouneau...........................	—	8525	Bourrel...........................	—
8446	Tisselin..........................	—	8526	Rémond...........................	—
8447	Emery.............................	—	8527	De Lorgeril.......................	—
8448	Fournier de Pellan................	—	8528	Enlart de Grandval...............	—
8449	De Borrelli.......................	—	8529	De Jouffroy d'Abbans.............	—
8450	Masson............................	—	8530	Laporte...........................	—
8451	Guérin............................	—	8531	Lallement.........................	—
8452	Noëll.............................	—	8532	Furst.............................	—
8453	Lemonnier.........................	—	8533	De Gorsse.........................	—
8454	Trautmann.........................	—	8534	Pélegrin..........................	—
8455	Comoy.............................	—	8535	De Caupenne d'Aspremont........	—
8456	De Raincourt......................	—	8536	Marchand..........................	—
8457	Grisot............................	—	8537	Dardenne..........................	—
8458	Demangel..........................	—	8538	Huard.............................	—
8459	De Negrier........................	—	8539	De Richard d'Ivry................	—
8460	Tillette de Clermont-Tonnerre deTh.	1 oct. 1858	8540	Lacaze............................	—
8461	Borde.............................	—	8541	Grobon............................	—
8462	Collomb d'Arcine..................	—	8542	De Sers...........................	—
8463	Larreguy..........................	—	8543	Comte.............................	—
8464	Planteau Maroussem................	1 oct. 1858	8544	Barthelemy........................	—
8465	Roboüan Duplessis.................	—	8545	Fourniats.........................	—
8466	Flacon............................	—	8546	Becanne...........................	—
8467	Julien Laferrière.................	—	8547	Metral............................	1 oct. 1858
8468	Brunet............................	—	8548	De Raguenel de Montmorel........	—
8469	Siochan de Kersabiec..............	—	8549	Rech..............................	—
8470	Varlet............................	—	8550	Cadot.............................	—
8471	Maillart de la Gournerie..........	—	8551	Serre.............................	—
8472	Garnier...........................	—	8552	Peyre.............................	—
8473	Danès.............................	—	8553	Le Coursonnays....................	—
8474	Pignarre..........................	—	8554	Chavand...........................	—
8475	D'Hugonneau de Boyat..............	—	8555	Espindrel.........................	—
8476	Selmer............................	—	8556	Durieu Dupradel...................	—
8477	Marulaz...........................	—	8557	Darribère.........................	—
8478	Rigoigne..........................	—	8558	Archidet..........................	—
8479	Latruffe..........................	—	8559	Bourchet..........................	—
8480	Dewerbier.........................	—	8560	Beraud............................	—
8481	Accariés..........................	—	8561	Hergault..........................	—
8482	De Guimbault......................	—	8562	Vintejoux.........................	—
8483	Debureau..........................	—	8563	Paquié............................	—
8484	Gaudron...........................	—	8564	Martin............................	—
8485	Soufflet..........................	—	8565	Barbe.............................	—
8486	De Lavaur de Laboisse.............	—	8566	Barrety dit Thomières............	—
8487	Secret............................	—	8567	Grand Clément.....................	—
8488	Goudot............................	—	8568	Alivon............................	—
8489	Malherbe..........................	—	8569	Salze.............................	—
8490	Fremiet...........................	—	8570	Prendergast.......................	—
8491	Ancelin...........................	—	8571	Bernard...........................	—
8492	Mallarmé..........................	—	8572	Gagnon............................	—
8493	Decrox............................	—	8573	Maffre du Bousquet................	—
8494	Lefébure..........................	—	8574	Odiardi...........................	—
8495	Michau............................	—	8575	Fickelscherer.....................	—
8496	Vagnon............................	—	8576	Roisin............................	—
8497	Brion.............................	—	8577	Roques............................	—
8498	Blanc.............................	—	8578	Bourgey...........................	—
8499	Ferry.............................	—	8579	Mohammed Ben Daoud................	—
8500	Boscals de Réals..................	—	8580	Louis.............................	—

Nº MATRIC.	NOMS DES ÉLÈVES.	DATE DE LA SORTIE DE L'ÉCOLE.	Nº MATRIC.	NOMS DES ÉLÈVES.	DATE DE LA SORTIE DE L'ÉCOLE.
8581	Goujat dit Maillard	1 oct. 1858	8661	Fuhro...................	1 oct. 1859
8582	Delachaise	—	8662	Benielli...................	—
8583	Farret..................	—	8663	Bourdeau	—
8584	Achilli	—	8664	De Parseval..................	—
8585	Gerold	—	8665	Baudel de Vaudrecourt............	—
8586	Accary	—	8666	Urion	—
8587	Patin..................	—	8667	Romanet	—
8588	Humbel.................	—	8668	Farny	—
8589	Branger	—	8669	Mortier de Trévise..................	—
8590	Deitte..................	—	8670	Giedorp	—
8591	De Selve de Sarran.........	—	8671	Blouct..................	—
8592	D'Ornay	—	8672	Simon..................	—
8593	Lacan.................	—	8673	D'Eggs..................	—
8594	Blettel	—	8674	Hubert	—
8595	Queval	—	8675	Leroy	—
8596	Pantin de Landemont.........	—	8676	Dupont..................	—
8597	D'Espinassy de Venel...........	1 oct. 1859	8677	De la Tour du Pin Chambly de la C.	—
8598	Picot..................	—	8678	De la Bonninière de Beaumont	—
8599	Burlin.................	—	8679	Armand	—
8600	Chapsal	—	8680	Quitteray..................	—
8601	Dechizelle.................	—	8681	De Sainte-Aldegonde............	—
8602	Gloden	—	8682	De Crussol d'Uzès.............	—
8603	Hanet Cléry.................	—	8683	Buecher...................	—
8604	Borel de Bretizel.............	—	8684	Gengoult..................	—
8605	De Rafelis Saint-Sauveur	—	8685	Hartschmidt	—
8606	Cavallier	—	8686	Bonnet..................	—
8607	Beugnot..................	—	8687	Boerner	—
8608	Nogaret..................	—	8688	Crombac	—
8609	Urbain	—	8689	Francezon..................	—
8610	Say..................	—	8690	Suire...................	—
8611	Heymann..................	—	8691	Lorans	—
8612	De Foucaud d'Aure.............	—	8692	Cirou	—
8613	Marescalchi	—	8693	Du Peloux de Saint-Romain........	—
8614	Dieu..................	—	8694	Laville..................	—
8615	DeLéautaud Donine	—	8695	Henry..................	...
8616	Caillé	—	8696	De la Tuollays..................	—
8617	Chereau..................	—	8697	Manoel..................	—
8618	Ducroq..................	—	8698	De Monard..................	—
8619	Monthaulon	—	8699	Feyzeau	—
8620	De Berlhe..................	—	8700	Ferreux..................	—
8621	Thirion	—	8701	Gastineau..................	—
8622	Leclerc	—	8702	Boisselier..................	—
8623	Briet de Rainvillers...........	—	8703	Launay..................	—
8624	Varigault..................	—	8704	Urvoy de Closmadeuc	—
8625	Bloch	—	8705	Cersoy	—
8626	Bohain..................	—	8706	Groslambert..................	—
8627	Guelot..................	—	8707	Kiéner..................	—
8628	Rollet..................	—	8708	Tiersonnnier	—
8629	Savary Duclos..................	—	8709	Romand..................	—
8630	Pinet..................	—	8710	Lemoine	—
8631	Marty..................	—	8711	Martin	—
8632	Canonge	—	8712	De Santi	—
8633	Massias..................	—	8713	Bégis..................	—
8634	Dumas	—	8714	Parson	—
8635	Godard..................	—	8715	Parson..................	—
8636	Le Caruyer de Beauvais	—	8716	Mulotte	—
8637	Babin..................	—	8717	Bidot..................	—
8638	Chariot	—	8718	Lignières	—
8639	Diez	—	8719	Sordet	—
8640	Godart de Bellengreville..........	—	8720	Feuerstein	—
8641	De Pointe de Gévigny..........	—	8721	Delannay..................	—
8642	Dommanget..................	—	8722	De Saint-Vincent..................	—
8643	De Roys de Ledignan Saint-Michel.	—	8723	Créput..................	—
8644	Martin..................	—	8724	Duchène..................	—
8645	Louvel..................	—	8725	Titeux	—
8646	Maréchal..................	—	8726	Louis	—
8647	Rodière..................	—	8727	De Benoist..................	—
8648	De Bizemont..................	—	8728	Regnault de Savigny	—
8649	Veroux	—	8729	Ponneau	—
8650	Estennevin..................	—	8730	Daram	—
8651	Watrin	—	8731	De Calvière	—
8652	Georgin..................	—	8732	De Lajudie	—
8653	De Mascureau	—	8733	Lacaux..................	—
8654	Kronn..................	—	8734	Dubreil de Pontbriand............	—
8655	Cuny..................	—	8735	Gerboin..................	—
8656	Leborgne..................	—	8736	De Rotalier..................	—
8657	Pierron..................	—	8737	Bonne..................	—
8658	Montignault	—	8738	Beranger	—
8659	Trouessart..................	—	8739	Vitalis..................	—
8660	Morin Blotais..................	—	8740	Grosse	—

N° MATRIC.	NOMS DES ÉLÈVES.	DATE DE LA SORTIE DE L'ÉCOLE.	N° MATRIC.	NOMS DES ÉLÈVES.	DATE DE LA SORTIE DE L'ÉCOLE.
8741	De Nothomb	1 oct. 1859	8821	Bourdel	1 oct. 1859
8742	Bellecour	—	8822	De Mauduit Duplessis	—
8743	Lagard	—	8823	Bataille	—
8744	De Beaulincourt	—	8824	Gerdolle	—
8745	Didier	—	8825	Asquer	—
8746	De Siochan de Kersabiec	—	8826	Choppin d'Arnouville	—
8747	Bezu	—	8827	Paris	—
8748	Lavoignet	—	8828	Cabrol	—
8749	Lamorelle	—	8829	De Falguière	—
8750	De Neukirchen de Nyvenheim	—	8830	Pons	—
8751	Marinier	—	8831	Emard	—
8752	Derrien	—	8832	Guérin d'Agon	—
8753	Chauvel	—	8833	Girod	—
8754	Sieffert	—	8834	Lenormant de Villeneuve	—
8755	Marchal	—	8835	Moretin	—
8756	Rondot	—	8836	Cremer	—
8757	De Boysson	—	8837	Pochat	—
8758	De Chaussande	—	8838	Jantel	—
8759	De Roll-Montpellier	—	8839	Muller	—
8760	De Gerault de Langalerie	—	8840	Grimaldi	—
8761	Débar	—	8841	Du Lyon	de 8841 à 9008
8762	Anthony	—	8842	Gerbaux	sortiront en
8763	Buvignier	—	8843	Poulain	octob. 1860.
8764	Glachant	—	8844	Godelier	
8765	De Bermond de Vaulx	—	8845	Guérin	
8766	Caze	—	8846	Dessolier	
8767	De Bellegarde	—	8847	Epron dit Lacombe	
8768	Le Barivel du Rocher	—	8848	Langlet	
8769	Jemois	—	8849	Dutheil	
8770	Tisseyre	—	8850	Noblet	
8771	Grégoire	—	8851	Dehon	
8772	Voyer	—	8852	Dubois	
8773	Dumont	—	8853	Bonamy	
8774	Roussely	—	8854	Revin	
8775	Sage	—	8855	Gillon	
8776	Urtin	—	8856	Pinon	
8777	De Belfortès	—	8857	Hennequin	
8778	Gudin	—	8858	De Masin	
8779	Fabre	—	8859	Aignan	
8780	Pichat	—	8860	Quinette	
8781	Domenech	—	8861	Laurens de Varu	
8782	Sonnois	—	8862	Souquet	
8783	Castellain de Lispré	—	8863	Barbier	
8784	De Croy	—	8864	Simon	
8785	De la Haye Jousselin	—	8865	Guntz	
8786	Cordier	—	8866	Desmé de Chavigny	
8787	Garié	—	8867	Parisot	
8788	Leserteur	—	8868	Laurent	
8789	De Pierre de Bernis	—	8869	Tardif	
8790	De Bonadona	—	8870	Wartelle	
8791	Pezeu	—	8871	Betolaud	
8792	De la Rochetulon	—	8872	Faralicq	
8793	Loubet	—	8873	Brouttin de Fergue	
8794	Madeline	—	8874	Chrétien	
8795	Poulleau	—	8875	Camus	
8796	Mantels	—	8876	Fleury	
8797	Collinet de Labeau	—	8877	Delmas	
8798	Pedoya	—	8878	Barrvis	
8799	Lacourpaille	—	8879	Lapeyruque	
8800	Bruzard	—	8880	Guillard de Saint-Germain	
8801	Pernet	—	8881	Gantois	
8802	De Waroquier	—	8882	Chenot	
8803	Bidault	—	8883	Du Hamel de Breuil	
8804	Blottefière	—	8884	Goullet de Rugy	
8805	Crème	—	8885	De Werbier	
8806	Demy	—	8886	Harouard de Suarez d'Aulan	
8807	Rogerol	—	8887	Lombard	
8808	Granet	—	8888	Rebut	
8809	De Perussis	—	8889	Pelletier	
8810	Dulong de Rosnay	—	8890	Drouart de Lezey	
8811	Bellin	—	8891	Piedanna	
8812	Ledeuil	—	8892	De Varenes	
8813	De Saint-Julien	—	8893	Frotier de la Messelière	
8814	Lemoine	—	8894	De Vaudrimey d'Aout	
8815	De Latour	—	8895	Leroy	
8816	Dupont	—	8896	Robert de Saint-Vincent	
8817	Briatte	—	8897	De la Pierre	
8818	Godinet	—	8898	Plunkett	
8819	De Negrier	—	8899	Lenormand	
8820	Delpech	—	8900	Robillard	

N° MATRIC.	NOMS DES ÉLÈVES.	DATE DE LA SORTIE DE L'ÉCOLE.	N° MATRIC.	NOMS DES ÉLÈVES	DATE DE LA SORTIE DE L'ÉCOLE.
8901	Commines de Marsilly............		8981	Benoist....................	
8902	Laussac.......................		8982	De Mugnoz.................	
8903	Du Passage...................		8983	Trawitz	
8904	Sezille de Biarre		8984	Allègre....................	
8905	Moreau.......................		8985	Gigon.....................	
8906	Clercant.....................		8986	Weyl......................	
8907	Philpin de Piépape...........		8987	Blanc.....................	
8908	Ancelin......................		8988	Mongin....................	
8909	Litschfousse.................		8989	Marey Monge..............	
8910	Goux........................		8990	Mazot.....................	
8911	Lucas.......................		8991	Perret.....................	
8912	Chanteclair..................		8992	Moillo.....................	
8913	De Fontenay.................		8993	Leguey....................	
8914	De la Bigne.................		8994	De Plos de Plantavis.......	
8915	Delarue Beaumarchais........		8995	Triozon...................	
8916	Boudèle......................		8996	Malard....................	
8917	Varigoult....................		8997	Nicolas....................	
8918	Marquizet...................		8998	De Rodelle du Porzic	
8919	Blanchot....................		8999	Tournier...................	
8920	Denzé.......................		9000	De Lavaissière.............	
8921	Compagny...................		9001	Perry.....................	
8922	De Ligniville................		9002	Lalanne des Camps.........	
8923	Guenard....................		9003	Quengo de Tonquedec de Crenolle.	
8924	Allaire.....................		9004	Rigal.....................	
8925	Dumas......................		9005	Canteboube de Marmiès.....	
8926	Quarré de Chelers...........		9006	Fririon....................	
8927	Coyne.......................		9007	Dupeyroux.................	
8928	Aubron.....................		9008	Casari.....................	
8929	Lebrun......................		9009	Losergeant d'Hendecourt....	
8930	François....................		9010	Roy de Vaquière............	
8931	De Gomer...................		9011	Henry.....................	
8932	Broussier...................		9012	Passerat de Lachapelle	
8933	Lompré.....................		9013	Detalle....................	
8934	Perrenet....................		9014	D'Aupias..................	
8935	Le Rouxeau de Saint-Dridan......		9015	De Vivès..................	
8936	Bouvier.....................		9016	De Chabaud Latour........	
8937	Pavot.......................		9017	De Contgoureden..........	
8938	Boula de Mareuil....		9018	Hunaut de la Chevallerie...	
8939	Denis.......................		9019	Camiade...................	
8940	Boerner.....................		9020	Briot de la Mallerie	
8941	Lelorrain...................		9021	Duverdier.................	
8942	Le Gris.....................		9022	Des Isnards	
8943	Hevin......................		9023	Clot.......................	
8944	Bezier Lafosse..............		9024	Dejean....................	
8945	Rouillot....................		9025	Du Lyon...................	
8946	Le Joindre.................		9026	De Pins	
8947	Devaux.....................		9027	Gacon.....................	
8948	Deliard.....................		9028	Jourdain..................	
8949	De Cornulier Lucinière.........		9029	De la Moussaye............	
8950	Maillard de la Gournerie......		9030	Bigaud....................	
8951	Cardot......................		9031	Voyron....................	
8952	Lalubie.....................		9032	Peltier....................	
8953	Barthelemy.................		9033	Batut.....................	
8954	Jallot		9034	De Clauzade Mazieux.......	
8955	Richard		9035	Bel.......................	
8956	Védeaux....................		9036	Puig......................	
8957	Rivet.......................		9037	Castaing	
8958	Etier.......................		9038	Regett	
8959	Lenoir......................		9039	Belhomme.................	
8960	Boulary.....................		9040	Reste.....................	
8961	De Miscault.................		9041	Le Blanc de Prebois........	
8962	Le Diberder.................		9042	Maux.....................	
8963	Villemain.		9043	De Cousin de Lavallière....	
8964	Proal.......................		9044	Pagèze de Saint-Lieux......	
8965	Le Mouton de Boisdeffre..........		9045	Escoffier	
8966	De Bertier..................		9046	Degrand...................	
8967	Bourdeau de Fontenay.......		9047	Ricard'....................	
8968	Passerat de Silans..........		9048	Poupelier.................	
8969	D'Heurtaumont..............		9049	De Forsanz................	
8970	Wendling...................		9050	Galangau..................	
8971	Lageon.....................		9051	Mattei	
8972	Belot.......................		9052	Boscary...................	
8973	Durand		9053	Delage	
8974	Robert		9054	Pujol......................	
8975	Dubuisson de Courson.......		9055	Cotton....................	
8976	Henot......................		9056	Pasturin..................	
8977	Esmenard		9057	Granger	
8978	Collignon		9058	Laffitte-Rouzet............	
8979	Foujols.....................		9059	Choussy...................	
8980	Henin.......................		9060	Toye	

Nº MATRIC.	NOMS DES ÉLÈVES.	DATE DE LA SORTIE DE L'ÉCOLE.	Nº MATRIC.	NOMS DES ÉLÈVES.	DATE DE LA SORTIE DE L'ÉCOLE.
9061	Leroux........................		9141	Malpel.......................	
9062	Buisson.......................		9142	Savary........................	
9063	Devolz........................		9143	Dumas........................	
9064	Buffière......................		9144	Senart........................	
9065	Thomas.......................		9145	Benoist.......................	
9066	Montagné.....................		9146	De Roquefeuil	
9067	Sarrade.......................		9147	Le Sarrazin	
9068	Jeantel.......................		9148	Oberkampff	
9069	Dutreix.......................		9149	Grand-Mont...................	
9070	Badier........................		9150	Potiron de Boisfleury	
9071	Gineston		9151	Lamotte......................	
9072	De Briey......................		9152	Nouaille de Lavillegille.......	
9073	Heraud........................		9153	Thérouanne...................	
9074	Baldy.........................		9154	D'Adhémar...................	
9075	De Froissard..................		9155	Godfroy.......................	
9076	Ninck.........................		9156	Rondot.......................	
9077	Guyon de Montlivault.........		9157	Carlier.......................	
9078	Martin........................		9158	Lallement.....................	
9079	De la Briffe...................		9159	Fabrègue.....................	
9080	Alexandre des Lambert.........		9160	Crétin........................	
9081	Humbert Droz.................		9161	Bertereau	
9082	Pyot..........................		9162	Charié........................	
9083	De Casabianca................		9163	Mullot de Villenaut...........	
9084	Ferrary.......................		9164	Farny.........................	
9085	Lapie.........................		9165	Scheer........................	
9086	De Gaillard Bancel............		9166	De la Rivière.................	
9087	De Montfort...................		9167	Viot..........................	
9088	De Montfort...................		9168	Bourson......................	
9089	Loppès........................		9169	Briois........................	
9090	Beaudouin de Saint-Étienne......		9170	Belle.........................	
9091	De Contencin..................		9171	Taillandier...................	
9092	Mathis........................		9172	Courbassier..................	
9093	De Vogüé.....................		9173	Sciari........................	
9094	Bourzac.......................		9174	Sousselier....................	
9095	De Toulouse Lautrec Montfa......		9175	Gache........................	
9096	Nabaraouy....................		9176	De Reinach-Werth............	
9097	Mori..........................		9177	De Belleville.................	
9098	Avon..........................		9178	Henrys d'Aubigny............	
9099	Leblanc.......................	de 9099 à 9359	9179	Gravier de Vergennes.........	
9100	De Cléric.....................	sortiront en	9180	Rivière.......................	
9101	Herbinger.....................	octob. 1861.	9181	Cristiani de Ravaran..........	
9102	Lion..........................		9182	Millet........................	
9103	Blavier.......................		9183	Poyer.........................	
9104	Collard.......................		9184	Bruyère......................	
9105	Lassime.......................		9185	Vernier de Byans.............	
9106	Congrenet de Villeneuve........		9186	Schnaiter.....................	
9107	Leroy.........................		9187	Jausions......................	
9108	De Gironde....................		9188	De Benoist...................	
9109	Thory........................		9189	De Roffignac	
9110	Lasneau de Latingy		9190	Cuny.........................	
9111	Noviant.......................		9191	Martin........................	
9112	Guillemot.....................		9192	Huard........................	
9113	De Gérault de Langalerie......		9193	Liénard	
9114	Crételet.......................		9194	Le Noir de la Cochetière.......	
9115	Douriens......................		9195	Geslin de Bourgogne..........	
9116	Youaux		9196	Weiler........................	
9117	Delplanque....................		9197	Dieu.........................	
9118	Kirgener de Planta.............		9198	Brechin......................	
9119	Larivière......................		9199	Darcy........................	
9120	Noüel de Buzonnière...........		9200	Vuillemenot..................	
9121	Charoy........................		9201	Morel........................	
9122	Petitgrand....................		9202	Merlet........................	
9123	Patorni.......................		9203	Guyon de Digueres...........	
9124	Henriot.......................		9204	Moraux.......................	
9125	Chere		9205	Biswang	
9126	De la Hamayde................		9206	Bourlois......................	
9127	Lebon		9207	De Butler....................	
9128	Laplace.......................		9208	Normand.....................	
9129	Roché.........................		9209	Bouchy.......................	
9130	De Salvaing de Boissieu........		9210	Andreu.......................	
9131	Raincourt		9211	Crimail.......................	
9132	Moinot........................		9212	Humbel.......................	
9133	Lemaire de la Neuville.........		9213	Kuhn.........................	
9134	Groissandeau..................		9214	Barthelemy	
9135	Dollé.........................		9215	Arnould......................	
9136	Vigouroux.....................		9216	Jourdain.....................	
9137	Levavasseur...................		9217	Abblart	
9138	D'Haranguier de Quincerot......		9218	Ravel.........................	
9139	De Brossin de Méré		9219	Mouraux......................	
9140	Solange.......................		9220	Brulfer.......................	

Nº MATRIC.	NOMS DES ÉLÈVES.	DATE DE LA SORTIE DE L'ÉCOLE.	Nº MATRIC.	NOMS DES ÉLÈVES	DATE DE LA SORTIE DE L'ÉCOLE.
9221	Desloy		9291	Thibault de la Ferté-Sénectère . . .	
9222	Garcin		9292	Lartigue.	
9223	Tranchard		9288	Lacombe	
9224	Dunau		9294	Vigne.	
9225	Meesmaecker		9295	Bréart de Boisonger	
9226	Solard		9296	Barnier.	
9227	Marchal.		9297	Manquat	
9228	Lorans		9298	Mathieu	
9229	Boullard		9299	Alquié	
9230	Hutin.		9300	Derrien.	
9231	Silvestre		9301	Hanoteau	
9232	Pyot		9302	Stopler.	
9233	Masson		9308	Bennet	
9234	Houeix de la Brousse		9304	Laporte.	
9235	Leblanc		9305	Vène	
9236	Périgord de Villechon		9306	De Calmès	
9287	Guillaume		9307	Dugesne	
9238	Pourroi de LauberivièredeQuinsonas		9308	Maillard	
9239	Fouragnan, ...		9309	De Jacquet de Bouillers	
9240	Treymuller		9310	Colomer	
9241	Francezon		9311	Masclary	
9242	Le Mintier de Saint-André		9812	Mainson	
9243	Tinel de Lisac.		9313	De Lancry de Pronleroy	
9244	Meunier		9314	Dresch	
9245	Cadot		9315	De Battisti.	
9246	Gamet de Saint-Germain.		9316	Hoffmann.	
9247	Coste		9317	De Breuille	
9248	De Villeneuve-Bargemont.		9318	De Junquières.	
9249	Jeannerod.		9319	Pastoureau.	
9250	Berard		9320	Presne	
9251	De Mont-Réal		9321	De Champflour	
9252	Meunier		9322	Tinel	
9253	Sauné		9323	Mathieu de la Redorte.	
9254	Teilhard de Saterrisse		9324	Lurçat	
9255	De la Chaise.		9325	Parraud.	
9256	Desprels		9326	Traverse	
9257	De Clauzade-Mazieux		9327	Pichon	
9258	Pastureau.		9328	Lempereur.	
9259	Duchesne.		9329	Carmejeanne.	
9260	De Grollier		9330	Brunet d'Evry	
9261	Lestrade		9331	Deshorties de Beaulieu	
9262	Nadal.		9332	D'Arbo	
9263	Jallu		9333	Fleury	
9264	De Pommeyrac		9334	Holterman	
9265	Lebastard de Villeneuve.		9335	Brichard	
9266	Sébile		9336	Marty.	
9267	Guillochet.		9337	Trappier	
9268	Servat de Laisle.		9338	Gassion.	
9269	Delorme		9339	Henry	
9270	Tramond		9840	Carrier-Vicaire.	
9271	De Lalande		9841	De Pellieux	
9272	Maudnit.		9842	Dupin.	
9273	De Campou		9843	Czaykowski	
9274	Badin		9344	Cynykowski	
9275	Négret de Devise.		9345	Donop.	
9276	Patard de Vieuville.		9346	Noëllat.	
9277	Combernous		9347	Morel	
9278	De Galard Brassac de Béarn. . . .		9348	Tonnelier	
9279	De Bergevin.		9349	Magne	
9280	Huchet de Cintré.		9350	Rafat-Bey	
9281	De Limairac.		9351	Saïd-Nasir . . . . . . r	
9282	Laurens		9352	Husson	
9283	Dombios		9358	Fuad	
9284	De Lur Saluces		9354	Faïck.	
9285	Pondevaux.		9355	Romignon	
9286	Buisson.		9356	Mattiot	
9287	Leclerc de Laverpillière.		9357	Gleise.	
9288	Durieux.		9358	Gascuel.	
9289	Giraud		9359	Laurençot.	
9290	Raoux.				

FIN.

ERRATA

Page 31, ligne 11, au lieu de *élèvss*, lisez *élèves*.

Page 103, ligne 4, au lieu de *petites bahutes*, lisez *petits bahuts*.—Ligne 6, au lieu de *conditionnée*, lisez *conditionnés*.—Ajouter à la même page : LE RECRUE; en dépit des règles de l'Académie, *recrue*, à Saint-Cyr, appartient au plus noble des deux genres.

Page 119, ajouter M. TITRUX, sorti le 1ᵉʳ octobre 1859, avec le nᵒ 1 de sa promotion.